Wagenbachs Taschenbücherei

Die Reihe mit dem Karnickel

CARLO GINZBURG

Der Käse und die Würmer

Die Welt eines Müllers um 1600

Aus dem Italienischen von
Karl F. Hauber

Verlag Klaus Wagenbach Berlin

Für Luisa

Titel der Originalausgabe:
Il formaggio e i vermi. Il cosmo di un mugnaio del '500

Wagenbachs Taschenbücherei 178

Verlag Klaus Wagenbach, Ahornstraße 4, 1000 Berlin 30
Umschlaggestaltung Rainer Groothuis
unter Verwendung des Bildes *Die Versuchung des hl. Antonius*
von Hieronimus Bosch
Gesetzt aus der Borgis New Baskerville von vpa, Landshut
Druck und Bindung: Druckerei Wagner, Nördlingen

ISBN 3 8031 2178 7

Inhalt

Vorwort

Wie so oft ist auch diese Untersuchung zufällig entstanden. Im Sommer 1962 war ich eine Zeitlang in Udine (Norditalien). In dem äußerst umfangreichen (und damals noch unerforschten) Bestand an Inquisitionsakten, die dort im »Archivio della Curia Arcivescovile«, dem Archiv der Erzbischöflichen Kurie, aufbewahrt sind, suchte ich nach Prozessen gegen eine seltsame friaulische Sekte, deren Mitglieder von den Richtern mit Hexen und Medizinmännern identifiziert wurden. Später schrieb ich ein Buch über sie: *Die Benandanti. Feldkulte und Hexenwesen im 16. und 17. Jahrhundert.* Als ich einen dieser Handschriften-Bände mit Prozeßakten durchblätterte, stieß ich auf ein äußerst langes Urteil. Einer der Anklagepunkte gegen den Beschuldigten war, daß er behauptete, die Welt hätte ihren Ursprung in Gerinnungsprozessen. Dieser Satz erregte unmittelbar meine Neugierde; aber ich suchte damals nach anderen Dingen: Hexen, Medizinmännern, *benandanti* (Wohlfahrende). Ich schrieb die Nummer des Prozesses auf. In den nächsten paar Jahren sprang mir diese Notiz in meinen Aufzeichnungen von Zeit zu Zeit wieder in die Augen und kam mir ins Gedächtnis. 1970 entschloß ich mich zu dem Versuch, herauszubekommen, was diese Aussage für die Person, die sie ausgesprochen hatte, bedeutet haben könnte. Zu jener Zeit kannte ich von ihr nur den Namen: Domenico Scandella, genannt Menocchio.

Dieses Buch erzählt seine Geschichte. Dank einer sehr ergiebigen Quellenlage können wir etwas von seinen Lektürestoffen und seinen Diskussionen, seinen Gedanken und seinen Gefühlen - Ängsten, Hoffnungen, Spötteleien, Wutanfällen und Verzweiflungen - erfahren. Hin und wieder bringt ihn die Direktheit der Quellen uns sehr nahe: ein Mensch wie wir, einer von uns.

Aber er ist auch sehr verschieden von uns. Die analytische Rekonstruktion dieser Differenz war nötig, um die teilweise verborgene Physiognomie seiner Kultur und die soziale Umgebung, in der sie Gestalt angenommen hatte, zu rekonstruieren. Es war möglich, Menocchios verwickelter Beziehung zur schriftlichen Kultur nachzugehen: den Büchern (oder genauer einigen der Bücher), die er gelesen hatte, und der Art und Weise, wie er sie gelesen hatte. Auf diese Weise kam ein Filter, eine Art Gitternetz zutage, das Menocchio unbewußt zwischen sich und die - berühmten oder weniger bekannten - Texte, die in seine Hände kamen, gelegt hatte. Dieser Filter setzte andererseits eine mündliche Kultur voraus, die nicht nur Menocchios Erbe, sondern das eines großen Teils der Gesellschaft des 16. Jahrhunderts war. So entwickelte sich schließlich eine Untersuchung, die anfänglich auf ein Individuum, überdies ein offensichtlich ungewöhnliches, abzielte, zu einer allgemeinen Hypothese über die Volkskultur (genauer die bäuerliche Kultur) des vorindustriellen Europa in der Zeitspanne zwischen dem Beginn der Verbreitung des Buchdrucks sowie der protestantischen Reformation und deren Unterdrückung in den katholischen Ländern. Diese Hypothese kann mit dem in Verbindung gebracht werden, was bereits von Michail Bachtin in sehr ähnlichen Begriffen vorgeschlagen wurde und mit dem Ausdruck »Zirkularität« (wechselseitiger Austausch) zusammengefaßt werden kann: Zwischen der Kultur der herrschenden Klassen und der der Unterschichten im vorindustriellen Europa existierte eine wechselseitige Beziehung gegenseitiger Einflußnahmen, die sowohl von unten nach oben als auch von oben nach unten verliefen (daher genau das Gegenteil von »dem Konzept absoluter Autonomie und Kontinuität bäuerlicher Kultur«, das mir von einem Kritiker unterstellt wurde).

Der Käse und die Würmer will sowohl eine Geschichte als auch ein Stück Geschichtsschreibung sein. Daher wendet sich das Buch an ein allgemeines Publikum, aber auch an den Fachmann. Wahrscheinlich wird nur letzterer die Fußnoten lesen, die bewußt ans Ende des Buches gesetzt wurden, um die fortlaufende Erzählung nicht zu stören. Aber ich hoffe, daß die einen wie die anderen in dieser Episode ein unbemerktes, aber außergewöhnliches Bruchstück einer halb vergessenen Wirklichkeit erkennen, die implizit eine Reihe von Fragen an unsere Kultur und an uns selbst stellt.

Einleitung

1.
Früher konnte man den Historikern den Vorwurf machen, sie wollten lediglich die Taten der Könige kennenlernen. Heute ist das gewiß nicht mehr so. Immer stärker wenden sie sich dem zu, was ihre Vorgänger verschwiegen, beiseite geschoben oder einfach ignoriert hatten. »Wer baute das siebentorige Theben?« fragte schon der »lesende Arbeiter« Brechts. Die Quellen sagen nichts aus über jene anonymen Maurer; dennoch behält die Frage ihr volles Gewicht.[1]

2.
Die Knappheit an Zeugnissen über die Verhaltensweisen und die Einstellungen der Unterschichten in der Vergangenheit ist sicher das erste - nicht das einzige - Hindernis, auf das solche Untersuchungen stoßen. Aber von dieser Regel gibt es Ausnahmen. Dieses Buch erzählt die Geschichte eines Müllers aus Friaul - Domenico Scandella, genannt Menocchio -, der nach einem Leben in vollständigster Anonymität auf Anordnung der Inquisition verbrannt wurde. Die Akten der zwei Prozesse[2], die im Abstand von fünfzehn Jahren gegen ihn geführt wurden, geben uns ein reiches Bild seiner Gedanken und seiner Gefühle, seiner Träume und Hoffnungen. Andere Dokumente geben uns Nachricht von seiner wirtschaftlichen Tätigkeit und vom Leben seiner Kinder. Wir besitzen sogar Schriftstücke von ihm und ein Teilverzeichnis seiner Lektüre (er konnte nämlich lesen und schreiben). Gewiß, wir möchten viele andere Dinge von Menocchio wissen. Aber schon das, was wir wissen, reicht aus, um ein Bruchstück dessen zu rekonstruieren, was man »Kultur der Unterschichten« oder auch »Volkskultur« zu nennen pflegt.

3.
Das Vorhandensein von verschiedenen kulturellen Ebenen innerhalb der sogenannten zivilisierten Gesellschaften ist die Voraussetzung der Disziplin, die sich selbst einmal Folkloreforschung, dann Volkskunde, dann Geschichte der Volksüberlieferungen, dann Europäische Ethnologie nennt. Der Ausdruck »Kultur« kommt zur Bezeichnung der Gesamtheit von Einstellungen, Überzeugungen, Verhaltensregeln usw., die den Unterschichten einer bestimmten Epoche eigen sind, erst verhältnismäßig spät in Gebrauch und ist von der Kulturanthropologie verändert worden. Denn erst über den Begriff der »primitiven Kultur« ist man dazu gelangt, jenen den Besitz einer *Kultur*

zuzuerkennen, die einmal herablassend als »Pöbel der Kulturvölker« bezeichnet wurden.[3] Das schlechte Gewissen des Kolonialismus hat sich so mit dem schlechten Gewissen der Klassenherrschaft verschmolzen. Damit wurde, zumindest verbal, nicht nur die antiquierte Auffassung der Folkloreforschung als eines bloßen Kuriositätenkabinetts, sondern auch die Position derer überwunden, die in den Ideen, Glaubensformen und Weltbildern der Unterschichten nichts anderes sahen als einen ungeordneten Haufen von Bruchstücken jener Ideen, Glaubensformen und Weltbilder, die von den herrschenden Klassen Jahrhunderte zuvor ausgearbeitet worden waren. An diesem Punkt setzt die Diskussion über die Beziehung zwischen der Kultur der Unterschichten und derjenigen der herrschenden Klassen ein. Inwiefern ist die erstere gegenüber der letzteren unterlegen? Inwieweit drückt sie wenigstens teilweise alternative Inhalte aus? Und kann man von einem Austausch zwischen beiden kulturellen Ebenen sprechen?

Erst seit kurzem und zwar mit einem gewissen Mißtrauen beschäftigen sich die Historiker mit dieser Art von Problemen. Zum Teil ist dafür ohne Zweifel das verbreitete Festhalten an einer aristokratischen Vorstellung von Kultur verantwortlich. Zu oft werden originelle Ideen oder Glaubensformen von vornherein als Produkt der höheren Gesellschaftsklassen betrachtet und ihre Verbreitung in den Unterschichten als zwangsläufiges Geschehen von geringem oder gar keinem Interesse angesehen: Allenfalls wird »der Verfall«, »die Deformation« selbstgefällig hervorgehoben, die jene Ideen oder Glaubensformen im Verlauf ihrer Übermittlung erfahren haben. Aber das Mißtrauen der Historiker hat auch einen anderen, annehmbareren Grund, der eher methodologischer als ideologischer Natur ist. Im Vergleich zu den Anthropologen und den Volkskundlern starten die Historiker natürlich mit ganz offensichtlicher Benachteiligung. Noch heute ist die Kultur der Unterschichten (und in noch größerem Maß war sie es in den vergangenen Jahrhunderten) größtenteils eine *mündliche* Kultur.[4] Aber leider können sich die Historiker nicht hinsetzen, um mit den Bauern des 16. Jahrhunderts zu sprechen (und im übrigen ist es nicht ausgemacht, daß sie sie verstehen würden). Sie müssen sich also vor allem schriftlicher Quellen (und eventuell archäologischer Funde) bedienen, die in doppelter Hinsicht nicht unmittelbar sind: weil sie *geschrieben* sind und weil sie im allgemeinen von Personen geschrieben sind, die mehr oder weniger offensichtlich mit der herrschenden Kultur verbunden waren. Die Gedanken, die Glaubensformen und die Hoffnungen der Bauern und Handwerker der Vergangenheit erreichen uns also fast immer durch Filter und verzerrende Mittelsleute (wenn sie uns überhaupt erreichen). Es gibt also genügend Schwierigkeiten, die die Forschungsvorhaben in dieser Richtung von vornherein entmutigen könnten.

Aber das Problem wandelt sich grundlegend, wenn man sich vornimmt, nicht die Kultur, »die von den Volksmassen *hervorgebracht* wurde«, sondern »die Kultur, die den Volksmassen *oktroyiert* wurde«, zu untersuchen. Eine Quelle, die wenig genutzt worden ist, bevor R. Mandrou vor einem Jahrzehnt diesen Versuch unternahm, ist die *Kolportageliteratur*, d. h. billige, schlecht gedruckte Heftchen (Almanache, Liederbücher, Rezepte, Wundererzählungen oder Heiligenleben), die auf den Jahrmärkten abgesetzt oder auf dem Land von Wanderhändlern verkauft wurden. Die Aufstellung der hauptsächlich dort vorkommenden Themen veranlaßte Mandrou zu einer etwas eiligen Schlußfolgerung. Diese Literatur, die von ihm als »Unterhaltungsliteratur« bezeichnet wurde, habe jahrhundertelang ein Weltbild genährt, das von Fatalismus und Determinismus, von Wunderbarem und Okkultem durchdrungen war. Sie habe ihre Benutzer dadurch abgehalten, ein Bewußtsein von der eigenen gesellschaftlichen Lage zu entwickeln, und somit - vielleicht bewußt - eine reaktionäre Funktion erfüllt.

Aber Mandrou genügte es nicht, Almanache und Liederbücher als Dokumente einer sich bewußt volkstümlich gebenden Literatur zu betrachten. In einem schroffen und unmotivierten Übergang hat er sie, sofern sie einer erfolgreichen Akkulturation dienten, als »Reflex ... des Weltbildes« der Volksmassen des Ancien Régime analysiert. Unausgesprochen schreibt er diesen eine vollständige kulturelle Passivität zu, während er der Kolportageliteratur einen überproportionalen Einfluß zumißt. Offenbar waren die Auflagen sehr hoch, und jedes dieser Heftchen wurde wahrscheinlich vorgelesen und erreichte so breite Schichten von Analphabeten. Aber dennoch waren die lesekundigen Bauern in einer Gesellschaft, in der die Analphabeten drei Viertel der Bevölkerung ausmachten, eben eine sehr kleine Minderheit. Es ist absurd, »die von den Volksschichten hervorgebrachte Kultur« mit der »den Volksmassen oktroyierten Kultur« zu identifizieren, den Charakter der Volkskultur ausschließlich durch die Sinnsprüche, Anleitungen und kleinen Geschichten der *Bibliothèque bleue* zu entschlüsseln. Die Abkürzung, die Mandrou einschlägt, um die mit der Rekonstruktion der mündlichen Kultur verbundenen Schwierigkeiten zu umgehen, führt uns in Wirklichkeit an den Ausgangspunkt zurück.

Die gleiche Abkürzung, wenn auch unter ganz anderen Voraussetzungen, wurde mit einer bemerkenswerten Naivität von G. Bollème eingeschlagen. In der Kolportageliteratur hat diese Forscherin weniger das Werkzeug einer erfolgreichen Akkulturation (die unwahrscheinlich ist), sondern den spontanen Ausdruck (was noch unwahrscheinlicher ist) einer ursprünglichen und selbständigen, von religiösen Werten durchdrungenen Volkskultur erblickt. In dieser volkstümlichen Religion, die sich um die Menschheit und Armut Christi zentriert, seien Natur und Übernatürliches, Todesangst und Lebenswillen, das Ertragen der Ungerechtigkeiten und die Rebellion gegen Unterdrückung harmonisch miteinander verschmolzen. Hier wird natürlich eine »Literatur des Volkes« mit einer »Literatur für das Volk« verwechselt. Ohne es zu bemerken, verbleibt man so im Umkreis der von den herrschenden Klassen hervorgebrachten Kultur. Rein zufällig hat Bollème allerdings die Hypothese aufgestellt, der Inhalt dieser Heftchen und die Weise, wie sie von den Volksschichten gelesen wurden, seien voneinander abgewichen; aber auch dieser sicherlich wertvolle Hinweis bleibt nutzlos, weil er eine unbestimmte und anscheinend unausschöpfbare »Kreativität des Volkes« unterstellt, die sich auf eine mündliche Tradition stützt, welche keine Spuren hinterlassen hat.

4.
Das stereotype, süßliche Bild von Volkskultur, das am Ende dieser Forschungen erscheint, steht in starkem Kontrast zu der äußerst lebendigen Anschauung, die uns M. Bachtin in einem grundlegenden Buch über die Beziehung zwischen Rabelais und der Volkskultur seiner Zeit vermittelt.[5] Anscheinend verraten *Gargantua* oder *Pantagruel*, die vielleicht nie ein Bauer gelesen hat, mehr über die bäuerliche Kultur als der *Almanach des bergers*, der doch in Frankreich eine weite Verbreitung auf dem flachen Land gehabt haben dürfte. Im Mittelpunkt der von Bachtin nachgezeichneten Kultur steht der Karneval: ein Mythos und Ritus, in dem das Feiern der Fruchtbarkeit und des Überflusses, die spielerische Verkehrung aller Werte und bestehenden Hierarchien, die kosmische Bedeutung des zerstörerischen und schöpferischen Zeitflusses zusammentreffen. Nach Bachtin stellt vor allem im Mittelalter dieses Weltbild, das im Laufe von Jahrhunderten von der Volkskultur ausgebildet wurde, wirklich einen Gegensatz zum Dogmatismus und Ernst der Kultur der herrschenden Klassen dar. Nur wenn man diesen Gegensatz klar vor Augen hat, wird das Werk von Rabelais verständlich. Seine Komik schließt direkt an die Karnevalsthemen der Volkskultur an. Kulturelle Dichotomie also, aber auch Austausch, gegenseitiger Einfluß zwischen Unterschichten und herrschender Kultur, der besonders intensiv in der ersten Hälfte des 16. Jahrhunderts war.

Es handelt sich zum Teil um Hypothesen, die nicht alle gleich gut belegt sind. Aber die Begrenztheit des sehr schönen Buches von Bachtin liegt wohl anderswo: Die Protagonisten der Volkskultur, die Bauern und Handwerker, die er zu beschreiben suchte, reden fast ausschließlich durch die Worte Rabelais'. Gerade der Reichtum der Forschungsperspektiven, die Bachtin aufzeigt, machen aber eine direkte Untersuchung der Welt des Volkes ohne Vermittler wünschenswert. Aber eine Strategie der Umwege durch einen direkten Zugang zu ersetzen, ist in diesem Forschungsbereich aus den schon genannten Gründen äußerst schwierig.

5.
Gewiß, wenn man von Filtern und Mittelsleuten spricht, darf man nicht übertreiben. Daß eine Quelle nicht »objektiv« ist (nicht einmal ein Inventar ist es), bedeutet nicht, daß sie unbrauchbar ist. Eine Chronik des Gegners kann wertvolle Zeugnisse über die Verhaltensweisen einer rebellierenden Bauerngemeinde bieten. Die Analyse des »Karnevals von Romans« von E. LeRoy Ladurie bleibt in diesem Sinn beispielhaft. Angesichts der methodologischen Unsicherheit und Armut an Ergebnissen des größten Teils der Studien, die explizit der genaueren Bestimmung der Volkskultur im vorindustriellen Europa gewidmet sind, hebt sich das Niveau einiger Forschungen deutlich ab. Ich denke dabei etwa an die Arbeiten von N. Zemon Davis und E. P. Thompson über das »charivari« (Katzenmusiken), die spezielle Aspekte jener Kultur erhellen.[6] Auch eine kleine Dokumentation aus verstreuten und schwer zugänglichen Quellen kann schließlich Resultate erbringen. Aber die Angst, dem berüchtigten naiven Positivismus zu verfallen, verbunden mit dem geschärften Bewußtsein von der Gewalt der Ideologie, die sich noch hinter dem gewöhnlichsten und auf den ersten Blick harmlosesten Erkenntnisvorgang verbergen kann, verführt heute viele Historiker dazu, das Kind mit dem Bade auszuschütten - die Volkskultur selbst zusammen mit den Quellen, die davon ein mehr oder weniger verformtes Bild geben. Im Gefolge einer (nicht zu Unrecht geübten) Kritik an den erwähnten Untersuchungen über die Kolportageliteratur stellte eine Gruppe von Forschern in Frage, ob »die Volkskultur außerhalb des sie unterdrückenden Aktes existiere.«[7] Die Frage ist rhetorisch und die Antwort offensichtlich negativ. Diese Art von neuem Skeptizismus scheint auf den ersten Blick paradox, denn dahinter stehen die Studien M. Foucaults, des Forschers, der maßgeblich mit seinem Buch *Wahnsinn und Gesellschaft* die Aufmerksamkeit auf die Trennungen, die Verbote, die Grenzen gelenkt hat, durch die sich unsere Kultur historisch gebildet hat.[8] Aber genau betrachtet handelt es sich nur um eine scheinbare Paradoxie. Das, was Foucault vor allem interessiert, sind der Akt und die Kriterien der Trennung, die Ausgeschlossenen interessieren ihn weniger. In *Wahnsinn und Gesellschaft* war schon die Bahn vorgezeichnet,

die Foucault dazu führte, *Die Ordnung der Dinge* und die *Archäologie des Wissens* zu schreiben. Mit aller Wahrscheinlichkeit wurde diese Tendenz beschleunigt durch die leicht nihilistischen Einwände, die J. Derrida gegen *Wahnsinn und Gesellschaft* vorgebracht hat. Man kann nicht über den Wahnsinn reden in einer Sprache, die historisch an der abendländischen Vernunft und also auch an jenem Prozeß teilhat, der zur Unterdrückung des Wahnsinns selbst geführt hat. Der archimedische Punkt, von dem aus Foucault seine Forschung unternommen hat, - so Derrida - existiert nicht, kann nicht existieren. An diesem Punkt wird Foucaults ehrgeiziges Projekt einer »archéologie du silence« in einfaches und reines Schweigen verwandelt - allenfalls begleitet von einer stummen, ästhetisierenden Betrachtungsweise.

Dieser Rückschritt wird von einem kürzlich erschienenen Bändchen bezeugt. Es ist eine Sammlung von Aufsätzen, die von Foucault und einigen seiner Mitarbeiter verfaßt wurden; daneben stehen Dokumente verschiedener Art über den Fall eines jungen Bauern, der am Anfang des 19. Jahrhunderts seine Mutter, seine Schwester und seinen Bruder tötete. Die Analyse zeigt vor allem, wie sich zwei Sprachen der Ausschließung überschneiden, die dazu tendieren, sich gegenseitig zu negieren: die Sprache der Justiz und die Sprache der Psychiatrie. Die Gestalt des Mörders, Pierre Rivière, tritt schließlich in den Hintergrund - und zwar gerade in dem Augenblick, wo die Autoren eine Aufzeichnung veröffentlichen, die er auf Verlangen der Richter schrieb, um zu erklären, wie er dazu gekommen war, den dreifachen Mord zu begehen. Die Möglichkeit, diesen Text zu interpretieren, wird explizit ausgeschlossen; denn das würde bedeuten, ihn in eine fremde »Vernunft« zu zwängen und ihn darauf zu reduzieren. Es bleiben nur »das Erstaunen« und »das Schweigen« - die einzigen legitimen Reaktionen.

Diese Forschungsrichtung mündet also in einen ästhetisierenden Irrationalismus. Die unverständliche und widersprüchliche Beziehung Pierre Rivières zur herrschenden Kultur wird kaum angedeutet; seine Lektüre (Almanache, Erbauungsschriften, aber auch *Le bon sens du curé Meslier*) wird sogar ignoriert. Lieber beschreibt man ihn, wie er nach dem Verbrechen in den Wäldern herumirrt, als »Menschen ohne Zivilisation ... ein Tier ohne Instinkt ... ein mythisches, ein monströses Wesen, dessen Definition unmöglich ist, weil es zu keiner nennbaren Gattung gehört.« Man ist verzückt vor einer absoluten Fremdheit, die in Wirklichkeit nur Resultat der Weigerung zur Analyse und Interpretation ist. Die Opfer des gesellschaftlichen Ausschlusses werden zu Trägern des einzigen *Diskurses,* der eine radikale Alternative zu den Lügen der bestehenden Gesellschaft darstellt. Dieser Diskurs umfaßt Verbrechen und Menschenfresserei und verkörpert sich unterschiedslos in der von Pierre Rivière verfaßten Aufzeichnung oder in seinem Muttermord. Es handelt sich hier um einen Populismus mit umgekehrtem Vorzeichen, einen »schwarzen« Populismus - aber immer noch um Populismus.

6.
Was bis hierher gesagt wurde, zeigt zur Genüge die Zweideutigkeit des Begriffs »Volkskultur«. Einmal wird behauptet, die Unterschichten der vorindustriellen Gesellschaften würden sich passiv an die kulturellen Nebenprodukte anpassen, die von den herrschenden Klassen verbreitet würden (Mandrou), dann wieder wird stillschweigend angenommen, sie hätten zumindest teilweise von der Kultur letzterer unabhängige Werte entwickelt (Bollème), oder man nimmt an, sie hätten der Kultur völlig fremd gegenübergestanden, d.h. jenseits oder besser diesseits von ihr (Foucault). Weit fruchtbarer ist gewiß die von Bachtin formulierte Hypothese über den wechselseitigen Einfluß zwischen der Kultur der Unterschichten und der herrschenden Kultur. Aber wenn man die Modi und die Dynamik dieses Einflusses genauer analysieren will (J. Le Goff hat damit erfolgreich begonnen)[9], muß man das Problem in Angriff nehmen, daß die Quellen im Fall der Volkskultur, wie gesagt, fast immer indirekt sind. Inwieweit sind die etwaigen Elemente der herrschenden Kultur, die in der Volkskultur nachweisbar sind, Ergebnis einer mehr oder weniger absichtlichen Akkulturation[10] oder eines mehr oder weniger spontanen Zusammentreffens beider - oder: sind sie nicht vielmehr das Ergebnis einer unbewußten Verformung der Quelle mit der offensichtlichen Tendenz, das Unbekannte auf das Bekannte und Gewohnte zurückzuführen?

Vor einigen Jahren stieß ich im Verlauf einer Untersuchung über Hexenprozesse[11] im 16. und 17. Jahrhundert auf ein ähnliches Problem. Ich wollte begreifen, was in Wirklichkeit die Hexerei für ihre Hauptfiguren, die Hexen und die Hexer, gewesen sei; aber die Quellen, über die ich verfügte (die Prozesse und in höherem Maße die Abhandlungen über Teufelsglauben) schienen eine Schutzmauer zu bilden, die unwiederbringlich die Erkenntnis der volkstümlichen Hexerei ausschließt. Überall stieß ich auf die gelehrten Schemata, die auf die Behandlung von Hexen durch die Inquisition zurückgingèn. Nur die Entdeckung einer bis dahin unbeachteten Glaubensströmung, die auf sogenannte »benandanti« (»Wohlfahrende«) zurückging, brach eine Öffnung in diese Mauer. Durch die Diskrepanz zwischen den Fragen der Richter und den Antworten der Angeklagten hindurch - eine Diskrepanz, die weder dem suggestiven Verhör noch der Folter zugeschrieben werden konnte - leuchtete eine Tiefenschicht volkstümlicher Glaubensformen, die grundlegend autonom und unabhängig waren.

Die Geständnisse Menocchios, des Müllers aus Friaul, der Hauptfigur dieses Buches, bilden in gewisser Hinsicht einen analogen Fall zu jenem der Benandanti. Auch hier gestattet die Tatsache, daß ein Teil der Reden Menocchios nicht auf bekannte Schemata zurückgeführt werden kann, einen Einblick in eine noch nicht ergründete Schicht von volkstümlichen Glaubensformen und dunklen bäuerlichen Mythologien. Aber was den Fall Menocchios viel komplizierter macht, ist, daß diese dunklen volkstümlichen Elemente eingebettet sind in einen äußerst klaren und konsequenten Ideenkomplex, der von religiösem Radikalismus über einen tendenziell wissenschaftlichen Naturalismus bis hin zu utopischen Bestrebungen gesellschaftlicher Erneuerung reicht. Die eindrucksvolle Übereinstimmung zwischen den Überzeugungen eines unbekannten Müllers aus Friaul und denen der gebildetsten und informiertesten Gruppe von Intellektuellen seiner Zeit wirft das Problem auf, das schon Bachtin mit seiner Hypothese des kulturellen Austauschs gestellt hat.

7.

Bevor man sich darüber klar werden will, inwieweit die Geständnisse Menocchios einen Beitrag zur Präzisierung dieses Problems leisten, sollte man sich fragen, welche Bedeutung allgemein die Ideen und Glaubensformen eines einzelnen Individuums in seiner sozialen Umwelt haben können. In einer Zeit, in der ganze Forscherteams sich in riesige Unternehmen *quantifizierender* Ideengeschichte oder *serieller* Religionsgeschichte[12] stürzen, kann es paradox oder absurd erscheinen, eine bis ins einzelne vordringende Untersuchung über einen einzigen Müller anzustellen; das mutet beinahe so an wie die Rückkehr zum Handwebstuhl in einem Zeitalter automatischer Webstühle. Bezeichnenderweise wird die Möglichkeit einer solchen Untersuchung von vornherein von jenen ausgeschlossen, die wie F. Furet[13] behaupten, die gesellschaftlichen Unterschichten ließen sich in die allgemeine Geschichte nur im Zeichen der »Zahl und des Anonymen« eingliedern, durch die Demographie und die Soziologie, durch »die quantitative Erforschung der Gesellschaften der Vergangenheit«. Auch wenn die Unterschichten von den Historikern nicht mehr ignoriert werden, sind sie doch dazu verdammt, »stumm« zu bleiben.

Aber wenn die Quellen uns die Möglichkeit bieten, nicht nur anonyme Massen, sondern Einzelpersönlichkeiten zu entdekken, wäre es absurd, sie zu übergehen. Es ist ein durchaus lohnendes Ziel, den historischen Begriff des Individuums in die gesellschaftlichen Unterschichten hinein zu erweitern. Gewiß besteht die Gefahr, ins Anekdotenhafte, in die berüchtigte *histoire evénémentielle* (die nicht nur und nicht notwendigerweise politische Geschichte ist)[14] abzugleiten. Aber diese Gefahr läßt sich umgehen. Einige biographische Studien haben gezeigt, daß bei einem Durchschnittsindividuum, das für sich selbst genommen ohne jede Relevanz und gerade deswegen repräsentativ ist, die Charakteristika einer ganzen sozialen Schicht in einer bestimmten historischen Periode wie in einem Mikrokosmos untersucht werden können - etwa der österreichische Adel oder der niedere englische Klerus des 17. Jahrhunderts.[15]

Ist dies also der Fall von Menocchio? Ganz und gar nicht. Wir können ihn nicht als »typischen« Bauern (im Sinn von »Durchschnitt« oder »statistischer Häufigkeit«) seiner Zeit betrachten; seine relative Isolierung im Dorf spricht für sich. In den Augen seiner Dorfgenossen war Menocchio zumindest teilweise ein von den anderen verschiedener Mensch. Aber diese Eigenart hatte sehr genaue Grenzen. Denn wenn man aus der Kultur seiner eigenen Zeit und der eigenen Klasse heraustritt, verfällt man dem Wahnsinn und der Kommunikationslosigkeit. Wie die Sprache bietet die Kultur einen Horizont latenter Möglichkeiten: ein dehnbarer und unsichtbarer Käfig, in dem die bedingte Freiheit ausgeübt werden kann.[16] Mit seltener Klarheit und Deutlichkeit redete Menocchio die Sprache, die ihm historisch zur Verfügung stand. Deswegen ist es möglich, in seinen Geständnissen in besonders reiner und zugespitzter Form eine Reihe von übereinstimmenden Elementen aufzufinden, die in gleichartigen zeitgenössischen oder etwas späteren Quellen zerstreut und kaum betont erscheinen. Einige Stichproben bestätigen die Existenz von Spuren, die sich auf eine gemeinsame bäuerliche Kultur zurückführen lassen. Folglich kann auch ein Extremfall (und Menocchio ist bestimmt einer) sich als repräsentativ erweisen.[17] Sowohl negativ, weil er zur Präzisierung dessen beiträgt, was in einer gegebenen Situation unter dem »statistisch Häufigeren« zu verstehen ist, als auch positiv, weil er erlaubt, die latenten Möglichkeiten von etwas (nämlich Volkskultur) näher zu beschreiben, was uns nur durch bruchstückhafte und entstellte Dokumente, die fast alle aus den »Archiven der Unterdrückung« kommen, bekannt ist.[18]

Damit sollen gewiß nicht qualifizierende und quantifizierende Untersuchungen in einen Gegensatz zueinander gebracht werden. Es soll einfach unterstrichen werden, daß die Strenge der quantifizierenden Methode bei der Erforschung der Geschichte der Unterschichten den berüchtigten Impressionismus der qualifizierenden Methode nicht entbehren kann (oder, wenn man so will, *noch* nicht entbehren kann). Die ironische

Bemerkung E. P. Thompsons über den »plumpen, repetitiven Impressionismus des Computers, der *bis zum Erbrechen* ein einziges häufig wiederkehrendes Element wiederholt und alle Quellendaten vernachlässigt, für die er nicht programmiert ist«, ist Wort für Wort wahr in dem Sinn, daß der Computer offensichtlich nicht denkt, sondern nur ausführt. Auf der anderen Seite kann nur eine Reihe von besonders vertieften Untersuchungen die Ausarbeitung eines detaillierten Programms ermöglichen, das man dem Computer eingeben kann.

Geben wir ein konkretes Beispiel. In den letzten Jahren wurden verschiedene quantifizierende Forschungen über die französische Buchproduktion und ihre Verbreitung im 18. Jahrhundert durchgeführt, die aus der richtigen Absicht heraus entstanden, den Rahmen der traditionellen Ideengeschichte zu erweitern, indem man eine große Zahl von Titeln (ungefähr 4500), die bis jetzt von den Forschern systematisch ignoriert wurden, erfaßte. Nur auf diese Weise, so sagte man, könnten wir die Bedeutung des immobilen, statischen Moments in der Buchproduktion einschätzen und gleichzeitig den Bruch verstehen, den wahrhaft innovatorische Werke darstellen. Gegen diesen Ansatz hat ein italienischer Forscher, F. Diaz, eingewandt, daß man fast immer Gefahr läuft, einerseits mühsam das Offensichtliche aufzudecken, und andererseits sich bei dem aufzuhalten, was historisch abwegig ist.[19] Um es ironisch auszudrücken: Die französischen Bauern stürmten am Ende des 18. Jahrhunderts die Schlösser der Adligen sicher nicht, weil sie *L'Ange conducteur* gelesen hatten, sondern weil »die neuen Ideen, die mehr oder weniger in den Nachrichten, die aus Paris kamen, enthalten waren, auf Interessen und alte ... feindselige Gefühle stießen.« Es ist klar, daß dieser zweite Einwand (der andere ist weit besser begründet) die Existenz einer Volkskultur faktisch bestreitet, jedoch nicht die Nützlichkeit von Untersuchungen über die Ideen und die Glaubensformen der Unterschichten; freilich erscheint so die »elitäre«, ausschließlich an den großen Männern orientierte Version der alten Ideengeschichte wieder auf dem Plan. In Wirklichkeit muß die Kritik, die man gegen die quantifizierenden ideengeschichtlichen Forschungen vorbringen kann, anders aussehen: nicht, daß sie zu wenig »elitär«, sondern daß sie es noch zuviel sind. Sie gehen von der Voraussetzung aus, daß nicht nur die Texte, sondern schon die Titel einen unzweideutigen Hinweis liefern. Das trifft jedoch immer weniger zu, je tiefer das soziale Niveau der Leser ist. Die Almanache, die Liederbücher, die Erbauungsbücher, die Heiligengeschichten, all die kleinen Heftchen, die den Großteil der Buchproduktion ausmachen, erscheinen uns heute statisch, unbeweglich, eines wie das andere. Aber wie wurden sie vom damaligen Publikum gelesen? Inwieweit floß die vornehmlich mündliche Kultur jener Leser bei der Benutzung des Textes ein, so daß sie ihn abwandelte, neu bildete, bis sie ihn sogar entstellte? Die Hinweise Menocchios auf seine Lektüre geben uns ein erhellendes Beispiel dieser Beziehung zum Text, die ganz und gar verschieden ist von der der gebildeten Leser von heute. Sie ermöglichen schließlich, die Kluft zwischen den Texten der »volkstümlichen« Literatur und der Weise ihrer Rezeption bei Bauern und Handwerkern (die Bollème ganz richtig annimmt) zu beurteilen. Zwar erscheint diese Kluft im Fall von Menocchio sehr tief, wie sie es in den meisten Fällen wahrscheinlich nicht war. Aber es ist wiederum gerade diese Einzigartigkeit, die Hinweise für weitere Forschungen liefern kann. Im Fall der quantifizierenden Ideengeschichte zum Beispiel können die Voraussetzungen für eine auch *qualitativ* andere Ideengeschichte geschaffen werden, wenn man die historische und gesellschaftliche Veränderbarkeit des Lesertypus in Rechnung stellt.

8.
Die Kluft zwischen den von Menocchio gelesenen Texten und der Weise, in der er sie aufnahm und den Inquisitoren vortrug, zeigt, daß man seine Ansichten keineswegs auf die Lektüre dieses oder jenes Buches zurückführen oder reduzieren kann. Auf der einen Seite gehen sie zurück auf eine wahrscheinlich sehr alte mündliche Tradition. Auf der anderen Seite erinnern sie an eine Reihe von Motiven, die von häretischen Gruppen mit humanistischer Bildung entwickelt worden waren: Toleranz, tendenzielle Reduktion der Religion auf Sittlichkeit und so weiter. Es handelt sich nur um eine scheinbare Dichotomie, die in Wirklichkeit auf eine einheitliche Kultur zurückgreift, bei der es nicht möglich ist, klare Einschnitte vorzunehmen. Auch wenn Menocchio in mehr oder weniger vermittelter Weise mit gelehrten Kreisen in Berührung kam, haben seine Aussagen zur Verteidigung der religiösen Toleranz, seine Sehnsucht nach einer radikalen Erneuerung der Gesellschaft eine ursprüngliche Prägung und erscheinen nicht als das Resultat von äußeren Einflüssen, denen er unterlag. Die Wurzeln jener Aussagen und jener Wünsche haben weit entfernte Quellen in einer unbekannten, fast nicht entschlüsselbaren Schicht entlegener bäuerlicher Traditionen.

Hier stellt sich die Frage, ob das, was aus den Reden Menocchios hervortritt, nicht eher eine »Mentalität« ist als eine »Kultur«. Allem Anschein zum Trotz handelt es sich hierbei nicht um eine haarspalterische Unterscheidung. Die Studien zur Geschichte von Mentalitäten waren eben dadurch charakterisiert, daß an der Existenz von statischen, anonymen Elementen eines bestimmten Weltbildes festgehalten wurde. Die Überreste, die Archaismen, die Affektivität, das Irrationale - das alles grenzt das spezifische Feld der Geschichte der Mentalitäten ein, und dadurch unterscheidet sie sich ziemlich streng von Nachbardisziplinen, die nunmehr konsolidiert sind, wie z.B. Ideengeschichte oder Kulturgeschichte (wobei allerdings für einige Forscher die Geschichte der Mentalitäten die beiden letzteren einschließt).[20] Würde man den Fall von Menocchio ausschließlich in den Rahmen der Geschichte der Mentalitäten stellen, so würde damit die sehr starke rationale Komponente seines Weltbildes (die nicht notwendigerweise gleichzusetzen ist mit unserer Rationalität) an die zweite Stelle gerückt. Aber das entscheidende Gegenargument ist ein anderes: der entschieden klassenneutrale Charakter der Mentalitätsgeschichte. Sie untersucht, wie schon gesagt wurde, was »Cäsar und dem letzten Soldaten seiner Legionen, dem heiligen Luigi und dem Bauern, der seine Äcker bebaute, Christoph Kolumbus und dem Matrosen seiner Karavellen« gemeinsam war. In diesem Sinn ist das Adjektiv »kollektiv« als Beifügung zu »Mentalität« in den meisten Fällen pleonastisch. Damit soll nun nicht die Legitimität von Untersuchungen dieser Art bestritten werden; aber das Risiko, zu nicht gerechtfertigten Verallgemeinerungen zu kommen, ist sehr groß. Selbst einer der größten Historiker dieses Jahrhunderts, Lucien Febvre, ist in eine solche Falle getreten. In einem verfehlten, aber faszinierenden Buch[21] versuchte er, von der Untersuchung eines Individuums aus, auch wenn es noch so hervorragend ist wie Rabelais, zur Erkenntnis eines ganzen Zeitalters zu gelangen. Solange es sich darum handelt, zu zeigen, daß es einen angeblichen Atheismus Rabelais' nicht gegeben hat, ist das in Ordnung. Aber die Argumentation wird unannehmbar, wenn man auf das Gebiet der »kollektiven Mentalität (oder Psychologie)« vorstößt und behauptet, die Religion habe auf »die Menschen des 16. Jahrhunderts« einen durchdringenden und geradezu erdrückenden Einfluß ausgeübt, dem man sich unmöglich entziehen konnte, so wie Rabelais sich ihm nicht entziehen konnte. Wer waren die nicht weiter identifizierten »Menschen des 16. Jahrhunderts«? Humanisten, Händler, Handwerker, Bauern? Aufgrund des klassenneutralen Ausdrucks »kollektive Mentalität« werden die Ergebnisse einer Untersuchung über die sehr dünne Schicht von gebildeten Individuen in der französischen Gesellschaft stillschweigend ausgedehnt, bis sie restlos ein ganzes Jahrhundert erfassen. Aber jenseits der Theorie von den kollektiven Mentalitäten taucht wieder die traditionelle Ideengeschichte auf. Die Bauern, und das heißt die überwältigende Mehrheit der Bevölkerung von damals, werden im Buch von Febvre nur dargestellt, um schleunigst als eine »halbwilde Masse, die vom Aberglauben gepackt ist«, beseitigt zu werden. Dabei leitet die Behauptung, daß es zu jener Zeit unmöglich war, eine kritisch konsequente areligiöse Position zu formulieren, zu der - ziemlich überholten - Behauptung über, das 17. Jahrhundert sei anders als das 16. Jahrhundert gewesen und Descartes sei nicht der Zeitgenosse Rabelais' gewesen.

Trotz dieser Grenzen bleibt es beispielhaft, wie Febvre die vielfältigen Fäden, die ein Individuum an eine historisch bestimmte Umwelt und Gesellschaft binden, entwirrt. Das Instrumentarium, mit dem er die Religion Rabelais' analysiert hat, kann auch dazu dienen, die so ganz anders geartete Religion Menocchios zu analysieren. Immerhin wird hier klar, daß der Ausdruck »Volkskultur«, der seinerseits nicht ganz befriedigend ist, dem der »kollektiven Mentalitäten« vorzuziehen ist. Eine Betrachtungsweise, die sich grundsätzlich auf eine bestimmte Klasse richtet, ist doch immer noch ein großer Schritt vorwärts, verglichen mit der klassenneutralen.

Damit soll keineswegs die Existenz einer gemeinsamen, homogenen Kultur der Bauern, der städtischen Handwerker (oder gar der Randgruppen wie der Vagabunden)[22] im vorindustriellen Europa behauptet werden. Man sollte einfach ein Forschungsgebiet eingrenzen, innerhalb dessen es notwendig sein wird, Einzelanalysen analog der vorliegenden durchzuführen.[23] Nur so wird es möglich sein, eventuell die hier erreichten Schlußfolgerungen zu verallgemeinern.

9.

Zwei historische Ereignisse machten einen Fall wie den Menocchios möglich: die Erfindung des Buchdrucks und die Reformation. Der Buchdruck gab ihm die Möglichkeit, die Bücher der mündlichen Tradition, in der er aufgewachsen war, gegenüberzustellen, und er gab ihm die Worte, um den Knäuel von Ideen und Phantasien, die er in sich selbst bemerkte, aufzulösen. Die Reformation gab ihm den Mut, das mitzuteilen, was er über die Priester des Dorfes, die Inquisitoren empfand, auch wenn er es nicht, wie er gewollt hätte, dem Papst, den Kardinälen, den Fürsten ins Gesicht sagen konnte. Die gewaltigen Umbrüche seit dem Ende des Monopols der Gelehrten auf die schriftliche Kultur und des Monopols der Kleriker in religiösen Fragen hatten eine neue, potentiell explosive Situation geschaffen. Aber die Gemeinsamkeit der Bestrebungen eines Teils der Träger der hohen Kultur und der Träger der Volkskultur war schon mehr als ein halbes Jahrhundert vor dem Prozeß Menocchios endgültig zerschlagen worden - als Luther die revoltierenden Bauern und ihre Forderungen heftig verurteilt hatte. Von jener Vorstellung ließen sich nur noch unbedeutende Minderheiten von

Verfolgten wie die Anabaptisten inspirieren. Mit der Gegenreformation (und, parallel dazu, mit der Konsolidierung der protestantischen Kirchen) hatte ein Zeitalter begonnen, das von hierarchischer Verhärtung, von Indoktrination der Massen von oben herab, von Vernichtung der Volkskultur und von mehr oder weniger gewaltsamer Ausgrenzung der Minderheiten und abweichenden Gruppen gekennzeichnet war. Und auch Menocchio wurde verbrannt.[24]

10.
Wie gesagt, ist es unmöglich, glatte Schnitte durch die Kultur von Menocchio zu legen. Es ist geradezu albern, diese einzelnen Bestandteile zu isolieren, die schon damals mit den Tendenzen eines Teils der Hochkultur des 16. Jahrhunderts zusammenflossen und die das Erbteil der »progressiven« Kultur der kommenden Jahrhunderte geworden sind: die Bestrebung nach einer radikalen Erneuerung der Gesellschaft, die Zersetzung der Religion aus dem Innern heraus und die Toleranz. So fügt sich die Gestalt Menocchios ein in eine Entwicklungslinie, die bis zu uns reicht: Er ist, so können wir sagen, unser Vorfahre. Aber Menocchio ist auch das verlorene, zufällig auf uns gekommene Bruchstück einer dunklen, verborgenen Welt, die wir nur durch einen willkürlichen Akt auf unsere Geschichte beziehen können. Diese Kultur ist zerstört worden. Wenn man an ihr den Rest an Nichtverständlichem, das jeder Analyse widersteht, achtet, so gibt man damit nicht der einfältigen Faszination des Exotischen und Nichtverstehbaren nach. Es bedeutet einfach, die historische Verstümmelung zur Kenntnis zu nehmen, deren Opfer wir selbst in einem gewissen Sinn sind.[25] »Nichts, was sich jemals ereignet hat, ist für die Geschichte verloren zu geben«, schreibt Walter Benjamin. Aber »erst der erlösten Menschheit fällt ihre Vergangenheit vollauf zu.«[26] Erlöst - das heißt befreit.

Der Käse und die Würmer

Tout ce qui est intéressant se passe dans l'ombre ...
On ne sait rien de la véritable histoire des hommes.

CÉLINE

Eine vorläufige Redaktion dieses Buches wurde zuerst in einem Seminar über die Volksreligion, das im Herbst 1973 im Davis Center for Historical Studies der Universität Princeton stattfand, diskutiert, dann in einem vom Autor geleiteten Seminar an der Universität Bologna. Ich danke herzlich Lawrence Stone, dem Direktor des Davis Center, und allen, die mit Kritik und Hinweisen geholfen haben, den Text zu verbessern; insbesondere Piero Camporesi, Jay Dolan, John Elliott, Felix Gilbert, Robert Muchembled, Ottavia Niccoli, Jim Obelkevich, Adriano Prosperi, Lionel Rothkrug, Jerry Seigel, Eileen Yeo, Stephen Yeo und meinen Studenten in Bologna. Außerdem danke ich Don Guglielmo Biasutti, Bibliothekar der Erzbischöflichen Kurie in Udine; dem Lehrer Aldo Colonnello; Angelo Marin, Sekretär der Gemeinde Montereale Valcellina und den Beamten der erwähnten Archive und Bibliotheken. Alle anderen, denen Dank gebührt, werde ich im Laufe des Buches erwähnen.

Bologna, September 1975

1 *Menocchio*

Er hieß Domenico Scandella, genannt Menocchio.[1] Im Jahre 1532 (zur Zeit des ersten Prozesses erklärte er, er sei 52 Jahre alt[2]) wurde er in Montereale[3] einem kleinen Bergdorf in Friaul, das 25 Kilometer nördlich von Pordenone auf der windgeschützten Seite des Gebirges lag, geboren. Dort hatte er immer gelebt mit Ausnahme von zwei Jahren (1564-1565), die er wegen einer handgreiflichen Auseinandersetzung in Arba, einem Dorf nicht weit entfernt, und in einem nicht näher bezeichneten Ort des Krain in der Verbannung verbrachte.[4] Er war verheiratet und hatte sieben Kinder; weitere vier waren gestorben. Dem Generalvikar des Inquisitors von Aquileia und Concordia, Giambattista Maro, gegenüber gab er an, seine berufliche Tätigkeit sei »Müller, Schreiner, Sägen, Mauern bauen und andere Ding«. Aber vorwiegend war er Müller; er trug auch die traditionelle Müllerstracht, ein Gewand, einen Mantel und eine Mütze aus weißer Wolle.[5] So in weiß gekleidet erschien er zum Prozeß.

Einige Jahre später[6] sagte er zu den Inquisitoren, er sei »sehr arm«: »ich habe nur zween Mühlen auf Pacht und zween Felder auf Zins[7], und mit denen hab ich mein arm Hausgesind genährt und nähr es.« Aber sicher übertrieb er. Auch wenn ein guter Teil der Ernte dazu gedient haben wird, neben dem harten Erbzins auf die Grundstücke die Pacht (wahrscheinlich in Naturalabgaben) für die zwei Mühlen zu bezahlen, muß genügend übrig geblieben sein, um sich durchzubringen und sich eventuell in schwierigen Situationen aus der Klemme zu ziehen.[8] So hatte er während seines Aufenthalts in Arba in der Verbannung sofort eine weitere Mühle gepachtet.[9] Als sich seine Tochter Giovanna verheiratete (Menocchio war seit einem Monat tot) erhielt sie eine Aussteuer im Wert von 256 Lire und 9 Soldi, nicht reichlich, aber auch keineswegs ärmlich, verglichen mit den Gewohnheiten der damaligen Jahre in diesem Landstrich.[10]

Insgesamt scheint die soziale Stellung Menocchios in der kleinen Welt von Montereale nicht die unbedeutendste gewesen zu sein.[11] 1581 war er Bürgermeister des Dorfes und der umliegenden »Weiler« (Gaio, Grizzo, San Lonardo, San Martino) sowie zu einer nicht näher angegebenen Zeit »Kämmerer«, d.h. Kirchenpfleger des Pfarrsprengels von Montereale.[12] Wir wissen nicht, ob hier das alte System des Ämterwechsels[13] durch das Wahlsystem ersetzt worden war. In letzterem Fall mußte Menocchio die Tatsache begünstigen, daß er zu »lesen, schreiben und die Rechenkunst« verstand.[14] Denn die Kämmerer wurden fast immer unter Personen ausgewählt, die eine öffentliche Schule mit Grundschulniveau besucht hatten, wo sie vielleicht auch etwas Latein lernten.[15] Solche Schulen existierten auch in Aviano und in Pordenone: in eine von ihnen wird Menocchio gegangen sein.[16]

Am 28. September 1583 wurde Menocchio bei der Inquisition angezeigt.[17] Die Anklage lautete, er habe »ketzerische und sehr gottlose« Worte über Christus von sich gegeben. Es hatte sich nicht um einen gelegentlichen Fluch gedreht: Menocchio hatte sogar seine Ansichten in Argumentationen zu verbreiten gesucht (»Predigen und Lehrsätze aufzustellen, läßt ihn nicht erröten«).

Das verschlimmerte sofort seine Lage.

Diese Versuche, sich Anhänger zu verschaffen, wurden bei den Ermittlungen weitgehend bestätigt, die einen Monat später in Portogruaro eingeleitet und dann in Concordia und in Montereale selbst fortgesetzt wurden. »Er zankt ohn Unterlaß mit irgend jemand um den Glauben, dieweil er disputiern wollt, und sogar mit dem Pfarrherr«, berichtete Francesco Fasseta dem Generalvikar.[18] Und ein anderer Zeuge, Domenico Melchiori: »Er pflegt mit dem und jenem zu disputiern, und wo er mit mir disputiern wollt, sagte ich ihm: ›Ich bin ein Schuster und du ein Müller, und du bist kein Gelehrter: weshalben darüber disputiern?‹«[19] Fragen des Glaubens sind hoch und schwierig, liegen außerhalb des Gesichtsfeldes von Müllern und Schustern: um darüber zu diskutieren, braucht man Bildung, und die Träger der Bildung sind zunächst die Kleriker. Aber Menocchio sagte, er glaube nicht, daß der heilige Geist die Kirche regiere, und fügte hinzu: »Die Prälaten halten die Leut untertan und halten sie in gutem Glauben, aber sie lassen es sich gut gehen«, während »er Gott baß kannte denn sie.«[20] Und als der Pfarrer des Dorfes ihn nach Concordia zum Generalvikar gebracht hatte, damit in seinem Kopf Klarheit geschaffen würde, wobei er ihm sagte: »Diese Grillen, so du hast, sind Ketzereien«, hatte Menocchio ihm versprochen, sich nicht mehr in diese Angelegenheiten einzumischen - freilich um sofort danach wieder damit anzufangen.[21] Auf dem Dorfplatz, in der Gastschänke[22], wenn er nach Grizzo oder Daviano geht oder wenn er vom Gebirge kommt, »pflegt er bei jedermann, mit dem er spricht«, sagt Giuliano Stefanut, »sein Sprach auf die Gottesding zu bringen und ihm ein Stück Ketzerei unterzumischen, und so disputiert und schreit er, auf daß er diese seine Meinung verteidigt.«[23]

2 *Das Dorf*

Es ist aus den Akten der Voruntersuchung nicht leicht zu verstehen, wie die Dorfgenossen auf Menocchios Worte reagierten.

Natürlich war keiner geneigt zuzugeben, er habe den Reden eines Häresieverdächtigen beipflichtend zugehört. Im Gegenteil, einer von ihnen war bemüht, dem Generalvikar, der die Voruntersuchung führte, zu berichten, wie er selbst entrüstet reagiert habe. »He, Menocchio, ei Lieber, um Gottes willen, laß dir nicht diese Wort herausfahren!« hatte Domenico Melchiori, wie er zumindest sagte, gerufen.[1] Und Giuliano Stefanut: »Ich habe ihm mehrere Male gesagt, und in Sonderheit, wann wir nach Grizzo gegangen sind, ich wolle ihm wohl, aber ich könnt sein Reden über die Glaubensding nicht ertragen, dieweil ich immerdar mit ihm streiten sollte und so er mich hundert Male umbringen würde, und ich dann wiederum ins Leben zurückkehren würde, ließe ich mich immerdar um des Glaubens willen umbringen.«[2] Der Priester Andrea Bionima hatte sogar verhüllt gedroht: »Schweig still, Domenego, sage nicht diese Worte, alldieweil sie dich eines Tages gereuen könnten.«[3] Ein anderer Zeuge, Giovanni Povoledo, wagte dem Generalvikar gegenüber eine, wenn auch unbestimmte Einordnung: »Er hat ein bös Geschrei, nämlich daß er schlechte Meinungen lutherischen Herkommens hat.«[4] Aber dieser Chor von Stimmen darf nicht in die Irre führen. Beinahe alle Befragten erklärten, Menocchio seit langem zu kennen: der eine seit dreißig oder vierzig Jahren, der andere seit fünfundzwanzig Jahren, der dritte seit zwanzig Jahren.[5] Einer namens Daniele Fasseta sagte, er kenne ihn »von Kindsbeinen an, dieweil wir unter der gleichen Pfarre sind.«[6] Offensichtlich stammten einige Behauptungen Menocchios nicht erst aus letzter Zeit, sondern reichten »viele Jahr«, sogar bis zu dreißig Jahre zurück.[7] Während dieser ganzen Zeit hatte ihn niemand aus dem Dorf angezeigt. Dennoch waren seine Reden allen bekannt. Man wiederholte sie sich - vielleicht ungläubig, vielleicht mit Kopfschütteln.[8] In den vom Generalvikar gesammelten Zeugenaussagen ist keine wirkliche Feindschaft Menocchio gegenüber zu bemerken, höchstens Mißbilligung. Einige dieser Aussagen stammen zwar von seinen Verwandten, wie Francesco Fasseta oder Bartolomeo di Andrea, dem Vetter seiner Frau, der ihn als »Biedermann« bezeichnete. Aber auch jener Giuliano Stefanut, der Menocchio widersprochen und sich bereit erklärt hatte, sich »um des Glaubens willen umbringen« zu lassen, fügte hinzu: »Ich will ihm wohl«. Dieser Müller, ehemaliger Bürgermeister des Dorfes und Kirchenpfleger des Sprengels, lebte gewiß nicht am Rande der Dorfgemeinschaft von Montereale. Viele Jahre später, zur Zeit des zweiten Prozesses, erklärte ein Zeuge: »Ich sehe ihn mit vielen umgehen, und ich glaub, er ist aller Freund.«[9] Dennoch wurde irgendwann einmal eine Anzeige gegen ihn erstattet, die die Voruntersuchung auslöste.

Die Kinder Menocchios machten, wie wir sehen werden, sofort den Pfarrer von Montereale, Don Odorico Vorai, als anonymen Denunzianten aus. Sie hatten nicht unrecht. Zwischen den beiden bestand eine alte Feindschaft: Seit vier Jahren ging Menocchio sogar außerhalb des Dorfes zur Beichte.[10] Zwar war die Zeugenaussage Vorais, die die Phase der Ermittlungen abschloß, seltsam ausweichend: »Ich kann mich nicht im einzelnen erinnern, was er gesagt hat, und dies dieweil ich ein kurz Gedächtnis hab und anderer Geschäft halben verhindert bin.«[11] Wohl niemand war eher in der Lage, zu diesem Gegenstand Informationen an die Inquisition weiterzugeben, aber der Generalvikar hakte nicht nach. Er hatte das auch nicht nötig: Es war Vorai selbst gewesen[12], der von einem anderen Priester, Don Ottavio Montereale, Abkömmling der Herrenfamilie des Ortes, angestiftet wurde[13], die ausführliche Anzeige zu übermitteln, auf der die präzisen Fragen beruhten, die der Generalvikar den Zeugen stellte.

Diese Feindschaft des lokalen Klerus erklärt sich leicht. Wie wir gesehen haben, erkannte Menocchio den kirchlichen Hierarchien keine spezielle Autorität in Glaubensfragen zu. »Was Päpst, Prälaten, was Priester! solche Worte sagte er im Spott, dieweil er ihnen nicht glaubte«, berichtete Domenico Melchiori.[14] Mit seinem Diskutieren und Argumentieren auf Straßen und in Gastschänken muß Menocchio beinahe so weit gekommen sein, sich der Autorität des Pfarrers zu widersetzen.[15] Aber was sagte Menocchio eigentlich?

Zuerst einmal fluchte er nicht nur »unmäßlicher Weis«[16], sondern behauptete auch, Fluchen sei keine Sünde (nach Aussage eines anderen Zeugen: bei den Heiligen zu fluchen sei keine Sünde, bei Gott aber wohl), indem er sarkastisch hinzufügte: »Ein jeglicher tut sein Handwerk, der ackert, der egget, und ich tue mein Lästerer Handwerk.« Sodann stellte er eigenartige Behauptungen auf, die die Dorfgenossen in mehr oder weniger fragmentarischer und zusammenhangloser Weise dem Generalvikar berichteten. Zum Beispiel: »Die Luft ist Gott, die Erd' ist unser Mutter«; »was dünkt euch, das Gott ist? Gott ist nichts anderes denn ein wenig Atem und was der Mensch sich einbildet«; »alles, was man siehet, ist Gott, und wir sind Götter«; »der Himmel, Erdreich, Meer, Luft, Abgrund und Höll, alles ist Gott.« »Glaubt ihr denn, daß Jesus Christus von der Jungfrau Maria geborn worden sei? Es ist nicht möglich, daß sie ihn geboren hat und Jungfrau geblieben ist: es kann wohl sein, daß er irgendein ehrbar Mann gewesen ist oder irgendeines ehrbarn Mannes Sohn.«[17] Schließlich sagte man, daß er verbotene Bücher hätte, vor allem die *Bibel* in Italienisch: »Immerdar geht er mit dem und jenem disputiern, und er hat die *Bibel* in Italienisch, und er bildet sich ein, daß er sich auf sie gründe, und ist halsstarrig in diesen seinen Gedanken.«[18]

Während die Zeugenaussagen sich anhäuften, war Menocchio das Gerücht zu Ohren gekommen, daß etwas gegen ihn im Anzug sei. Also begab er sich zum Vikar von Polcenigo, Giovanni Daniele Melchiori, mit dem er von Kind an befreundet war. Der hatte ihm empfohlen, sich selbst der Inquisition zu stellen oder zumindest sofort einer etwaigen Ladung Folge zu leisten, und ihn ermahnt: »Sagt ihnen, was sie Euch fragen werden, und sucht nicht zuviel zu reden und sucht nicht, diese Dinge zu erzählen. Antwortet nur auf das, was Ihr gefragt werdet.«[19] Auch Alessandro Policreto, ein ehemaliger Rechtsanwalt, den Menocchio zufällig bei einem befreundeten Holzhändler zu Hause getroffen hatte, hatte ihm geraten, vor die Richter zu gehen und sich schuldig zu bekennen, gleichzeitig jedoch zu erklären, daß er den eigenen ketzerischen Behauptungen nie Glauben geschenkt habe. Deshalb war Menocchio der Ladung des Kirchengerichts gefolgt und hatte sich nach Maniago begeben. Aber tags darauf, am 4. Februar, ließ ihn der Inquisitor in eigener Person, Fra Felice da Montefalco, ein Franziskaner, einsperren, weil er gesehen hatte, wie die Voruntersuchung verlaufen war, und ließ ihn »in Handeisen« in die Kerker der Inquisition »bringen«.[20] Am 7. Februar 1584 wurde Menocchio einem ersten Verhör unterzogen.

3 *Erstes Verhör*

Trotz der Ratschläge, die er erhalten hatte, zeigte er sich sofort sehr gesprächig. Doch versuchte er, die eigene Position in ein günstigeres Licht zu stellen, als sie aus den Zeugenaussagen hervorging. So hatte er, obgleich er zugab, zwei oder drei Jahre früher Zweifel an der Jungfrauschaft Marias gehabt zu haben und darüber mit verschiedenen Leuten, unter anderen mit einem Priester von Barcis, gesprochen zu haben, bemerkt: »Wahrhaftig, ich habe diese Wort zu unterschiedlichen Personen geredt, aber ich habe niemand vermahnt, daß man also glauben sollte, ja vielmehr habe ich viele vermahnt und zu ihnen gesagt: ›Wollt ihr, daß ich euch die wahre Straß lehre? Achtet darauf, Wohltaten zu tun, laufet die Straßen meiner Altvordern und tut, was die Heil. Mutter Kirch gebeut.‹ Aber diese von mir verkündigten Wort sagte ich in der Versuchung und dieweil ich also glaubte und es die andern lehren wollte, und es ist der bös Geist gewesen, welcher mich also jene Ding glauben ließ, und mich gleichfalls anreizte, sie andern zu sagen.«[1] Mit diesen Worten bestätigte

Menocchio, ohne es zu wollen, unmittelbar den Verdacht, daß er sich im Dorf die Rolle eines Glaubens- und Morallehrers angemaßt hatte (»Wollt ihr, daß ich euch die wahre Straß lehre?«). An dem heterodoxen Inhalt dieser Art Predigt konnte man keinen Zweifel haben - vor allem, als Menocchio seine ganz eigenartige Kosmogonie darlegte, von der die Inquisition ein wirres Echo mitbekommen hatte: »Ich habe gesagt, daß was meine Gedanken und meinen Glauben anlanget, alles ein Chaos war, nämlich Erd', Luft, Wasser und Feur durcheinander. Und jener Wirbel wurde also eine Masse, gerade wie man den Käse in der Milch macht, und darinnen wurden Würm', und das waren die Engel. Und die allerheiligste Majestät wollte, daß das Gott und die Engel wären. Und unter dieser Zahl von Engeln, da war auch Gott, auch der wurde zur selbigen Zeit erschaffen aus jener Masse, und er ward zum Herrn gemacht mit vieren Hauptleut: Luzifel, Michael, Gabriel und Raffael. Jener Luzifel wollte sich zum Herrn machen gleich als der König, welcher die Majestät Gottes war, und seiner Hoffahrt halben gebot Gott, daß er vom Himmel ausgetrieben werden sollte mit all seinem Gefolge und seinen Spießgesellen. Und dieser Gott machte dann Adam und Eva und das Volk in großer Meng, auf daß sie jene Sitze der ausgetriebenen Engel einnehmen sollten. Dieser Meng schickte er, dieweil sie Gottes Gebot nicht hielten, seinen Sohn, den die Juden ergriffen, und er wurde gekreuzigt.«[2] Und er fügte hinzu: »Ich habe niemalen nicht gesagt, daß man ihn hätte aufspießen lassen wie ein unvernünftig Tier.« (Das war eine der Anschuldigungen, die gegen ihn vorgebracht worden waren: Später gab er jedoch zu, vielleicht so etwas gesagt zu haben.[3]) »Ich habe wohl gesagt, daß er sich kreuzigen ließ, und welcher gekreuzigt wurde, war einer der Söhne Gottes, dieweil wir alle Söhne Gottes sind und von derselbigen Natur, wie der war, der gekreuzigt wurde. Und er war Mensch wie wir anderen, aber von mehr Würde, wie man es jetzt vom Papst sagt, der ein Mensch ist wie wir, aber von mehr Würde denn wir, dieweil er sein eigener Herr ist. Und der, welcher gekreuzigt wurde, wurde vom hl. Joseph und der Jungfrau Maria geboren.«

4 *»Unsinnig«*

Während der Phase der Voruntersuchung zum Prozeß hatte der Generalvikar angesichts der seltsamen Äußerungen, die von den Zeugen berichtet wurden, zuerst gefragt, ob Menocchio »ernstlich« rede »oder letztlich scherze«[1]; dann, ob er bei Verstand sei. In beiden Fällen war die Antwort völlig klar: Menocchio redete

»ernstlich« und war »im Hirn nicht ... närrisch.«[2] Nach Beginn der Verhöre setzte jedoch einer der Söhne Menocchios, Ziannuto, auf Anraten einiger Freunde des Vaters (Sebastiano Sebenico und ein nicht näher bekannter Pre Lunardo) das Gerücht in Umlauf, dieser sei »verrückt« oder »unsinnig«.[3] Aber der Vikar hatte dem keinen Glauben geschenkt, und der Prozeß wurde fortgesetzt. Die Versuchung, die Ansichten Menocchios und besonders seine Kosmogonie als einen Haufen gottloser, aber unschädlicher Verrücktheiten (der Käse, die Milch, die Würmer-Engel, der Engel-Gott, der aus dem Chaos geschaffen wurde) abzutun, war vorhanden, aber sie wurde umgangen. Hundert oder hundertfünfzig Jahre später wäre Menocchio wahrscheinlich in einem Hospiz bei den Wahnsinnigen verwahrt worden, weil er an »religiösem Wahnsinn« leide.[4] Aber auf dem Höhepunkt der Gegenreformation waren die Mechanismen des Ausschlusses andere - der Ketzer wurde zuerst kenntlich gemacht und dann folgte die Unterdrückung der Ketzerei.

5 *Von Concordia nach Portogruaro*

Lassen wir vorläufig die Kosmogonie Menocchios beiseite und verfolgen wir vielmehr die Entwicklung des Prozesses. Sofort nach der Inhaftierung Menocchios hatte Ziannuto, einer seiner Söhne, versucht, ihm auf verschiedene Weise Hilfe zu bringen: Er hatte einen Anwalt besorgt, einen gewissen Trappola aus Portogruaro; er war nach Serravalle gegangen, um mit dem Inquisitor zu sprechen; er hatte von der Gemeinde Montereale eine Erklärung zugunsten des Gefangenen erhalten und hatte sie dem Anwalt geschickt und ihm die Möglichkeit in Aussicht gestellt, sich, falls nötig, weitere Bescheinigungen der guten Führung zu beschaffen: »Und so ihr Zeugnis der Gemeinde von Montereal nötig habt, daß bemeldter Gefangener jedes Jahr gebeicht und kommuniziert hat, wird es von den Pfarrherrn gegeben werden. Und so ihr Zeugnis von benannter Gemeinde nötig habt, daß er Schultheiß und Regierer von fünf Dörfern gewesen ist, wird es gegeben. Und daß er Kämmerer der Pfarre von Montereale gewesen ist und daß er sein Amt als ein ehrbarer Mann geführt hat, wird es gegeben. Und daß er Meßdiener der Pfarrkirche von Montereal gewesen ist, wird es gegeben ...«[1] Außerdem hatte er zusammen mit seinen Brüdern unter Drohungen denjenigen, der in seinen Augen der Hauptverantwortliche für die ganze Angelegenheit war, nämlich der Pfarrer von Montereale, veranlaßt, einen Brief an Menocchio, der im Gefängnis eingesperrt war, zu schreiben (Ziannuto war Analphabet). Darin legte er ihm nahe, folgendes zu versprechen: »Der Heiligen Kirch ganz zu gehorchen, was besagt, daß ihr nur glaubt und glauben werdet, was der Herrgott und die Hl. Kirch zu glauben heißen, und daß ihr in christlichem Glauben zu leben und zu sterben gesonnen seid, wie es die heilige römisch-katholische und apostolische Kirche gebeut, ja vielmehr (wenn es nötig ist) das Leben und tausend Leben, so ihr so viele hättet, um des Herrgotts und des heiligen christlichen Glaubens willen verlieren wolltet, alldieweil ihr wißt, daß ihr das Leben und alles Gute von der hl. Mutter Kirche habt ...« Offenbar erkannte Menocchio hinter diesen Worten nicht die Hand seines Feindes, des Pfarrers; statt dessen schrieb er sie Domenego Femenussa zu, einem Woll- und Holzhändler, der zu seiner Mühle kam und ihm manchmal Geld lieh.[2] Aber den Ratschlägen, die in dem Brief enthalten waren, Folge zu leisten, fiel ihm ohne Zweifel schwer. Am Ende des ersten Verhörs (7. Februar) rief er dem Generalvikar gegenüber mit offensichtlichem Widerwillen aus: »Herr, was ich aus Eingebung Gottes oder des Teufels gesagt habe, stelle ich weder als Wahrheit noch als Lüge hin, sondern begehr Erbarmung und werde tun, was man mich weisen wird.«[3] Er bat um Vergebung, widerrief aber nichts. Vier lange Verhöre hindurch (7., 16., 22. Februar, 8. März) leistete er den Einwänden des Vikars Widerstand; er bestritt, erläuterte und widerlegte. »Im Prozeß ist kund«, fragte Maro z.B., »daß ihr gesagt habt, ihr glaubt nicht an den Papst noch an jene Reguln der Kirche und daß ein jeglicher so viel Vollmacht habe als der Papst?« Und Menocchio: »Ich bitt den allmächtigen Gott, daß er mich auf der Stelle sterben laß, so ich weiß, ich hätte gesagt, was Eure Heiligkeit mich fragt.«[4] Aber stimmte es, daß er gesagt hatte, die Totenmessen seien nutzlos? (Nach Giuliano Stefanut lauteten die Worte, die Menocchio eines Tages aussprach, als sie von der Messe zurückkehrten, genau folgendermaßen: »Warum gebt ihr diese Almosen des Gedächtnisses dieser wenigen Aschen halben?«[5]). »Ich habe gesagt«, erläuterte Menocchio, »daß darauf zu achten nötig ist, Wohltaten zu tun, solange einer auf dieser Welt ist, dieweil nachher der Herrgott der ist, der die Seelen regiert; dieweil die Gebet und die Almosen und die Messen, so man für die Toten hält, so glaube ich, man aus Liebe zu Gott hält, der dann macht, was ihm gefällt, dieweil die Seelen nicht diese Gebete und Almosen nehmen, und es steht bei der Majestät Gottes, diese guten Werke den Lebenden oder den Toten zum besten zu empfangen.«[6] Es sollte eine angemessene Präzisierung sein, die in Wirklichkeit jedoch im Widerspruch zur kirchlichen Lehre vom Fegefeuer stand. »Sucht nicht zuviel zu reden«, hatte der Vikar von Polcenigo Menocchio geraten, der nicht umsonst sein Freund von Kindesbeinen an war und ihn gut kannte.[7] Aber Menocchio konnte sich offenbar nicht zurückhalten.

Unversehens trug sich gegen Ende April ein neues Ereignis zu. Die Herren von Venedig forderten den Inquisitor von Aquileia und Concordia, Fra Felice da Montefalco, auf, sich an das für das Gebiet der Republik gültige Gewohnheitsrecht zu halten, das für die Justizfälle der Inquisition eine weltliche Amtsperson neben den kirchlichen Richtern vorsah.[8] Der Gegensatz zwischen den beiden Mächten war traditionell.[9] Wir wissen nicht, ob bei dieser Gelegenheit auch der Rechtsanwalt Trappola zugunsten seines Mandanten eingegriffen hat. Tatsache ist, daß Menocchio nach Portogruaro in den Palazzo des Bürgermeisters überführt wurde, damit in dessen Gegenwart die Verhöre bestätigt würden, die schon durchgeführt worden waren. Danach begann der Prozeß von neuem.

Wiederholt hatte Menocchio in der Vergangenheit seinen Dorfgenossen gesagt, er sei bereit und wünsche sogar, seine eigenen »Meinungen« über den Glauben den weltlichen und geistlichen Obrigkeiten darzulegen. »Er hat mir gesagt«, berichtete Francesco Fasseta, »wenn er jemals dessenthalben der Gerichtsbarkeit in die Hände falle, wolle er gemach hingehen; aber wenn sie boshaftig wären, werde er genug gegen die Obrigkeit über ihre schlechten Werk sagen.«[10] Und Daniele Fasseta: »Bemeldeter Domenego hat gesagt, daß wo er nicht ums Leben fürchtete, er so viel reden würde, daß er Verwunderung verursachen würde, und ich glaube, er wollte über den Glauben reden.«[11] In Gegenwart des Bürgermeisters von Portogruaro und des Inquisitors von Aquileia und Concordia bestätigte Menocchio diese Zeugenaussagen: »Wahrlich, ich habe gesagt, daß wenn ich nicht Furcht vor der Gerichtsbarkeit gehabt hätte, spräche ich so viel, daß ich Erstaunen verursachen würde; und ich habe gesagt, daß, so ich die Gnade hätte, vor den Papst oder einen König oder einen Fürsten zu gehen, der mich hören würde, ich viel Ding gesagt hätte, und wenn er mich dann hätte töten lassen, hätte ich mich dessen nicht besorgt.«[12] Da forderte man ihn auf zu sprechen: Und Menocchio gab jede Zurückhaltung auf. Es war der 28. April.

6 *»Genug gegen die Obrigkeit sagen«*

Er begann damit, die Unterdrückung aufzuzeigen, die die Reichen an den Armen dadurch ausüben, daß bei den Gerichten eine unverständliche Sprache wie das Lateinische benutzt wird. »Ich habe die Meinung, daß das Lateinischreden eine Betrügerei an den Armen sei, dieweil in den Prozessen die armen Leut nicht wissen, was man sagt und werden unterdrückt, und wenn sie vier Worte sagen wollen, hat man einen Anwalt nötig.«[1] Aber das war nur ein Beispiel für eine allgemeine Ausbeutung, an der die Kirche beteiligt war und die sie förderte. »Und mich dünkt, daß in diesem unseren Verbündnis der Papst, die Kardinäle und Bischöfe so groß und reich sind, daß alles der Kirche und der Priester ist, und sie unterdrücken die Armen. Wenn die zwei Felder auf Zins haben, sind sie der Kirche, dieses Bischofs, jenes Kardinals.« Man wird sich erinnern, daß Menocchio zwei Felder auf Erbzins hatte, deren Eigentümer wir nicht kennen; auch seine Lateinkenntnisse beschränkten sich offenbar auf das *Credo* und das *Paternoster*, die er als Meßdiener gelernt hatte; schließlich hatte sein Sohn Ziannuto ihm schleunigst einen Anwalt besorgt, sobald ihn das Inquisitionsgericht ins Gefängnis gesteckt hatte. Aber diese Zufälle sollten nicht in die Irre führen: Die Rede Menocchios umschloß schließlich ein viel weiteres Feld, auch wenn sie bei seinen persönlichen Angelegenheiten ihren Ausgang nahm. Er forderte eine Kirche, die ihre Privilegien aufgab, die sich arm mit den Armen gab, und verband diese Forderung, den Spuren des Evangeliums folgend, mit dem Entwurf einer anderen Religion, die nicht auf Dogmen verharrt und sich auf einen Kern praktischer Regeln beschränkt. »Ich wollte, daß wir an die Majestät Gottes glaubten und ehrbare Menschen wären und täten, wie Jesus Christus sagte, der jenen Juden antwortete, die ihn fragten, welches Gesetz man halten sollte; und er antwortete ihnen: ›Liebe Gott und liebe den Nächsten‹.« Diese vereinfachte Religion ließ für Menocchio keine konfessionellen Schranken zu. Aber seine leidenschaftliche Verherrlichung der Gleichheit aller Glaubensrichtungen, die auf der jedem Menschen in gleichem Maß zuteil werdenden Erleuchtung beruhe (»Die Majestät Gottes hat den heiligen Geist allen gegeben: Christen, Ketzern, Türken, Juden, und hat sie alle lieb, und sie werden auf eine Weise selig«), endete mit einem Wutausbruch gegen die Richter und ihre doktrinäre Arroganz. »Und ihr anderen Priester und Mönche, auch ihr wollt mehr wissen denn Gott und seid wie der Teufel und wollt euch zu Göttern auf Erden machen und weise sein wie Gott gleicherweis als der Teufel: und wer denkt, mehr zu wissen, weiß weniger.«[2] Menocchio gab jede Zurückhaltung, jede Vorsicht auf, als er erklärte, er lehne alle Sakramente ab, eingeschlossen die Taufe, weil sie Erfindungen der Menschen, »Kaufmannswaren«, Mittel der Ausbeutung und der Unterdrückung durch den Klerus seien. »Ich glaub, daß das Gesetz und die Gebote der Kirche alles Kaufmannswaren sind und sie lebt davon.« Über die Taufe sagte er: »Ich glaub, daß wir alsbald nach der Geburt getauft werden, dieweil Gott uns tauft, welcher alle Ding gesegnet hat. Und jenes Taufen ist eine Erfindung, und die Priester beginnen, die Seelen aufzuessen, ehe daß man geboren ist, und sie essen sie stetiglich auf bis nach dem Tod.« Über die Firmung: »Ich glaub, sie ist eine Kaufmannsware, Erfindung der Menschen, welche alle den Heiligen Geist haben, und sie trachten danach, weise zu sein und wissen doch nichts.« Über die Eheschließung: »Sie hat Gott nicht gestiftet, sondern die Menschen haben sie gemacht: zuvorderst gaben sich Mann und Frau das Treuewort, und das war genug. Danach sind diese Erfindungen von den Menschen gekommen.«[3] Über das Mönchsgelübde: »Ich glaub, der Geist Gottes ist in allen ... und ich glaub, daß ein jeglicher der studiert hat, Priester sein könnte, ohne geweiht zu sein, dieweil diese Weihen alle Kaufmannswaren sind.« Über die letzte Ölung: »Ich glaub, daß sie nichts ist und nichts wert ist, dieweil man den Leib salbet und die Seele nicht salben kann.« Über die Beichte war er gewohnt zu sagen: »Zur Beichte bei Priestern und Mönchen zu gehen ist so viel, als zu einem Baum zu gehen.«[4] Als der Inquisitor ihm diese Worte vorhielt, erläuterte er mit einem Schuß Süffisanz: »So jener Baum die Erkenntnis zur Buße geben könnte, so wäre es genug; und wenn etliche Menschen zu den Priestern gehen, dieweil sie die Buße nicht kennen, die man der Sünden halben zu tun hat, auf daß sie sie ihnen lehren, denn wenn sie sie kennen würden, wäre es nicht nötig zu gehen, und jene, die sie kennen, gehen ohnehin nicht.«[5] Diese letzteren müssen nur »bei der Majestät Gottes in ihrem Herzen« beichten »und ihn bitten, daß er ihnen ihre Missetaten vergibt.«

Nur das Altarsakrament wurde von der Kritik Menocchios verschont - aber es wurde heterodox neu interpretiert. Die Sätze, die von den Zeugen berichtet wurden, klangen nun in der Tat wie Blasphemien oder Sakrilege. Als Menocchio eines Tages, als man die Hostien machte, dem Vikar von Polcenigo über den Weg lief, hatte er ausgerufen: »Fotztausend! Jungfrau Maria! Die sind sehr groß, diese Bestien!«[6] Und ein anderes Mal im Gespräch mit dem Priester Bionima: »Ich sehe dorten nichts anders denn ein Stück Teig. Wie kann es sein, daß dies der Herrgott sei? Und was ist dieser Herrgott? Nichts anders denn Erdreich, Wasser und Luft.«[7] Aber dem Generalvikar erklärte er: »Ich habe gesagt, daß jene Hostie ein Stück Teig ist, aber daß der Heilige Geist vom Himmel darein kommt und also glaub ich wahrhaftiglich.«[8] Der Vikar fragte ungläubig: »Was glaubt er, sei der Heilige Geist?« Menocchio: »Ich glaub, er ist Gott.« Aber wußte er, wie viele Personen die Trinität ausmachen? »Jawohl, Herr, es sind Vater, Sohn und Heiliger Geist.« - »Welche Person genau von der heiligen Dreifaltigkeit, glaubt ihr, sei in dieser Hostie?« - »Ich glaub, es ist der Heilige Geist.« Eine solche Unkenntnis schien dem Vikar unglaubhaft. »Wenn von eurem Pfarrer Predigten über das heiligste Sakrament gehalten worden sind, was hat er gesagt, sei in jener heiligsten Hostie?« Aber es handelte sich nicht um Unkenntnis: »Er hat gesagt, es sei der Leib Christi, nichtsdestoweniger glaubte ich, es sei der Heilige Geist und dies, dieweil ich glaub, daß der Heilige Geist größer ist denn Christus, welcher ein Mensch war und der Heilige Geist ist aus der Hand Gottes gekommen.« - »Er hat gesagt ..., nichtsdestoweniger glaubte ich«: sobald sich die Gelegenheit bot, unterstrich Menocchio beinahe unverschämt die eigene Urteilsfreiheit, das eigene Recht, eine unabhängige Position einzunehmen. Dem Inquisitor gegenüber fügte er hinzu: »Mir gefällt das Sakrament, denn wenn einer gebeichtet hat, geht er zum Kommunizieren und nimmt den Heiligen Geist, und der Geist ist guten Muts ... was das Heilige Abendmahl Christi anlanget, ist es etwas, um die Menschen zu regieren, von Menschen durch den Heiligen Geist herauspraktiziert, und das Meßlesen ist vom Heiligen Geist erfunden und gleich also das Anbeten der Hostie, darum daß die Menschen nicht wie die Bestien, das ist unvernünftig Tier, seien.«[9] Messe und Altarsakrament werden also von einem beinahe politischen Gesichtspunkt aus als Mittel der Zivilisierung gerechtfertigt. Unwillkürlich klingt also mit umgekehrter Bedeutung in diesem Satz das Wortspiel an, das der Vikar von Polcenigo in seiner Aussage erwähnt hatte (»Hostie ... Bestie«). Aber worauf stützte sich die radikale Kritik der Sakramente? Gewiß nicht auf die Schrift. Die Schrift selbst nämlich wurde von Menocchio einer skrupellosen Prüfung unterzogen und auf »vier Worte« reduziert, die den wesentlichen Kern ausmachten: »Ich glaub, daß die Heilige Schrift von Gott geschenkt ist, aber hernach kamen die menschlichen Zusätze. Allein vier Worte wären genug in dieser Heiligen Schrift, aber es ist wie bei den Kriegsbüchern, die vermehrt worden sind.«[10] Auch die Evangelien mit ihren sich widersprechenden Texten entfernten sich für Menocchio vom knappen und einfachen Wort Gottes: »Um die Evangelien glaube ich, daß sie zum Teil wahr sind, und zum Teil haben sie die Evangelisten aus ihrem Hirn hinzugetan, gleich wie man an den *Passionsgeschichten* sieht, die der eine auf eine Weise erzählt und ein anderer auf eine andere Weise.« Man versteht jetzt, weshalb Menocchio zu seinen Dorfgenossen sagen konnte (und dies im Verlauf des Prozesses bekräftigen konnte), daß »die heilige Schrift ausgesonnen worden ist, auf daß die Menschen getäuscht würden.« Ablehnung des Dogmas, Ablehnung selbst der heiligen Bücher, ausschließliches Beharren auf dem praktischen Aspekt der Religion: »Er sagte mir auch, daß er [Menocchio] an nichts glaubte, ausgenommen an die guten Werk«, hatte Francesco Fasseta berichtet.[11] Und ein anderes Mal hatte er - immer noch

Francesco Fasseta gegenüber - ausgerufen: »Ich will nichts anders, denn Gutes tun.« In diesem Sinn gaben ihm die Heiligen ausschließlich ein Muster der Lebensführung, des praktischen Verhaltens ab: »Ich glaub, daß die Heiligen ehrbare Menschen gewesen sind und gute Werk getan haben, und dessenthalben hat sie der Herrgott heilig gemacht und ich glaube, daß sie für uns beten.«[12] Es war nicht nötig, die Reliquien zu verehren noch die Heiligenbilder: »Was ihre Reliquien anlanget, als da wären ein Arm, Körper, Kopf, Hand oder Bein, glaub ich, daß sie sind wie die unseren, wenn sie tot sind, und man soll sie nicht anbeten, noch verehren ... man soll ihre Bilder nicht anbeten, sondern allein Gott, der den Himmel und das Erdreich gemacht hat. Sehet ihr nicht«, rief Menocchio den Richtern gegenüber aus, »daß Abraham alle Abgötter und alle Bildnisse auf die Erde warf und den einzigen Gott anbetete?« Auch Christus hatte den Menschen mit seiner Passion ein Verhaltensmuster vorgegeben. »Er ist ... uns Christen nützlich gewesen, insoweit er ein Spiegel gewesen ist, auf daß wir also, wie er geduldig im Leiden um unserer willen gewesen ist, sterben und leiden um seiner willen und daß wir uns nicht verwundern, wenn wir sterben, dieweil Gott gewollt hat, daß sein Sohn stirbt.«[13] Aber Christus war nur ein Mensch, und alle Menschen sind Kinder Gottes, »von derselbigen Natur, als der war, der gekreuzigt wurde.«[14] Folglich verwarf Menocchio die Glaubenslehre, daß Christus gestorben sei, um die Menschheit zu erlösen. »Wenn einer Sünden hat, muß er Buß tun.«[15]

Den größeren Teil dieser Behauptungen äußerte Menocchio im Lauf eines einzigen, sehr langen Verhörs. »Ich würde so viel reden, daß ich Verwunderung erwecken würde«, hatte er seinen Dorfgenossen versichert[16]: Und gewiß mußten der Inquisitor, der Generalvikar und der Bürgermeister von Portogruaro verblüfft sein über einen Müller, der seine eigenen Ideen so sicher und angriffslustig vortrug. Menocchio war vollkommen überzeugt, daß seine Worte ausschließlich von ihm stammten. »Ich bin niemalen nicht mit einem verkehrt, der ein Ketzer gewesen ist«, beantwortete er eine dahingehende Frage der Richter, »sondern ich habe ein subtiles Hirn, und ich habe die hohen Ding und was ich nicht wußte erforschen wollen: und von dem, was ich gesagt habe, glaube ich nicht, es sei wahr, sondern will der Heiligen Kirch gehorsam sein. Und ich habe gemeint, Übles zu tun, aber der Heilige Geist hat mich erleuchtet, und ich erbitte die Barmherzigkeit des großen Gottes, des Herrn Jesus Christus und des Heiligen Geistes, daß er mich sterben lasse, wo ich nicht die Wahrheit sage.«[17] Am Ende hatte er sich dazu entschlossen, den von seinem Sohn empfohlenen Weg einzuschlagen: Aber zuerst hatte er, wie er es seit langer Zeit immer wieder vorgehabt hatte, »genug gegen die Obrigkeit über ihre schlechten Werk« sagen wollen.[18] Sicher kannte er die Gefahr, in die er sich begab. Bevor er wieder ins Gefängnis gebracht wurde, flehte er die Inquisitoren um Gnade an: »Herren, ich bitte euch um des Herrn Jesu Christi willen, daß ihr mich abfertigt, und wenn ich den Tod verdiene, gebt ihn mir; wenn ich hingegen Barmherzigkeit verdient habe, erweist sie mir, dieweil ich als guter Christ leben will.«[19] Aber der Prozeß war keineswegs beendet. Einige Tage später (1. Mai) wurden die Verhöre wieder aufgenommen: Der Bürgermeister hatte Portogruaro verlassen müssen, aber die Richter drängte es, Menocchio zu hören. »In der vorigen Vernehmung«, sagte der Inquisitor, »haben wir Euch gesagt, daß Euer Geist voll dieser Phantastereien und gottlosen Lehren sei. Derowegen begehrt das Heilige Gericht, Ihr möget bis zu Ende euren Geist offenbaren.« Und Menocchio: »Mein Geist war hochfahrend und verlangte, daß eine neue Welt und Weise zu leben wäre, dieweil die Kirche nicht wohl fährt, und daß man darauf achte, daß da nicht so viel Gepränge sei.«[20]

7 *Eine archaische Gesellschaft*

Auf die Bedeutung der Bemerkung über die »neue Welt und Weise zu leben« kommen wir weiter unten zurück. Vorher wird man sich darum bemühen müssen, zu verstehen, aufgrund welcher Umstände dieser friulanische Müller solche Gedanken äußern konnte.

Friaul war in der zweiten Hälfte des 16. Jahrhunderts eine Gesellschaft mit sehr archaischen Merkmalen.[1] Die großen Familien des Feudaladels hatten noch das Übergewicht in diesem Gebiet. Institutionen wie die Sklaverei, »masnada« (das Gesindel) genannt, waren bis ins vorangegangene Jahrhundert erhalten geblieben, viel länger also als in den umliegenden Gebieten.[2] Das alte mittelalterliche Parlament hatte seine eigenen gesetzgebenden Funktionen behalten, auch wenn die wirkliche Macht seit einiger Zeit von den venezianischen Statthaltern ausgeübt wurde.[3] Tatsächlich waren die Verhältnisse unter der venezianischen Herrschaft, die 1420 begonnen hatte, geblieben, wie sie waren, soweit dies möglich war. Die einzige Sorge der Venezianer bestand darin, ein Kräftegleichgewicht zu schaffen, um so die umstürzlerischen Elemente zumindest eines Teils des friulanischen Adels zu neutralisieren.

Zu Beginn des 16. Jahrhunderts hatten sich die Gegensätze innerhalb des Adels verschärft. Es waren zwei Parteien entstanden, die *Zamberlani*, die zu Venedig hielten und sich um den mächtigen Antonio Savorgnan gruppierten (der später als Überläufer ins Reichslager gestorben ist), und die *Strumieri*, Gegner Venedigs, die von der Familie der Torreggiani angeführt wurden. Dieser politische Gegensatz der Adelsparteien verschränkte sich mit einer sehr heftigen Klassenauseinandersetzung. Schon 1508 wies der Adlige Francesco di Strassoldo in einer Rede, die er im Parlament hielt, warnend darauf hin, daß an verschiedenen Orten in Friaul die Bauern sich in »Konventikeln« versammelten, die womöglich 2000 Personen umfaßten.[4] Darin seien unter anderem »einige ganz schändliche und teuflische Worte« gefallen, »fürnehmlich man wolle Prälaten, Biedermänner und Bürger der Stadt in Stücke hauen und endlich eine sizilianische Vesper machen, und viel ganz unflätige Wort.« Aber es blieb nicht nur bei den Worten. Am Gründonnerstag 1511, kurz nach der auf die venezianische Niederlage bei Agnadello folgenden Krise und im Zusammenhang mit einer Pestepidemie, erhoben sich die Bauern, die zu Savorgnan hielten - erst in Udine und dann an anderen Orten.[5] Sie ermordeten massenweise Adlige aus beiden Parteien und zündeten Schlösser an. Nachdem sich die Klassensolidarität unter den Adligen sogleich wiederhergestellt hatte, folgte eine grausame Unterdrückung des Aufstands. Aber die Gewalt der Bauern hatte einerseits der venezianischen Oligarchie einen Schrecken eingejagt, andererseits die Möglichkeit für eine mutige Politik zur Beschränkung des friulanischen Adels aufgezeigt. In den Jahrzehnten nach der kurzlebigen Revolte von 1511 verstärkten die Venezianer ihre Bemühungen, die Bauern in Friaul (und auf der *Terraferma* allgemein) gegen den lokalen Adel zu stützen. Innerhalb dieses Systems des Kräftegleichgewichts nahm in den venezianischen Hoheitsgebieten eine besondere Institution Gestalt an: die Contadinanza (die Bauernschaft).[6] Dieses Organ hatte nicht nur fiskalische Funktionen, sondern auch militärische: Mit Hilfe der sogenannten »fuochi di lista« (Einteilung der Bevölkerung, nach der die Steuern erhoben wurden) trieb es eine Reihe von Abgaben ein, und durch die »cernide« (Aushebung von Hilfstruppen) organisierte es eine Bauernmiliz auf lokaler Basis. Besonders letztere stellte eine echte Demütigung für den friulanischen Adel dar. Denn man denke nur daran, daß in den Statuten der »Patria«, die ganz von feudalem Geist durchtränkt waren (u.a. wird darin den Bauern Strafe angedroht, die gewagt hatten, die Adligen bei der Ausübung der Jagd durch Auslegen von Hasenschlingen oder nächtliche Rebhuhnjagd zu behindern), ein Abschnitt eingefügt war mit dem Titel *»De prohibitione armorum rusticis« (Verbot einer Bewaffnung der Bauern«).*[7] Aber die venezianischen Behörden waren fest entschlossen, die »Contadinanza« zum hoheitlichen Repräsentanten der Interessen der Bewohner des flachen

Landes zu machen, ohne ihre eigentümliche Gestalt zu ändern. Also brach auch äußerlich die juristische Fiktion zusammen, nach der das Parlament das Repräsentationsorgan der ganzen Bevölkerung war.[8]

Die Maßnahmen Venedigs zugunsten der Bauern in Friaul haben eine lange Geschichte.[9] Schon 1533 wurde eine Antwort auf die Petition erteilt, die von den »Dechanten« von Udine und anderen Orten Friauls und des Krain eingereicht worden war. Diese beklagte sich, »hochlich beschwert zu sein von mehr Zinsbeding, so man in dieser Patria an verschiedene fürnehme Geschlechter der Stadt und andere Inwohner und an irgendwelche andere weltliche Personen des übermäßigen Preises auf das stehend Getreid halben bezahlt, so seit einigen Jahren gilt.« In dieser Antwort wurde die Möglichkeit eingeräumt, die kanonischen Zinsen (ausgenommen die Erbpachten) in Geld, statt in Naturalabgaben, auf der Basis von einheitlichen Preisen, die ein für alle Mal festgelegt werden sollten, zu bezahlen - was in einer Situation schnell steigender Preise offensichtlich die Bauern begünstigte. 1551 wurden »auf Supplikation der Contadinanza der Patria« alle kanonischen Zinsen, die seit 1520 festgelegt worden waren, auf 7 Prozent reduziert. Dies geschah auf der Grundlage eines Dekrets, das acht Jahre später bestätigt und erweitert wurde. Weiter: 1574 suchten die venezianischen Obrigkeiten dem Wucher auf dem flachen Land eine Grenze zu setzen. Es wurde festgelegt, daß »man den Bauern dieser Patria keinerlei Gattung Großvieh oder Kleinvieh, so zur Arbeit auf den Feldern taugt, noch irgendeine Art Ackergerät auf Forderung irgendeines Schuldgläubigers zum Pfand nehmen darf, ausgenommen die nämlichen Herren.« Außerdem: »Auf daß den armen Bauern geholfen werde, denen aus Begierlichkeit der Schuldgläubiger, so ihnen verschiedenlich Ding auf Borgung geben, hernach das Getreide genommen wird, beinahe ehe denn es gedroschen ist und zu einer Zeit, da der Preis darauf ein geringere Summa ist denn im ganzen Jahr«, wurde festgesetzt, daß die Gläubiger erst nach dem 15. August einfordern durften, was sie erwarteten.

Diese Zugeständnisse, die insbesondere darauf abzielten, die latenten Spannungen auf dem flachen Land in Friaul unter Kontrolle zu halten, schufen gleichzeitig eine Beziehung objektiver Solidarität zwischen den Bauern und der venezianischen Macht gegen den lokalen Adel. Während die kanonischen Zinsen fortlaufend erleichtert wurden, suchte der Adel die Zinsen in einfache Pachten, in einen Vertragstypus also, der die Bauern eindeutig schlechter stellte, zu verwandeln.[10] Dieser Trend, der in jener Periode allgemein war, begegnete in Friaul zwangsläufig starken Hemmnissen, die besonders mit dem Bevölkerungsentwicklung zusammenhingen. Wenn es an Arbeitskräften fehlt, ist es schwierig, eine Agrarverfassung zu schaffen, die für die Grundeigentümer günstig ist. Denn im Verlauf eines Jahrhunderts, zwischen der Mitte des 16. und 17. Jahrhunderts, hatte die Bevölkerung Friauls insgesamt abgenommen[11] - sowohl infolge der wiederholten Epidemien als auch, weil die Abwanderung, vor allem nach Venedig, zugenommen hatte. Die Berichte der venezianischen Statthalter heben das Elend der Bauern hervor.[12] »Ich habe alle Bezahlung der privaten Schuldforderungen ausstehen lassen bis zur Ernte«, schrieb Daniele Priuli 1573 und erklärte, daß »die Kleider der Frauen, so man um ihre Geschöpf gelegt fand, und sogar die Türschnallen weggenommen« wurden, »ein gottlos und unmenschlich Ding.« Carlo Corner betonte 1587 die Armut der Patria an Naturreichtümern. Diese »ist so unfruchtbar, dieweil ein Teil Gebirge ist und ein ander Teil ein kiesig Ebene und dieweil sie den Überlaufungen vieler bisweilen trocken Flüsslin, und den Schäden von Ungewittern, so gewöhnlich im Land herrschen, unterworfen ist.« Er schloß daraus: »Darum: eben als die fürnehmen Geschlechter kein großen Reichtum haben, so ist auch das Volk, besonders die Bauern, sehr arm.« Zu Ende des Jahrhunderts (1599) zeichnete Stefano Viaro ein Bild des Niedergangs und der Verheerung: »Seit einigen Jahren ist benannte Patria also zerstört, daß kein Dorf ist, wo nicht zwei von drei und sogar drei von vier Häusern verfallen und unbehaust sind, und daß kaum weniger denn die Hälfte des Lands, darauf man säen kann, unbebaut ist, ein Ding, so wahrhaft zu bemitleiden ist, denn wenn es auf die Weis niedergehn wird, so daß die Inwohner darinnen nötigerweis Tag für Tag wegziehn müssen (wie es geschieht), bleiben alle jene armen Untertanen im Elend.« Zu dem Zeitpunkt, als sich der Niedergang Venedigs abzeichnete, war die Wirtschaft Friauls schon im Zustand fortgeschrittener Auflösung begriffen.[13]

8 *»... und sie unterdrücken die Armen«*

Aber was wußte ein Müller wie Menocchio von diesem Gewirr politischer, sozialer und ökonomischer Widersprüche? Welches Bild machte er sich von dem ungeheuren Spiel der Kräfte, das insgeheim seine Existenz bedingte?

Ein unentwickeltes und vereinfachtes, folglich sehr klares Bild. Auf der Welt gibt es viele Ränge und »Würden«: Da ist der Papst, da sind die Kardinäle, da sind die Bischöfe, da ist der Pfarrer von Montereale; es gibt den Kaiser, die Könige, die Fürsten. Aber über die hierarchischen Abstufungen hinaus existiert ein grundsätzlicher Gegensatz, nämlich der zwischen

»Obrigkeit« und »armen Leut«, und Menocchio gehört auf die Seite der Armen. Ein deutlich dichotomisches Bild der Klassenstruktur, das typisch für bäuerliche Gesellschaften ist.[1] Dennoch erahnt man in den Reden Menocchios wenigstens Anzeichen für eine etwas differenziertere Haltung gegenüber der »Obrigkeit«. Die Heftigkeit des Angriffs auf die höchsten religiösen Autoritäten (»und mich dünkt, daß in diesem unserem Verbündnis der Papst, die Kardinäle und Bischöfe so groß und reich sind, daß alles der Kirche und der Priester ist, und sie unterdrücken die Armen ...«[2]) steht im Gegensatz zu der viel milderen Kritik gegenüber den politischen Obrigkeiten, die sofort darauf folgt: »Mich dünkt auch, daß diese venezianischen Herren Diebe in jener Stadt halten, dieweil wenn einer etwas einkaufen geht und man fragt: ›Wieviel willst du für diese Ware?‹ sagen sie: ›Einen Dukaten‹, und ist doch nur drei Heller wert, und wollen so ihre Beut machen ...«[3] Gewiß spricht aus diesen Worten vor allem die unmittelbare Reaktion des Bauern, der plötzlich mit der abstoßenden Wirklichkeit der Stadt in Berührung kommt: Zwischen Montereale oder Aviano und einer großen Stadt wie Venedig war die Kluft weit. Aber ungeachtet dessen wird von den »venezianischen Herren« bloß gesagt, »sie hielten Diebe in jener Stadt«, während Papst, Kardinäle und Bischöfe direkt beschuldigt werden, die Armen zu »unterdrücken«. Dieser Unterschied im Akzent war sicher keine sehr kluge Eingebung: Denn als Menocchio diese Worte sagte, hatte er sowohl den Bürgermeister von Portogruaro als auch den Inquisitor von Aquileia und den Generalvikar vor sich. In seinen Augen war die Unterdrückung hauptsächlich in der kirchlichen Hierarchie verkörpert. Weshalb?

Menocchio selbst scheint uns einen ersten Hinweis zu geben: »Alles ist der Kirche und der Priester, und sie unterdrücken die Armen; wenn die zwei Felder auf Zins haben, sind sie der Kirche, dieses Bischofs, jenes Kardinals.« Wie gesagt, wir wissen nicht, ob das auch für ihn zutraf. Aus einer Schätzung von 1596 - also mehr als 12 Jahre nach diesen Aussagen - geht hervor, daß eines der Felder, die Menocchio vermutlich auf Erbzins hatte, an ein Bodenstück angrenzte, das ein Mitglied der Herrenfamilie des Ortes, Orazio di Montereale, einem Hochwürden Giacomo Margnano vermacht hatte.[4] Die gleiche Schätzung führt jedenfalls verschiedene Landstücke auf, die Kirchen am Ort oder aus der Umgebung gehörten und die in Pacht gegeben waren: Acht gehörten der Kirche Santa Maria, eines der Kirche San Rocco (beide in Montereale), eines der Kirche Santa Maria in Pordenone. Die Verhältnisse in Montereale waren sicher nicht außergewöhnlich: Gegen Ende des 16. Jahrhunderts war der Bestand des kirchlichen Eigentums in Friaul wie im ganzen venezianischen Herrschaftsgebiet noch enorm groß.[5] Dort wo er in quantitativer Hinsicht verringert wurde, wurde er qualitativ konsolidiert und abgesichert. Das alles reicht aus, um die Worte Menocchios zu verstehen, auch falls er selbst den verstärkten Lasten auf kirchlichem Eigentum nicht ausgesetzt gewesen sein sollte. (Dieses ist immer von den Erleichterungen der kanonischen Zinsen ausgenommen worden, die von den venezianischen Behörden eingeführt wurden.) Es genügte, sich umzublicken, die Augen wandern zu lassen.

Zwar erklärt das verbreitete Vorhandensein kirchlichen Eigentums in Montereale und in der Umgebung die Schärfe der Anklagen Menocchios - jedoch nicht seine Schlußfolgerungen und auch nicht, daß er sie auf eine allgemeinere Ebene ausdehnt. Papst, Kardinäle und Bischöfe »unterdrücken die Armen«: Aber in wessen Namen? Mit welchem Recht? Der Papst »ist ein Mensch wie wir«, außer daß er die Macht (»sein eigen Herr«) und also mehr »Würde« hat. Es existiert keinerlei Unterschied zwischen Klerikern und Laien: Das Mönchssakrament ist eine »Kaufmannsware«, wie auch alle Sakramente und Gesetze der Kirche »Kaufmannswaren«, »Erfindungen« sind, durch die die Priester fett werden. Diesem gewaltigen Bau, der auf der Ausbeutung der Armen beruht, stellt Menocchio eine ganz andere Religion entgegen, in der alle gleich sind, weil der Geist Gottes in allen ist.

Das Wissen um die eigenen Rechte erwuchs Menocchio also auf einer spezifisch religiösen Ebene. Ein Müller darf sich zumuten, die Glaubenssätze dem Papst, einem König, einem Fürsten darzulegen, weil er in sich den Geist hat, den Gott allen gegeben hat. Aus dem gleichen Grund kann er es wagen, »genug gegen die Obrigkeit über ihre bösen Werke zu sagen«. Menocchio wurde also nicht nur, weil er die Unterdrückung wahrnahm, dazu gebracht, in seinen Reden vehement die bestehenden Hierarchien abzulehnen, sondern auch aufgrund der religiösen Ideologie, nach der in jedem Menschen ein »Geist« anwesend ist, der einmal »Heiliger Geist«, ein anderes Mal »Geist Gottes« genannt wird.

9 *Lutheraner und Wiedertäufer*

Es scheint auf den ersten Blick klar zu sein, daß die mächtigen Schläge, die die protestantische Reformation dem Autoritätsprinzip auf dem religiösen, aber auch dem politischen und sozialen Gebiet versetzten, den Hintergrund zu alledem bilden. Aber in welcher Beziehung stand Menocchio zu den Gruppen, die sich auf die Reformation und ihre Ideen beriefen?

»Ich glaub, daß Lutheraner einer ist, der Übles lehrt und am Freitag und Samstag Fleisch ißt«, erklärte Menocchio an gewisser Stelle den Richtern, die danach fragten.[1] Aber sicher handelt es sich dabei um eine absichtlich vereinfachte und entstellte Erklärung. Viele Jahre später, zur Zeit des zweiten Prozesses (1599), war zu erfahren, daß Menocchio zu einem konvertierten Juden namens Simon gesagt hatte, daß bei seinem Tode »die Lutheraner es erfahren würden, so daß sie kommen werden, um seine Asche zu holen.«[2] Zunächst scheint es sich um eine klare Aussage zu handeln. In Wirklichkeit ist das Gegenteil der Fall. Abgesehen von der Schwierigkeit, die Triftigkeit der Erwartungen Menocchios einzuschätzen (wir kommen darauf zurück), ist der Ausdruck »lutherisch« in einen Kontext eingefügt, der deutlich macht, wie oberflächlich dieser Ausdruck zu jener Zeit benutzt wurde. Nach Aussage Simons hatte Menocchio dem Evangelium doch jeden Wert bestritten, hatte die Göttlichkeit Christi abgeleugnet, hatte ein Buch, das wahrscheinlich der *Koran* war, gepriesen. Wir sind offensichtlich sehr weit von Luther und seinen Lehren entfernt. Das alles veranlaßt uns, wieder vom Nullpunkt auszugehen und vorsichtig von neuem anzusetzen.

Was wir Menocchios Ekklesiologie nennen könnten, soweit wir sie auf Grundlage seiner Aussagen während der Verhöre in Portogruaro rekonstruieren können, ist ziemlich genau umrissen. Innerhalb des gesamten Spektrums religiöser Richtungen im Europa des 16. Jahrhunderts lehnt sie sich insbesondere - und zwar in verschiedenen Fragen - an die Positionen der Wiedertäufer an.[3] Menocchio besteht auf der Einfachheit des Wortes Gottes, verwirft Heiligenbilder, Zeremonien und Sakramente, leugnet die Göttlichkeit Christi, vertritt eine praktische Religiosität, die sich auf die Werke gründet, polemisiert in der Sprache des armen Mannes gegen das kirchliche »Gepränge« und preist die Toleranz. Das sind alles Elemente, die sich auf den religiösen Radikalismus der Wiedertäufer zurückführen lassen. Zwar ist Menocchio letztlich kein Anhänger der Erwachsenentaufe. Aber man weiß, daß die italienischen Wiedertäufergruppen sehr bald dazu übergingen, auch die Taufe so wie die anderen Sakramente abzulehnen, während sie höchstens eine geistliche Taufe zuließen, der die innere Erneuerung des Individuums zugrunde lag. Menocchio seinerseits hielt die Taufe für völlig überflüssig: »Ich glaube, daß wir sogleich nach der Geburt getauft werden, dieweil Gott uns tauft, der alle Ding gesegnet hat ...«[4] Die Wiedertäuferbewegung war, nachdem sie sich in einem großen Teil Nord- und Mittelitaliens, vor allem aber in Venetien verbreitet hatte, seit der Mitte des 16. Jahrhunderts im Gefolge der Denunziation eines ihrer Führer der religiösen und politischen Verfolgung ausgesetzt gewesen.[5] Aber einige verstreute Konventikel überlebten auch in Friaul noch einige Zeit lang im Untergrund.[6] Vielleicht waren z.B. jene Handwerker von Porcía Wiedertäufer, die 1557 von der Inquisition gefangengesetzt wurden und die sich im Haus eines Häutegerbers und eines Wollwebers zu versammeln pflegten, um die Schrift zu lesen und »über die Erneuerung des Lebens ..., die Reinheit des Evangeliums und die Tilgung der Sünden« zu sprechen. Wie wir noch sehen werden, ist Menocchio, dessen ketzerische Behauptungen einem Zeugen zufolge schon dreißig Jahre zurückreichten, möglicherweise gerade mit dieser Gruppe in Kontakt getreten.

Und dennoch scheint es trotz der aufgezeigten Ähnlichkeiten nicht möglich zu sein, Menocchio als Wiedertäufer zu bezeichnen. Das positive Urteil, das er zur Messe, zur Eucharistie, ja innerhalb gewisser Grenzen sogar zur Beichte abgab, war für einen Wiedertäufer unvorstellbar. Vor allem hätte ein Wiedertäufer[7], der im Papst den Antichristen verkörpert sah, nie einen Satz wie jenen ausgesprochen, den Menocchio über die Ablässe sagte: »Ich glaube, daß sie gut sind, dieweil wenn Gott einen Menschen gesetzt hat an seiner Stell, welcher der Papst ist, und Indulgenz schicket, ist es gut, dieweil es scheinet, daß man sie von Gott durch einen Vermittler erhalte.«[8] Das alles war während des ersten Verhörs, das in Portogruaro (28. April) durchgeführt wurde, zur Sprache gekommen: die stolze und streckenweise anmaßende Haltung, die Menocchio bei dieser Gelegenheit einnahm, gibt ein weiteres Mal Anlaß, umstandslos die Annahme zu verwerfen, solche Aussagen seien von Vorsicht oder Berechnung diktiert gewesen. Außerdem geht die Verschiedenartigkeit der Texte, die, wie wir sehen werden, Menocchio als »Quellen« seiner eigenen religiösen Ideen angab, viel weiter, als die strengen sektiererischen Abschirmungen der Wiedertäufer erdenken ließen. Für diese war die Schrift - oder gar nur das Evangelium - die einzige Quelle der Wahrheit. So behauptete es z.B. der Wollweber, der an der Spitze der oben erwähnten Gruppe von Porcía stand: »... dergestalt, daß wir an kein ander Schrift zu glauben haben und daß in keiner anderen Schrift ausgenommen im Evangelium irgendwelches Heil sei.«[9] Für Menocchio hingegen konnte die geistliche Erleuchtung aus den verschiedensten Büchern kommen: sowohl aus dem *Fioretto della Bibbia* als auch aus dem *Dekameron.* Kurz und gut, es existierten ohne Zweifel Analogien zwischen den Positionen Menocchios und denen der Wiedertäufer, die jedoch in ganz unterschiedlichen Zusammenhängen standen.

Wenn es aber nicht ausreicht, eine Parallele zu den Wiedertäufern zu ziehen, um den Fall Menocchios zu erklären, wäre es dann nicht besser, auf allgemeinere Bestimmungen zurückzukommen? Anscheinend stand Menocchio seiner Aussage zufolge in Kontakt mit »lutherischen« Gruppen (ein Ausdruck, der damals ein äußerst weites Feld ketzerischer Anschauungen absteckte): Weshalb sollte man sich nicht damit begnügen, die weitläufige Verwandtschaft zwischen den Haltungen Menocchios und der Reformation festzustellen, die sich anfangs schon schemenhaft abzeichnete?

In Wirklichkeit scheint nicht einmal das möglich. Zwischen dem Inquisitor und Menocchio entwickelte sich an einem gewissen Punkt ein bezeichnender Dialog.[10] Ersterer fragte: »Was versteht Ihr unter Rechtfertigung?« Menocchio, der sonst immer so bereit war, seine »Meinungen« breit darzulegen, verstand diesmal die Frage nicht. Der Mönch mußte ihm erläutern: »Quid sit iustificatio?« (»Was ist Rechtfertigung?«), und Menocchio antwortete, indem er, wie wir gesehen hatten, leugnete, Christus sei gestorben, um die Menschen zu retten, »denn wenn einer Sünden hat, muß er Buß tun.« Menocchio kannte die Bedeutung dieses Wortes nicht und erst nach der Erläuterung des Inquisitors antwortete er: »Ich glaub nicht, daß irgendeiner von Gott zum ewigen Leben zuvorbestimmt ist.« Rechtfertigung und Prädestination, die beiden Themen, um die die religiöse Diskussion in Italien im Zeitalter der Reformation kreiste, bedeuteten für diesen friulanischen Müller buchstäblich nichts - obwohl sie ihm, wie wir noch sehen werden, mindestens einmal im Laufe seiner Lektüre begegnet sind. Das ist um so bedeutsamer, als auch in Italien das Interesse für diese Themen nicht den höheren Gesellschaftsklassen vorbehalten geblieben war.

»Der Knecht, die Dienstmagd und der Diener
sezieren den freien Willen
und drehen um die Vorsehung«[11],

schrieb Mitte des 16. Jahrhunderts der satirische Dichter Pietro Nelli, alias Messer Andrea da Bergamo. Wenige Jahre vorher diskutierten die Lederhändler von Neapel leidenschaftlich über die paulinischen Briefe und über die Rechtfertigungslehre, nachdem sie die Predigten des Bernardino Ochino gehört hatten.[12] Die Debatten über die Bedeutung des Glaubens und der Werke für das Seelenheil hallten auch in nicht erwarteten Zusammenhängen wider wie in dem Bittgesuch einer Prostituierten an die Behörden in Mailand.[13] Es handelt sich hierbei um zufällig herausgegriffene Beispiele, die man leicht vermehren könnte. Dennoch haben sie eines gemeinsam: Sie stammen alle oder beinahe alle aus der Stadt.[14] Dies ist ein Hinweis unter vielen auf die tiefgreifende Kluft zwischen Stadt und Land, die sich schon seit geraumer Zeit in Italien aufgetan hatte. Die religiöse Eroberung des flachen Landes, die die Wiedertäufer wohl versucht hätten, wären sie nicht beinahe sofort der religiösen und politischen Unterdrückung erlegen, erfolgte in Italien einige Jahrzehnte später unter ganz anderer Flagge durch die Mönchsorden der Gegenreformation - an erster Stelle die Jesuiten.[15]

Das heißt nicht, daß während des 16. Jahrhunderts das flache Land Italiens überhaupt keine wie auch immer geartete religiöse Unruhe gekannt hätte.[16] Aber hinter der dünnen Leinwand, auf der deutlich Themen und Begriffe der zeitgenössischen Diskussion aufleuchteten, erblickt man in großer Zahl ganz andere, viel ältere Traditionen. Was hatte eine Kosmogonie wie jene, die von Menocchio geschildert wurde, mit der Reformation zu tun - der Urkäse, aus dem Würmer entstanden, die Engel sind? Wie kann man auf die Reformation Behauptungen zurückführen wie jene, die Menocchio seinen Dorfgenossen zufolge aufgestellt hatte: »Alles, was man sieht, ist Gott, und wir sind Götter«, »Der Himmel, Erdreich, Meer, Luft, Abgrund und Höll, alles ist Gott«? Man wird sie wohl besser vorläufig einer Schicht bäuerlicher Glaubensformen zuweisen, die Jahrhunderte alt waren, aber niemals ganz ausgelöscht wurden. Die Reformation hat sie indirekt emporsprießen lassen, indem sie die Decke der religiösen Einheit zerriß; die Gegenreformation hat sie bei ihrem Versuch, diese Einheit wieder herzustellen, ans Tageslicht gebracht, um sie zu vernichten. Im Lichte dieser Hypothese können folglich die radikalen Behauptungen, die Menocchio aufstellte, nicht einfach dadurch erklärt werden, daß man sie auf das Wiedertäufertum, oder schlimmer noch, auf ein sehr weit gefaßtes »Luthertum« zurückführt. Vielmehr müssen wir uns fragen, ob sie nicht aus einer unabhängigen Strömung bäuerlichen Radikalismus[17] herkommen, welche die Erschütterung der Reformation mit hervortreten ließ, die aber viel älter als die Reformation war.[18]

10 *Ein Müller, ein Maler, ein Possenreißer*

Daß ein Müller wie Menocchio ohne jegliche Beeinflussung dazu gekommen sei, Ideen zu formulieren, die so anders als die gängigen waren, schien den Inquisitoren unwahrscheinlich. Den Zeugen wurde die Frage gestellt, ob Menocchio »wahrhaftig geredet habe oder um Scherze zu machen, oder ob er nachgeredet habe, wie von anderen gesagt wurde«[1]; von Menocchio wurde verlangt, die Namen seiner »Spießgesellen« preiszugeben. Aber in beiden Fällen war die Antwort negativ. Besonders Menocchio erklärte entschieden: »Herr, ich habe niemalen nicht einen gefunden, der diese Meinungen hat, sondern jene Meinungen, so ich gehabt habe, die habe ich aus meinem Kopf geschöpft.«[2] Aber zumindest teilweise log er. 1598 sagte Don Ottavio Montereale (wie man sich erinnern wird, war er indirekt verantwortlich für das Eingreifen des Inquisitionsgerichts), er habe erfahren, daß »dieser Menocchio seine Ketzereien von einem Herrn Nicola, Maler aus Porcía, gelernt habe«, als letzterer sich nach Montereale begeben habe, um im Hause eines Herrn Lazzari, eines Verwandten eben dieses Don Ottavio, Malereien auszuführen.[3] Nun, der Name des Nicola war auch während des ersten Prozesses aufgetaucht und hatte eine sichtlich verlegene Reaktion bei Menocchio ausgelöst.[4] Zuerst hatte er erzählt, er habe ihn während der Fastenzeit getroffen und habe ihn bei dieser Gelegenheit sagen hören, er faste zwar, aber »vor Furcht« (Menocchio dagegen nahm »ein wenig Milch, Käse und einige Eier« zu sich, wobei er sich mit seiner schwachen physischen Konstitution rechtfertigte). Gleich darauf hatte er jedoch, scheinbar zerstreut, von einem Buch zu sprechen begonnen, das er von Nicola besaß, und lenkte damit das Gespräch ab. Nicola seinerseits hatte man vor das Inquisitionsgericht rufen lassen; er war aber sofort wieder aufgrund zweier positiver Leumundszeugnisse, die zwei Geistliche aus Porcía für ihn abgaben, entlassen worden. Im zweiten Prozeß jedoch war ein Hinweis aufgetaucht, daß eine nicht bekannte Person Einfluß auf Menocchios ketzerische Ansichten genommen hatte. Während des Verhörs am 19. Juli 1599 antwortete Menocchio dem Inquisitor auf dessen Frage, seit wann er glaube - wie wir sehen werden, vor dem Hintergrund einer Erzählung des *Dekameron* -, daß ein jeder Mensch nach seinem eigenen Gesetz selig werden könne und daß deshalb ein Türke gut daran täte, Türke zu bleiben und sich nicht zum Christentum zu bekehren: »Es können fünfzehn oder sechzehn Jahre her sein, daß ich diese Meinungen habe, dieweil wir zu reden begannen und der Teufel hat sie mir in den Kopf gesetzt.«[5] - »Mit wem begannst du zu reden?« fragte der Inquisitor sofort. Erst nach einer langen Pause (»post longam moram«) antwortete Menocchio: »Weiß nicht.«

Mit irgend jemand mußte also Menocchio fünfzehn oder sechzehn Jahre früher über Fragen der Religion geredet haben - wahrscheinlich 1583, weil er zu Anfang des folgenden Jahres eingekerkert wurde und ihm der Prozeß gemacht wurde. Mit aller Wahrscheinlichkeit war es derjenige, der Menocchio das inkriminierte Buch, das *Dekameron*, geliehen hatte. Menocchio ließ den Namen ein paar Wochen später fallen: Nicola de Melchiori.[6] Außer dem Namen geben die Angaben (Übereinstimmungen, die den Inquisitoren entgangen sind) Anlaß, diese Person mit Nicola aus Porcía zu identifizieren, der 1584 Menocchio seit einem Jahr nicht gesehen hatte.

Don Ottavio Montereale wußte gut Bescheid: Menocchio mußte wirklich mit Nicola aus Porcía über Fragen der Religion gesprochen haben. Wir wissen nicht, ob er jener Handwerkergruppe am Ort angehört hatte, die sich, wie gesagt, mehr als 25 Jahre zuvor versammelt hatte, um das Evangelium zu lesen.[7] Auf jeden Fall war er trotz der Erklärungen, die er 1584 zu seinen Gunsten erhalten hatte, seit einiger Zeit als »sehr ketzerischer Mensch« bekannt.[8] So hatte ihn wenigstens Fulvio Rorario, ein Adliger aus Pordenone, 1571 bezeichnet, wobei er von einem Ereignis berichtet, das acht oder zehn Jahre zurücklag: Nicola »sagte, er selber habe etlich Bildtäflein zerbrochen, so zur Ausbutzung in einem Kirchlein nicht weit von Pordenone gehängt waren, und sagte, sie seien übel gemacht und sähen schlecht aus und seien ... Waren ... und es sei nicht nötig Bildnisse in Kirchen zu tun.« Sofort gibt das scharfe Urteil über Heiligenbilder zu denken, das Menocchio gegeben hatte. Aber nicht nur das hatte er bei Nicola aus Porcía gelernt.

»Ich weiß«, sagte Menocchio zum Generalvikar, »daß [Nicola] ein Buch hatte, welches *Zampollo* hieß, darinnen stand, daß er ein Fatznarr war und daß er starb und zur Höllen ging und mit jenen Teufeln Possen riß. Und wenn ich mich recht erinnere, sagte er, er sei mit einem seiner Freunde dorten gewesen und daß da ein Teufel diesen Fatznarr liebgewonnen hatte; und da sein Freund wußte, daß jener Teufel den Fatznarr gern mochte, sagte er ihm, man müsse übler Dinge sein und sich verstellen. Und als er so tat, sagte jener Teufel zu ihm: ›Was wollt ihr übler Ding sein, sag die Wahrheit, sag sie ohne Rücksicht, dieweil man auch in der Höll ein ehrbarer Mensch sein soll.‹«[9] Dem Generalvikar mußte diese Rede wie ein Haufen Albernheiten klingen; sofort brachte er das Verhör auf ernstere Fragen zurück: Hatte er z.B. je vertreten, daß alle Menschen in die Hölle kommen? Damit ließ er sich freilich eine wichtige Spur entgehen. Menocchio hatte sich des Buches, das Nicola aus Porcía ihn lesen ließ, so weit bedient, bis er sich Themen und Ausdrücke auf Dauer angeeignet hatte - auch wenn er aus Versehen den Namen der Hauptfigur mit dem Titel *Il sogno dil Caravia (Der Traum des Caravia)* verwechselt hatte.[10]

Im *Sogno* hatte der venezianische Goldschmied Alessandro Caravia sich selbst und den berühmten Possenreißer Zanpolo Liompardi, seinen alten Freund, der seit kurzem im hohen Alter verstorben war, in Szene gesetzt.

»Wie Melancholia erscheint ihr mir
von guten Meisters Hand gemalt«[11],

sagt zu Beginn Zanpolo zu Caravia (der auf dem Stich, der das Titelblatt schmückt, genau in der Pose von Dürers Melancholie abgebildet ist). Caravia ist traurig: Er sieht rings um sich eine Welt voll Ungerechtigkeiten und ist darüber betrübt. Zanpolo tröstet ihn, er erinnert ihn daran, daß das wahre Leben nicht von dieser Welt ist.

»O, wie teuer wär mir, Neues zu erfahren
von einem, der die andre Welt befahren«[12],

ruft Caravia aus. Zanpolo verspricht, er werde versuchen, ihm nach dem Tode zu erscheinen. Das passiert dann gleich darauf: Der größte Teil der Stanzen des Kurzepos beschreibt eben den Traum des Goldschmieds, dem sein Freund, der Possenreißer, seine Reise ins Paradies erzählt, wo er mit dem hl. Petrus plaudert, und in die Hölle, wo er zuerst durch Possenreißereien Freundschaft mit dem Teufel Farfarello schließt und dann einen anderen berühmten Possenreißer, Domenego Taiacalze, trifft. Der rät Zanpolo zu einer List, mit der er dem Caravia erscheinen und so sein Versprechen halten kann:

»Weiß wohl, daß Farfarel dich sehr lieb hat
und bald, denk ich, kommt er dich besuchen;
er wird dich fragen, hast du große Pein:
Wenn du ihn siehst, spiel den Untröstlichen,
schlimmer als es zutrifft.
Und er wird sich erbieten, dir Gefallen zu tun.
Darauf wirst du ihm dein Herz ausschütten:
Vielleicht wird er es dir wieder heilen.«[13]

»Darauf gab ich vor«, erzählt Zanpolo,

»ich hätte großen Schmerz
und ließ mich in einer Ecke nieder,
bevor Farfarel bei mir war.«

Aber der Trick mißlingt, und Farfarello tadelt ihn:

»Deine Verstellung hab' ich durchschaut:
meine Gefühle für dich sind nun verwirrt,
da du diese Lügengeschichten mir auftischst.
Ich habe versprochen, dir jede Pflege angedeihen zu lassen
und Wort soll man halten auch in der Hölle.«

Dennoch verzeiht er es: Zanpolo erscheint dem Caravia, der beim Erwachen ein Gebet auf den Knien vor dem Gekreuzigten spricht.

Die von Menocchio herausgegriffene Ermahnung Farfarellos, die Wahrheit auch in der Hölle zu sagen, erfaßt zweifellos eines der grundlegenden Themen des *Sogno*: die Polemik gegen die Heuchelei, besonders die mönchische. Im Mai 1541, während in Regensburg die Religionsgespräche stattfanden, die den Religionsfrieden zwischen Protestanten und Katholiken wiederherzustellen schienen, wurde die Drucklegung des *Sogno* beendet. Es ist so in der Tat ein typisches Zeugnis des italienischen Protestantismus. Die »Grimassen, Fatzen, Fratzen und krummen Gebärden«[14] der beiden Possenreißer Zanpolo und Taiacalze, die sogar vor dem Gericht Beelzebubs sich anschickten zu tanzen »und dabei ihm beide Arschbacken nackt zeigten«[15], begleiten denn - und die Mischung ist ganz karnevalesk - ein weitreichendes und eindringliches Religionsgespräch. Taiacalze gibt offen ein Lob auf Luther ab:

»Es hat sich ein gewisser Martin Luther erhoben,
der die Priester und noch mehr die Mönche mißachtet,
und wird von den Deutschen heiß geliebt;
ein Konzil zu fordern, ist er nie müde [...]
Dieser Martin, was man sich so erzählt,
überragt in allen Künsten der Gelehrsamkeit:
das reine Evangelium läßt der nicht fallen,
Luther, der vielen den Kopf verwirrt hat.
Der eine sagt, nur Christus vergibt uns die Sünden,
der andre drauf, es sei Paul III. und Klemens:
und so zieht der eine, der andre läßt locker,
der eine sagt die Wahrheit, der andre lügt wie Pech.
Ein jeder sehnt ein Konzil herbei
damit nur endlich die Ketzereien geklärt werden:
Wie die warme Sonne schmilzt den Schnee
so auch Gott die trüben Gedanken ...«[16]

Die Stellung Luthers wird überhaupt deshalb positiv beurteilt, weil er nach einem Konzil ruft, um wieder Klarheit in der Lehre herzustellen, und weil er das »reine Evangelium« wieder auf den Plan bringt:

»Ungern sah ich den Tod mir kommen,
bester Freund, weil mir scheint, daß nicht klar sind
die Glaubensrichtungen verschiedenster Art,
so daß auf der Welt jegliche Verwirrung herrscht.
Bleiben möchte jeder in seinem Glauben feste
und nicht in Lug und Trug benommen verweilen,
sondern den Text der Evangelien gut verstehen
und sich nicht weiter um Martin besorgen.«

Was das »reine Evangelium« sei, wird abwechselnd von Zanpolo, vom hl. Petrus und von Taiacalze erläutert. Vor allem aber die Rechtfertigung durch den Glauben an den Opfertod Christi:

»Die erste Ursach der Erlösung des Christen ist
die Liebe zu Gott und der Glaube allein an ihn.
Die zweite die Zuversicht, daß Christus im Fleisch
durch sein Blut den erlöst, der an ihn glaubt.

Die dritte, daß er in Nächstenliebe sein Herz rein bewahre,
im Heiligen Geist handle, wer die Gnade
vom alleinigen Gott ins Herz gesenkt will haben.
Diese drei zusammen erretten dich von der Hölle.«[17]

Keine theologischen Spitzfindigkeiten also, wie sie auch bei den Ungebildeten in Mode gekommen waren und von den Mönchen gepredigt wurden:

»Viele Ungebildete, die gelehrt tun,
reden allzeit über die Heilige Schrift,
so die Barbiere, Schmiede und Schneider,
theologisieren ohne Maß und Ziel
und führen die Leute in viele Irrtümer;
sie lehren die Leute das Fürchten vor Prädestination,
Rechtfertigung und freiem Willen,
daß ihnen das Schießpulver anbrennt.
Es sollte diesen Handwerksburschen genügen,
das Credo zu glauben und das Vaterunser zu sprechen
und im Glauben nicht tausend Fehltritte zu machen
auf der Suche nach Dingen, die niemals geschrieben wurden,
weder mit Tinte noch spitzer Feder.
Die Evangelisten haben den Weg gewiesen,
der gerade ist und eben dem, der zum Himmel will auffahren [...]
Zanpol möge nicht so spitzfindig sein,
daß er das Häutchen vom Ei in der Henne sieht [...]
O wie viele Mönche sind's, die keinen Schimmer wissen,
die den Verstand gebrauchen, um diesen
oder jenen armen Kerl zu verwirren.
Wisse, sie täten besser, zu predigen
das reine Evangelium und das andere lassen sein.«

Die klare Gegenüberstellung einer Religion, die auf einen wesentlichen Kern beschränkt ist, und der theologischen Spitzfindigkeiten ruft die Behauptungen Menocchios ins Gedächtnis - der übrigens, obwohl er in jenem Abschnitt ein Wort wie »Prädestination« gelesen hat, schlankweg behauptet, er kenne dessen Bedeutung nicht. Noch genauer ist die Entsprechung zwischen der Verdammung der »Gesetze und Gebote der Kirche« als »Kaufmannswaren« (ein Ausdruck, der, wie man gesehen hat, auch von Nicola aus Porcía benutzt wurde) und dem Ausfall gegen Priester und Patres, den der *Sogno* dem hl. Petrus in den Mund legt:

»Ein *Geschäft* machen sie, die Toten zu begraben,
als sei es ein Sack Wolle oder Pfeffer:
In diesen Dingen sind sie sehr gewitzt,
daß sie einen Verblichenen nicht entgegennehmen,

ohne daß ihnen zuerst das Geld ausgehändigt wird,
daß sie dann essen und trinken gehen
und lachen über den, der solche Gaben reicht,
genießen die dicken Polster und das fette Mahl.
Geschäfte von noch größerem Umfang
werden durch die Kirche gemacht, die meine war,
indem man eine Menge Reichtum herausschlägt,
während man sich um den Bedürftigen nicht kümmert.
Meiner Ansicht nach ist das ein übler Brauch,
wenn man aus meiner Kirche einen *Markt* macht,
und selig ist, der mehr Wohltaten verrichtet,
wenige Messen liest und noch weniger Ämter hält.«[18]

Implizit wird das Fegefeuer abgelehnt und damit auch die Nützlichkeit der Totenmesse bestritten[19]; der Gebrauch des Latein bei Priestern und Mönchen wird verurteilt (»zur Kunst machen sie alle Feiern, wenn sie zu dir Italienisch reden und nicht Latein«[20]); die »prunkenden Kirchen«[21] werden abgelehnt; die Heiligenverehrung näher bestimmt:

»Die Heiligen verehren sollst du, mein Sohn,
weil sie Christi Gebote gehalten haben [...]
Wer wie sie handeln wird - das ist der Wille Gottes -
ist an seinem Ende im Himmel der Erwählten:
aber nicht deshalb, weil er ihnen Huldigungen erweist,
denn wer das glaubt, denkt schlecht«[22],

und über die Beichte wird gesagt:

»Beichten soll jeder gläubige Christ allezeit
im Herzen und mit Hingebung vor Gott
und nicht nur einmal im Jahr
nur um zu zeigen, daß man kein Heide ist.«[23]

Alles das sind Motive, die, wie wir gesehen haben, in den Reden Menocchios wiederkehren. Und doch: Er hatte den *Sogno* mehr als vierzig Jahre nach dessen Erscheinen in einer völlig anderen Situation gelesen. Das Konzil, das den Gegensatz zwischen »Papisten«[24] und Lutheranern beilegen sollte (ein Gegensatz, den Caravia mit jenem zwischen den beiden Parteien der Strumieri und der Zamberlani in Friaul vergleicht), hatte zwar stattgefunden, aber es war ein Konzil gewesen, das verdammte und nicht schlichtete. Für Leute wie Caravia war die in den tridentinischen Dekreten entworfene Kirche sicher nicht die »neu geordnete« und vom »reinen Evangelium« inspirierte Kirche, die sie sich erträumt hatten.[25] Und auch Menocchio müßte den *Sogno* als ein Buch gelesen haben, das über viele Zeilen hinweg einem weit zurückliegenden Zeitalter verhaftet war. Gewiß klangen die antiklerikalen und antitheologischen Polemiken immer noch aktuell aus den Gründen, die wir schon betrachtet haben: Aber die radikaleren Elemente der Religion Menocchios gingen weit über den *Sogno* hinaus. In diesem gab es keine Spur einer Leugnung der Göttlichkeit Christi oder einer Anzweifelung der Reinheit der Schrift, noch einer Verdammung der Taufe, die sogar als »Kaufmannsware« bezeichnet wird, und auch keine uneingeschränkte Verherrlichung der Toleranz. War es also Nicola aus Porcía gewesen, der Menocchio dies alles gesagt hatte? Bezüglich der Toleranz trifft dies offenbar zu, falls die Gleichsetzung von Nicola de Melchiori mit Nicola aus Porcía richtig ist. Aber alle Zeugenaussagen der Einwohner von Montereale weisen darauf hin, daß der ganze Ideenkomplex in einer Periode weit vor dem Zeitpunkt des ersten Prozesses ausgebildet war.[26] Zwar wissen wir nicht, wie lange die Beziehungen zu Nicola zurückreichen: Aber die Beharrlichkeit Menocchios zeigt, daß uns nicht das passive Echo von Gedanken anderer entgegenhallt.

11 *»Meinungen, die ich aus meinem Hirn geschöpft habe«*

»Wollt ihr, daß ich euch die wahre Straße lehre? Achtet darauf, Wohltaten zu tun, laufet die Straßen meiner Altvordern und tut, was die heilige Mutter Kirche gebeut«: diese Worte meinte Menocchio, wie man sich erinnern wird, seinen Dorfgenossen gesagt zu haben (was fast mit Sicherheit gelogen war).[1] In Wirklichkeit hatte Menocchio gerade das Gegenteil gelehrt: Man solle sich vom Glauben der Vorfahren abwenden und solle die Lehren, die der Pfarrer von der Kanzel predigte, verwerfen. Diese abweichende Richtung über eine so lange Zeit hinweg (vielleicht sogar dreißig Jahre) zu verfolgen - zuerst in einer kleinen Gemeinde wie der von Montereale, dann vor dem Inquisitionsgericht - erforderte eine moralische und intellektuelle Energie, die ohne zu übertreiben als außergewöhnlich bezeichnet werden kann. Weder der Argwohn der Angehörigen und Freunde noch die Zurechtweisungen durch den Pfarrer noch die Drohungen der Inquisitoren hatten seiner Sicherheit etwas anhaben können. Aber was machte ihn so sicher? In wessen Namen sprach er?

In den Eingangssätzen zum Prozeß schrieb er die eigenen Anschauungen einer Eingebung des Teufels zu: »Diese von mir damals gesagten Worte sagte ich in der Versuchung ... es war der böse Geist, der mich jene Dinge glauben ließ.« Aber schon am Ende des ersten Verhörs war seine Haltung weniger nachgiebig: »Was ich entweder aus Eingebung Gottes oder des Teufels sagte ...«[2] Fünfzehn Tage später brachte er eine andere Variante ins Spiel: »Der Teufel oder irgend etwas versuchte mich.«[3] Kurz darauf präzisierte er, was dieses »etwas« sei, das ihn quälte: »Jene Meinungen, so ich habe, habe ich aus meinem Hirn geschöpft.« Von dieser Position ging er für die Dauer des ersten Prozesses nicht mehr ab. Auch als er sich an die Richter um Vergebung wandte, schrieb er die begangenen Irrtümer dem eigenen »subtilen Hirn« zu.

Menocchio nahm für sich also nicht besondere Offenbarungen oder Erleuchtungen in Anspruch. In seinen Reden setzte er das eigene Vernunfturteil an die oberste Stelle. Allein das genügte, um ihn von Propheten, Hellsehern, Wanderpredigern zu unterscheiden, die zwischen dem Ende des 15. und dem Anfang des 16. Jahrhunderts auf den Marktplätzen der italienischen Städte finstere Prophezeiungen verkündet hatten.[4] Noch 1550 hatte ein ehemaliger Benediktinermönch, Giorgio Siculo, den Patres, die im Konzil zu Trient versammelt waren, die Wahrheiten vorzutragen gesucht, die ihm Christus selbst offenbart habe, als er ihm »in eigener Person« erschienen sei. Aber das Konzil von Trient war bereits seit zwanzig Jahren abgeschlossen; die Hierarchie hatte gesprochen, die lange Phase der Ungewißheit darüber, was die Gläubigen glauben sollten und mußten, war beendet. Dennoch grübelte dieser Müller in den Hügeln Friauls weltverloren weiter über »hohe Ding« nach und stellte die eigenen Anschauungen in Glaubensfragen den Dekreten der Kirche entgegen: »Ich glaub ... was mein Denken und Glauben anlanget ...«

Neben dem eigenen Vernunfturteil stehen die Bücher. Die Lektüre des *Sogno dil Caravia* ist kein Einzelfall. »Als ich mehrere Male bei einem Priester von Barcis beichtete«, erklärte er im Verlauf des ersten Verhörs, »sagte ich ihm: ›Kann es sein, daß Jesus Christus vom Heiligen Geist empfangen und von der Jungfrau Maria geboren wurde?‹ Und ich sagte es ihm deshalb, dieweil ich es glaubte, aber bisweilen versuchte mich der Teufel darin.«[5] Daß Menocchio die eigenen Zweifel einer Versuchung des Teufels zuschrieb, spiegelte die verhältnismäßig vorsichtige Haltung Menocchios zu Anfang des Prozesses wider; denn umgehend legte er den doppelten Ausgangspunkt seiner Position dar: »Diesen meinen Gedanken gründete ich darauf, daß so viele Menschen auf der Welt geboren wurden, und keiner ist von einer Jungfrau geboren worden. Und als ich gelesen hatte, daß die ruhmreiche Jungfrau vom hl. Joseph geehelicht war, glaubte ich, daß unser Herr Jesus Christus der Sohn des hl. Joseph sei, dieweil ich Geschichten gelesen habe, daß der hl. Joseph unseren Herrn Jesus Christus einen Sohn nannte, und das habe ich in einem Buch gelesen, das *Il fioreto della Bibbia* genannt ist.« Es ist ein beliebig herausgegriffenes Beispiel: mehrere Male verwies Menocchio auf dieses oder jenes Buch als Quelle (in diesem Fall nicht die einzige) seiner »Meinungen«. Aber was hatte Menocchio gelesen?

12 *Die Bücher*

Leider haben wir kein vollständiges Verzeichnis seiner Bücher. Zum Zeitpunkt der Verhaftung ließ der Generalvikar seine Wohnung durchsuchen[1]; es wurden zwar einige Bände gefunden, die aber weder verdächtig noch verboten waren, so daß keine Aufstellung davon angefertigt wurde. Wir können eine Teilübersicht der Lektüre Menocchios so annäherungsweise einzig und allein aufgrund von knappen Hinweisen rekonstruieren, die er im Verlauf der Verhöre gab. Folgende Bücher wurden im ersten Prozeß erwähnt:

1. die *Bibel* in Volgare, »der größte Teil in roten Buchstaben« (es handelt sich um einen nicht festgestellten Druck).[2]

2. *Il fioretto della Bibbia* (dabei handelt es sich um die Übersetzung einer mittelalterlichen katalanischen Chronik, die verschiedene Quellen vereinigte, darunter - neben der Vulgata - das Chronicon von Isidor, das Elucidarium des Onoré de Autun und eine beträchtliche Anzahl apokrypher Evangelien; von diesem Werk, das in Handschriften zwischen dem 14. und 15. Jahrhundert eine weite Verbreitung hatte, sind zwanzig Drucke unter verschiedenen Titeln bekannt - *Fioretto della Bibbia, Fiore di tutta la Bibbia, Fiore novello* -, die bis zur Mitte des 16. Jahrhunderts reichen).[3]

3. *Il Lucidario (oder Rosario?) della Madonna* (dieses Werk ist wahrscheinlich mit dem *Rosario della gloriosa Vergine Maria* des Dominikaners Alberto da Castello gleichzusetzen, das im Laufe des 16. Jahrhunderts ebenfalls mehrere Male neu gedruckt wurde).[4]

4. *Il Lucendario* (sic! anstatt *Legendario*) *de santi* (es ist die Übersetzung der weit verbreiteten *Legenda aurea* von Jacobus de Voragine, herausgegeben von Niccolò Malermi, die unter dem Titel *Legendario delle vite de tutti li santi* erschien).[5]

5. *Historia del Giudizio* (es handelt sich um ein Kurzepos eines anonymen Verfassers des 15. Jahrhunderts in Stanzen, das in vielen Fassungen mit unterschiedlichen Auflagen unterschiedlich stark verbreitet kursierte).[6]

6. *Il cavallier Zuanne de Mandavilla* (es ist die italienische Übersetzung des berühmten Reisebuchs, das um die Mitte des 14. Jahrhunderts verfaßt und der Phantasiegestalt Sir John

Mandeville zugeschrieben wurde. Die Übersetzung wurde im ganzen 16. Jahrhundert mehrmals neu gedruckt).[7]

7. »Ein Buch, das *Zambollo* heißt« (in Wirklichkeit *Il sogno dil Caravia*, 1541 in Venedig gedruckt).[8]

Zu diesen Titeln kommen noch jene, die während des zweiten Prozesses erwähnt werden:

8. *Il Supplimento delle cronache* (es handelt sich um die Übersetzung aus dem Lateinischen ins Italienische der Chronik, die am Ende des 15. Jahrhunderts von dem Augustinermönch Jacopo Filippo Foresti aus Bergamo redigiert wurde und mehrmals mit Ergänzungen bis ins späte 16. Jahrhundert unter dem Titel *Supplementum supplementi delle croniche* ... wieder gedruckt wurde).[9]

9. *Lunario al modo di Italia calculato composto nella città di Pesaro dal ecc^{mo} dottore Marino Camillo de Leonardis* (auch von diesem *Lunario* [ein Almanach, Anm. d. Ü.] sind viele Neudrucke bekannt).[10]

10. Das *Dekameron* von Boccaccio in einer unzensierten Ausgabe.[11]

11. Ein nicht weiter mit Titel angegebenes Buch, hinter dem ein Zeuge, wie erwähnt, den *Koran* vermutete (von ihm kam 1547 eine italienische Übersetzung in Venedig heraus).[12]

13 *Lesepublikum auf dem Dorf*

Sehen wir uns zunächst an, wie diese Bücher in Menocchios Hände gelangten.

Das einzige Buch, von dem wir sicher wissen, daß es erworben wurde, ist der *Fioretto della Bibbia*, »das ich«, sagte Menocchio, »in Venedig für zwei Soldi kaufte.«[1] Über drei andere - die *Historia del Giudizio*, den *Lunario* und vermutlich den *Koran* - haben wir keinerlei Angaben. Das *Supplementum* des Foresti wurde Menocchio von Tomaso Mero da Malmins geschenkt.[2] Alle anderen - sechs von elf, also mehr als die Hälfte - wurden ihm ausgeliehen. Es handelt sich dabei um bedeutsame Daten, die uns einen Blick auf das Netz der Leserschaft in dieser Gemeinde zu werfen gestatten, die die Begrenztheit der eigenen geringen Finanzquellen dadurch umgeht, daß sie die Bücher gegenseitig weitergibt. So wurde Menocchio der *Lucidario* (oder *Rosario*) *della Madonna* 1564 während seiner Verbannung in Arba von einer Frau, Anna de Cecho, geliehen.[3] Ihr Sohn, Giorgio Capel, der zur Zeugenaussage geladen wurde (die Mutter war gestorben), sagte, er habe ein Buch mit dem Titel *La vita de santi*[4]; andere waren vom Pfarrer in Arba eingezogen worden, von denen ihm nur zwei oder drei zurückerstattet wurden. Er behauptete, die restlichen

»wollten sie« (die Inquisitoren offensichtlich) »verbrennen«. Die *Bibel* war Menocchio von seinem Onkel Domenico Gerbas zusammen mit dem *Legendario de santi* geliehen worden.[5] Letzteres »zerriß, dieweil es naß war.« Die *Bibel* hingegen gelangte schließlich in die Hände seines Vetters Bastian Scandella zurück, von dem sie Menocchio mehrere Male ausgeliehen hatte. Sechs oder sieben Monate vor dem Prozeß jedoch hatte Fior, die Frau Bastians, die *Bibel* im Herd verbrannt: »Aber es war eine Missetat, daß man dies Buch verbrannte«, rief Menocchio aus. Der *Mandavilla* war ihm fünf oder sechs Jahre vorher vom Kaplan in Montereale, Pre Andrea Bionima, geliehen worden[6]; der hatte ihn durch Zufall in Maniago beim Herumstöbern in »gewissen Kanzlei-Handschriften« gefunden. (Bionima freilich sagte klugerweise aus, nicht er sei es gewesen, der das Buch Menocchio gegeben habe, sondern Vicenzo Lombardo, der es mit nach Hause genommen haben mochte, da er »ein wenig lesen« konnte.) Der *Sogno dil Caravia* war Menocchio von Nicola aus Porcía geliehen worden[7] - den man vielleicht, wie schon gesagt, mit jenem Nicola de Melchiori gleichzusetzen hat[8]; das *Dekameron* hatte er über Lunardo della Minussa von Montereale. Den *Fioretto* nun hatte Menocchio seinerseits an einen jungen Mann von Barcis, Tita Coradina, ausgeliehen, der (wie er sagte) nur ein Blatt davon gelesen hatte[9]; dann hatte ihm der Pfarrer gesagt, es handle sich um ein verbotenes Buch, und er habe es verbrannt.

Eine intensive Zirkulation, die nicht nur die Priester (wie man sich denken konnte), sondern sogar die Frauen einschloß. Man weiß, daß seit Anfang des 16. Jahrhunderts in Udine unter der Leitung von Gerolamo Amaseo eine Schule eröffnet worden war, um zu »lesen und ohne Unterschied der Person, wie die Söhne der Bürger so der Handwerksleut und der gemeinen Leut, groß und klein zu lehren ohne alle besondere Bezahlung.«[10] Schulen von Grundschulniveau, in denen man auch etwas Latein lehrte, existierten übrigens auch in Zentren, die nicht weit von Montereale entfernt waren, wie Aviano und Pordenone.[11] Es erstaunt jedoch, daß in einem kleinen Bergdorf so viel gelesen wurde.[12] Wir haben leider nur ausnahmsweise Hinweise, die uns erlauben, die soziale Position dieser Leser näher zu bestimmen. Von dem Maler Nicola aus Porcía ist schon gesprochen worden. Bastian Scandella, der Vetter Menocchios, ist in der schon erwähnten Schätzung von 1596 als Inhaber (wir wissen nicht, auf welchen Titel) zahlreicher Landstücke verzeichnet; im gleichen Jahr war er Bürgermeister von Montereale. Aber von beinahe allen anderen sind nur die Namen bekannt. Es ist also ersichtlich, daß für diese Leute das Buch Allgemeingut war: Es war ein Gebrauchsgegenstand, mit dem ohne allzu große Sorgfalt umgegangen wurde, der Gefahr lief, naß oder zerrissen zu werden.

Bezeichnend ist jedoch die entrüstete Reaktion Menocchios auf die Tatsache, daß die *Bibel* im Herd landete: Trotz des ironischen Vergleichs mit den »Kriegsbüchern, die vermehrt worden sind«, erschien ihm die Schrift als ein von allen anderen Büchern unterschiedenes Buch, weil es einen von Gott gegebenen Kern enthielt.

14 *Gedruckter Text und »wunderliche Meinungen«*

Wir müssen uns die Tatsache vergegenwärtigen, daß mehr als die Hälfte der Bücher, die von Menocchio zitiert werden, durch Entleihungen zu ihm kamen, um die Eigenart dieses Katalogs zu analysieren. Nur beim *Fioretto della Bibbia* sind wir vor dem Hintergrund der Lektüre Menocchios wirklich berechtigt, mit Sicherheit eine echte eigene Wahl vorauszusetzen, die ihn gerade dieses Buch unter so vielen aufgehäuften Büchern im Laden oder am Verkaufsstand des unbekannten venezianischen Buchhändlers kaufen ließ. Bezeichnenderweise war der *Fioretto* für ihn, wie wir sehen werden, eine Art Lieblingsbuch gewesen. Hingegen stieß Pre Andrea Bionima nur zufällig auf den Band von *Mandavilla* mitten unter »Kanzlei-Handschriften«; und ein wahlloser Hunger nach Lesestoff mehr als eine spezifische Neugierde hatte ihn in die Hände Menocchios geraten lassen. Das trifft wahrscheinlich für alle Bücher zu, die er von Dorfbewohnern ausgeliehen hatte. Das Verzeichnis, das wir rekonstruiert haben, spiegelt in erster Linie wider, welche Bücher Menocchio zur Verfügung standen und ist gewiß keine Aufstellung seiner Lieblingsbücher oder bewußt ausgewählter Werke. Außerdem handelt es sich um ein Teilverzeichnis. Das erklärt u.a. das Übergewicht religiöser Texte - sechs von elf, d.h. mehr als die Hälfte. Offensichtlich bezog sich Menocchio im Verlauf der zwei Prozesse, denen er unterzogen wurde, vor allem auf jenen Typus von Lesestoff, um seine Ideen zu rechtfertigen. Wahrscheinlich hätte ein vollständiges Verzeichnis der Bücher, die er besessen oder gelesen hatte, ein bunteres Bild geboten; es hätte z.B. auch eines der »Kriegsbücher« enthalten, die er provokatorisch in die Nähe der Schrift rückte: das *Libro che tratta di bataglia, chiamato Fioravante* (M. Sessa, Venedig 1506) *(Kriegsgeschichtenbuch, genannt Fioravante)* oder ein anderes, ähnliches. Aber auch diese Gruppe von Titeln, die Lücken und Einseitigkeit aufweist, erlaubt es, einige Überlegungen anzustellen. Neben der Schrift finden wir Erbauungsschriften, Neubearbeitungen der Bibel in Versen und Prosa, Heiligengeschichten, einen Almanach, ein halb possenhaftes Kurzepos, eine Chronik, eine Novellensammlung (das

Dekameron), alles Texte in Italienisch (wie gesagt konnte Menocchio Latein kaum besser als ein ausgebildeter Meßdiener)[1]; ihre Entstehung reicht zum Teil zwei oder drei Jahrhunderte zurück, sie waren weit verbreitet und wurden in verschiedenen sozialen Schichten benutzt.[2] Die Bücher von Foresti und von Mandeville etwa gehörten auch zur Bibliothek eines ganz anderen »Menschen ohne Bildung«, der also kaum Lateinkenntnisse besaß: Leonardo da Vinci.[3] Und die *Historia del Giudizio* befand sich unter den Büchern, die der bekannte Naturforscher Ulisse Aldrovandi besaß (der es u.a. mit der Inquisition wegen Beziehungen, die er von jung an zu häretischen Gruppen unterhielt, zu tun bekommen hatte).[4] Zweifellos sticht aus dem Verzeichnis der *Koran* heraus (falls ihn Menocchio wirklich gelesen hatte): Aber das ist eine Ausnahme, die gesondert zu betrachten ist. Sonst handelt es sich um ziemlich einschlägige Titel, die offensichtlich kein Licht darauf werfen können, wie Menocchio dazu kam, das zu äußern, was ein Dorfbewohner als »wunderliche Meinungen« bezeichnete.[5]

15 *Eine Sackgasse?*

Wieder einmal hat man den Eindruck, man befände sich in einer Sackgasse. Zuerst hatten wir uns, wie schon der Generalvikar, einen Augenblick lang angesichts der überwältigenden Kosmogonie Menocchios gefragt, ob es sich nicht um die Reden eines Wahnsinnigen handle. Nachdem wir diese Hypothese verworfen hatten, hatte die Untersuchung seiner Ekklesiologie zu einer anderen angeregt, nämlich daß Menocchio Wiedertäufer gewesen sei. Nachdem wir auch diese zurückgewiesen hatten, stellte sich für uns angesichts der Angabe, Menocchio habe sich als »lutherischer« Glaubensanhänger betrachtet, die Frage nach seiner Verbindung zur Reformation. Der Hypothese, daß die Ideen und Überzeugungen Menocchios auf eine untergründige Strömung von bäuerlichem Radikalismus zurückgehen, die von der Reformation zwar ans Licht gebracht wurde, die aber unabhängig von ihr war, scheint die Lektüreliste Menocchios, die wir auf der Grundlage der Prozeßakten rekonstruiert haben, einigermaßen zu widersprechen. Inwieweit wird man eine Gestalt, die so ungewöhnlich wie jener Müller aus dem 16. Jahrhundert ist, der lesen und schreiben konnte, als repräsentativ betrachten können? Und dann: wofür repräsentativ? Gewiß nicht für eine Strömung bäuerlicher Kultur, wenn man berücksichtigt, daß Menocchio selbst auf eine Reihe gedruckter Bücher als Quellen der eigenen Ideen hinweist. Wieder sind wir auf eine Mauer dieses Labyrinths geprallt, wieder sind wir zurück an unseren Ausgangspunkt gelangt.

Beinahe jedenfalls. Immerhin haben wir die Bücher gesehen, die Menocchio las. Aber wie las er sie?[1]

Wenn man hintereinander die Abschnitte der Bücher, die von Menocchio zitiert werden, mit den Schlüssen vergleicht, die er daraus zog (oder gar mit der Art und Weise, wie er sie den Richtern erzählte), stößt man durchgehend auf eine Kluft, manchmal auf eine tiefe Abweichung. Jeder Versuch, diese Bücher als »Quellen« im üblichen Sinne zu betrachten, bricht angesichts der angriffslustigen Originalität, die Menocchios Art zu lesen kennzeichnet, zusammen. Wichtiger als der Text erscheint also der Chiffreschlüssel beim Lesen, das Raster, das Menocchio unbewußt zwischen sich und den gedruckten Text legte: ein Raster, das gewisse Abschnitte beleuchtete, während es andere verdeckte, und das die Bedeutung eines Wortes zuspitzte, indem es vom Kontext abgesondert wurde - ein Raster, das auch die Erinnerung formte, bis hin zur Verzerrung des Wortlauts der Texte. Und dieses Raster, dieser Chiffreschlüssel verweist stets auf eine Kultur, die sich von der unterscheidet, die auf den Seiten der Bücher zum Ausdruck kommt - eine mündliche Kultur.

Das bedeutet nicht, daß für Menocchio das Buch den bloßen Anlaß oder den bloßen Vorwand für etwas anderes gebildet hätte. Er erklärte selbst, wie wir sehen werden, daß zumindest ein Buch ihn tief beunruhigt hatte und ihn wegen dessen neuartiger Ansichten veranlaßte, sich Gedanken darüber zu machen. So prallte der gedruckte Text des Buches mit der Kultur zusammen, deren Träger Menocchio war, und trieb diesen, zunächst bei sich selbst, dann vor den Dorfgenossen, schließlich vor den Richtern, die »Meinungen, so aus *seinem* Hirn geschöpft waren« zu formulieren.[2]

16 *Der Tempel der Jungfrauen*

Von Menocchios Lesestil werden wir eine Reihe von Beispielen geben, die an Komplexität zunehmen. Im ersten Verhör betonte er, daß Christus ein Mensch wie alle anderen war, der vom hl. Joseph und der Jungfrau gezeugt worden war: Und er erklärte, daß Maria »Jungfrau hieß, dieweil sie im Tempel der Jungfrauen gewesen war; denn es war dort ein Tempel, wo sich zwölf Jungfrauen aufhielten, und nachdem sie auferzogen waren, ehelichten sie, und dies hab ich in einem Buch gelesen, das *Lucidario della Madonna* hieß.«[1] Dieses Buch, das er an anderen Stellen auch *Rosario* nannte, war mit aller Wahrscheinlichkeit der *Rosario della gloriosa Vergine Maria* des Dominikaners Alberto da Castello. Darin hatte Menocchio lesen können: »Die brennende Seele beschauet hier, wie der hl. Joachim und die hl. Anna ihr allerliebst Töchterchen im Tempel Gottes als Opfer zu Gottes und des Priesters Ehre ließen, wo sie mit andern Jungfräulein, so Gott geweiht waren, aufgezogen wurde. An jenem Ort lebte sie voller Anbetung und beschaute die göttlichen Ding, und ward von den hl. Engeln als ihre Königin und Herrscherin besucht, und sie war immerdar im Gebet.«[2] Vielleicht hatte Menocchio auch der so häufige Anblick einer Bildszene an den Wänden der Kirche San Rocco in Montereale, die 1566 mit Fresken von Calderari, einem Schüler Pordenones, ausgemalt worden war, veranlaßt, sich gerade bei jener Seite des *Rosario* aufzuhalten.[3] Diese Szene stellte Maria im Tempel und Joseph im Kreis ihrer Freier dar. Jedenfalls drehte er den Wortsinn um, ohne dabei den Wortlaut abzuwandeln. Im Text sonderte die Erscheinung der Engel Maria von den Gefährtinnen ab, indem sie ihr eine übernatürliche Aureole verliehen. Im Kopf Menocchios war dagegen die Anwesenheit der »anderen Jungfräulein« das entscheidende Element, das, indem es sie in die Gruppe der Gefährtinnen einreihte, auf einfachste Weise zur Erklärung des Maria beigefügten Titels diente. Eine Einzelheit wurde so schließlich zum Zentrum der Erörterung, veränderte dabei aber den gesamten Sinn.

17 *Das Begräbnis der Gottesmutter*

Nachdem Menocchio rückhaltlos seine Anklagen gegen die Kirche, die Priester, die Sakramente und die kirchlichen Zeremonien vorgetragen hatte, erklärte er am Ende des Verhörs vom 28. April in seiner Antwort auf eine Frage des Inquisitors: »Ich glaub, daß die Kaiserin auf dieser Welt größer denn die Gottesmutter gewesen ist, aber im Jenseits ist die Gottesmutter größer, dieweil wir im Jenseits unsichtbar sein werden.«[1] Die Frage des Inquisitors rührte aus einer beiläufigen Bemerkung Menocchios her, die von einem Zeugen berichtet und von Menocchio ohne Zögern bestätigt wurde: »Jawohl, Herr, wahrhaftiglich habe ich gesagt, wenn die Kaiserin kam, daß sie mehr war denn die Gottesmutter. Aber ich meinte die von dieser Welt. Und in jenem Buch von der Gottesmutter wurden ihr niemalen nicht so große Ehren erwiesen und angetan, sondern vielmehr wurde ihr Unehre angetan, als sie zu Grabe getragen ward. Denn einer wollte sie von der Apostel Schulter wegnehmen, und seine Hände blieben angeheftet, und das geschah im Leben der Gottesmutter.«[2]

Auf welchen Text spielte Menocchio hier an? Der Ausdruck »Buch von der Gottesmutter« könnte noch einmal an den *Rosario della gloriosa Vergine Maria* denken lassen: Aber es gibt kein entsprechendes Zitat. Der Abschnitt befindet sich dagegen in einem anderen Buch, das Menocchio gelesen hatte, dem *Legendario de le vite de tutti li santi* von Jacobus de Voragine, und zwar in dem Kapitel mit der Überschrift »Von der Himmelfahrt der seligen Jungfrau Maria«, das eine Neufassung »eines gewissen apokryphen ... Büchleins, so dem seligen Evangelisten Johannes zugeeignet«, ist. Und dort befindet sich die Beschreibung der Bestattung Marias, die von Voragine verfaßt ist: »Es waren aber die Engel mit den Aposteln, und sie sangen und erfüllten die ganze Erde mit dem Lobpreis ihres [Marias] wundervollen Lebens. Als alle bei solch süßer Melodei erwachten, gingen sie vor die Stadt, und als man mit Fleiß nachfragte, was dies sei, da sagte einer: ›Die Jünger tragen Maria, die tot ist, und singen im Kreis um sie die Melodei, welche ihr höret.‹ Da liefen alle, sich Waffen zu nehmen, und einer bestärkte den anderen und sagte: ›Kommet, lasset uns alle Jünger töten und mit Feuer den Leib verbrennen, so jenen Verführer getragen hat.‹ Und als dies der Hohepriester sah, sagte er im Zorn, verdutzt und von Grimm erfüllt: ›Hier ist die Hütte dessen, der uns und unser Geschlecht verwirrte, welchen Ruhm hat sie jetzt empfangen!‹ Und als er dies gesagt, legte er Hand an das Bett, willens, das Bett mit dem Körper auf die Erde zu werfen, und als er die Hände ans Bett legte, verdorrten sie jählings und blieben ans Bett geheftet; und er schrie von großer Marter gepeinigt mit großem Wehklagen, und das übrige Volk wurde von den Engeln, so in den Wolken waren, mit Blindheit geschlagen. Da rief der Hohepriester und sprach: ›Ich flehe dich an, heiliger Petrus, mich nicht in dieser Drangsal zu lassen, sondern ich bitt dich, daß du für mich dein Gebet zum Herrn erhebst, du mußt dich erinnern, wie oft ich dir verzieh, wenn die Tormagd dich anklagte.‹ Darauf sagte Petrus: ›Wir sind verhindert durch die Bestattung unserer Gottesmutter, und können gegenwärtig nicht Sorge tragen für deine Genesung. Wenn du dennoch an den Herrn Jesus glaubst und an die, so ihn getragen hat, hoffe ich, wird der Segen der Gesundheit auf dem Fuße folgen.‹ Und er antwortete ihm: ›Ich glaube, daß der Herr Jesus wahrer Sohn Gottes ist und dies seine hochheilige Mutter.‹ Alsbald wurden seine Hände von der Totenbahre gelöst, aber nichtsdestoweniger blieb die Dürre noch in den Armen, und der große Schmerz war nicht gewichen. Darauf sagte Petrus: ›Küsse das Bett und spreche also, ich glaub an Gott Jesus Christus, den diese hier im Bauch trug und blieb doch Jungfrau nach der Geburt.‹ Und als er dies gesprochen, ward er der vorigen Gesundheit zurückgegeben ...‹[3]

Der Angriff, den der Hohepriester auf den Leichnam Marias unternahm, läuft für den Autor des *Legendario* darauf hinaus, eine Wunderheilung zu beschreiben und schließlich einen Lobpreis auf Maria, die jungfräuliche Mutter Christi, anzustimmen. Aber für Menocchio zählt offensichtlich die Wundererzählung nichts und um so weniger die erneute Beteuerung der Jungfrauschaft Marias, die er wiederholt geleugnet hatte. Was er herausgreift, ist einzig und allein die Handlung des Hohepriesters, die »Unehre«, die Maria während der Bestattung zugefügt wird und die ihre elende Lage bezeugt. Das Raster im Erinnerungsvermögen Menocchios verwandelt die Schilderung Voragines in ihr Gegenteil.

18 *Der Vater Christi*

Auf den Abschnitt des *Legendario* griff er beinahe beiläufig zurück. Viel wichtiger ist hingegen jener schon zitierte Hinweis auf den *Fioretto della Bibbia.* Wie man sich erinnern wird, hatte Menocchio im ersten Verhör versichert, er glaube nicht an die jungfräuliche Empfängnis durch den Heiligen Geist, einmal »dieweil so viele Menschen auf der Welt geboren wurden, und keiner ist von einer Jungfrau geboren worden«, zum anderen, da er, nachdem er in einem Buch mit dem Titel *Fioretto della Bibbia* gelesen hatte, »daß der hl. Joseph unseren Herrn Jesus Christus einen Sohn nannte«, den Schluß gezogen hatte, daß Christus der Sohn des hl. Joseph sei.[1] Im CLXVI. Kapitel des *Fioretto,* »Wie Jesus in die Schule geschickt ward«, liest man denn, wie Jesus den Lehrer verfluchte, der ihm einen »Backenstreich« gegeben hatte, und ihn auf der Stelle tot hinstürzen ließ.[2] Angesichts der Empörung der herbeigelaufenen Nachbarn sagte Joseph: »Hast du, mein Sohn, itzt gezüchtigt? Siehst du nicht, wie viele Haß gegen uns hegen?« »Mein Sohn«: aber auf der gleichen Seite, im unmittelbar vorhergehenden Kapitel »Wie Jesus, als er sich mit den andern Kindern vergnügte, ein Kind auferweckte, das gestorben war«, konnte Menocchio folgende Antwort Marias an eine Frau lesen, die fragte, ob Jesus ihr Sohn sei: »Jawohl, er ist mein Sohn, sein Vater ist allein Gott.«

Die Lektüre Menocchios war offensichtlich einseitig und willkürlich - beinahe wie das Forschen nach einer Bestätigung für Ideen und Überzeugungen, die er schon tief verankert besaß. In diesem Fall war es die Gewißheit, daß »Christus eine Menschengeburt war wie wir.«[3] Unvernünftig ist es zu glauben, daß Christus von einer Jungfrau geboren worden ist und daß er am Kreuz gestorben sei: »Wenn er der ewige Gott gewesen wäre, hätte er sich nicht ergreifen und kreuzigen lassen müssen.«[4]

Der Rückgriff auf Stellen wie jener aus dem *Legendario* oder aus dem *Fioretto* oder auf Stellen aus apokryphen Evangelien muß uns nicht wundern. Indem das prägnante einfache Wort Gottes - »Vier Worte« - den maßlosen Wucherungen der Hl. Schrift entgegengesetzt wurde, verschwand faktisch selbst der Begriff »apokryph«. Apokryphe und kanonische Evangelien wurden auf die gleiche Ebene gestellt und als bloß menschliche Texte betrachtet. Andererseits bezog sich Menocchio im Verlauf der Verhöre, anders als man es nach den Zeugenaussagen der Einwohner von Montereale erwartet hätte (»Immerdar geht er mit dem und jenem disputiern, und er hat die *Bibel* in Italienisch, und er bildet sich ein, daß er sich auf sie gründe«[1]), sehr selten genau auf Bibelstellen. Man könnte sogar sagen, daß die halb schriftgemäßen Überarbeitungen in der Art des *Fioretto della Bibbia* ihm vertrauter waren als die *Bibel* in italienischer Sprache. So gab er am 8. März als Antwort auf eine nicht näher aufgezeichnete Frage des Generalvikars den Ausruf von sich: »Ich aber sage, daß das größere Gebot ist, den Nächsten zu lieben, denn Gott zu lieben.«[2] Auch bei dieser Behauptung stützte er sich auf eine Textstelle. Denn sofort danach fügte Menocchio hinzu: »Dieweil ich in einer gewissen *Historia del Giudizio* gelesen habe, daß wenn der Tag des Gerichts sein wird, [Gott] zu jenem Engel sagen wird: ›Du bist böse, du hast mir keine Wohltat erwiesen.‹ Und jener Engel antwortet: ›Herr, ich habe Euch niemalen nicht gesehen, daß ich Euch eine Wohltat hätte tun können.‹ - ›Ich hatte Hunger, du hast mir nicht zu essen gegeben; ich hatte Durst, und du hast mir nichts zu trinken gegeben; ich war nackend, und du hast mich nicht gekleidet; als ich im Gefängnis war, bist du nicht gekommen, mich zu besuchen.‹ Und darum glaubte ich, daß Gott jener Nächste war, dieweil er sagte: ›Ich war jener Arme.‹«

Und folgendes ist der entsprechende Abschnitt aus der *Historia del Giudizio*:

»Kommt her meines Vaters Geweihte,
nehmt hin meinen Lohn zu Besitz:
war einstens hungrig und durstig,
und ihr habt mich gespeist, getränkt;
im Kerker litt ich böse Qualen,
und ihr kamt immer zu Besuch;
bei Krankheit habt ihr mich gepflegt
und gabt ein Grab mir, als ich starb.

Da werden sie alle erfreut sein
und fragen den Herrn Jesus Christus:
›Wann sah'n wir dich hungrig und durstig

und gaben dir Speise und Trank?
Wann haben wir krank dich besucht
und gaben ein Grab dir zur Ruh?
Wann waren wir bei dir im Kerker,
wann schenkten wir dir unser Kleid?‹

Und Christus wird antworten freudig:
›Der Arme, der herkam zur Tür,
betrübt, ausgemergelt und krank;
und da er um Almosen bat,
ward er nicht verjagt noch vertrieben.
Von euch kam ihm Essen und Trinken;
ihr gabt's ihm um Gottes willen,
doch ich, wißt ihr, war jener Arme.‹

Zur Linken werden sie reden:
doch Gott wird sie jagen mit Grimm,
er wird ihnen sagen: ›Ihr Sünder,
zur Hölle mit euch ewiglich;
ihr gabt mir nicht Essen und Trinken,
nicht wohltätig ward ihr für mich.
Ins Feuer, Verdammte, wandert;
und tragt immer Schmerzen dort.‹

Dies Volk so reich an Schmerzen:
›Wann je, Herr, sahen wir dich,
betrübt, ausgemergelt und krank,
wann hattest du Leid im Kerker?‹
Der ruhmreiche Christus wird sprechen:
›Als euch folgte der Arme im Leid.
Kein Mitleid erwiest ihr dem Elenden,
nicht mildtätig ward ihr zu ihm.‹«[3]

Wie man sieht, geben diese ungeschliffenen Stanzen sklavisch treu einen Abschnitt des Matthäusevangeliums (25, 41-46) wieder. Aber gerade auf sie und nicht auf den Text des Evangeliums bezieht sich Menocchio. Und auch hier wird beim Rückzug auf den gedruckten Text - der im wesentlichen präzise ist, wenn man davon absieht, daß merkwürdigerweise der Protest der Verdammten versehentlich dem »Engel« in den Mund gelegt wird - dieser faktisch neu bearbeitet. Aber wenn in den vorhergehenden Fällen die Umdeutung im wesentlichen durch eine Auslassung zustande kam, ist hier das Verfahren komplizierter. Menocchio geht in seiner Neudeutung des Textes einen Schritt weiter - anscheinend einen ganz kleinen, in Wirklichkeit einen gewaltigen: Wenn Gott der Nächste ist, »dieweil er sagte ›ich war jener Arme‹«, ist es wichtiger, den Nächsten zu lieben als Gott zu lieben. Dies war eine logische Herleitung, die auf radikale Art das allen häretischen Gruppen in dieser Zeit gemeinsame Beharren auf einer praktischen, tätigen Religiosität noch verstärkte. Auch der Bischof der Wiedertäufer, Benedetto d'Asolo, lehrte den Glauben an »einen einzigen Gott, einen einzigen Jesus Christus, unseren Herrn und Mittler«, sowie die Nächstenliebe, weil wir »am Tage des Gerichts ... nichts weiter gefragt werden, denn ob wir den Hungrigen zu essen gegeben haben, den Dürstenden zu trinken, die Nackenden bekleidet, die Kranken besucht, die Fremdlinge beherbergt haben ... denn das sind die Grundsteine der Nächstenliebe.«[4] Aber Menocchio verhielt sich gegenüber einer solchen Predigt - falls sie ihm, wie es wahrscheinlich ist, zu Gehör kam - nicht bloß rezeptiv. Mehrmals taucht in seinen Reden eine deutliche Tendenz zur Beschränkung der Religion auf sittliches Handeln auf. In einer verblüffenden Argumentation, die er wie gewöhnlich in konkreten Bildern ausmalt, erklärte Menocchio dem Inquisitor, daß Fluchen keine Sünde sei, »dieweil man nur sich selbst ein Übel antut und nicht dem Nächsten, so als wenn ich einen Reiserock hab, und ich will ihn zerreißen, tue ich nur mir selbst ein Übel an und nicht anderen, und ich glaub, daß wer dem Nächsten kein Übel antut, keine Sünde tut. Und dieweil wir alle Kinder Gottes sind, wenn wir einander kein Übel tun, wie zum Beispiel, wenn ein Vater verschiedene Kinder hat, und eines sagt ›Verflucht sei mein Vater‹, dann vergibt ihm der Vater, aber wenn es dem Kind eines anderen den Kopf einschlägt, kann er ihm nur verzeihn, wenn er zahlt: und darum habe ich gesagt, daß Fluchen keine Sünde ist, dieweil es keinem ein Übel antut.«[5] Also, wer dem Nächsten kein Leid zufügt, begeht keine Sünde: Die Beziehung zu Gott wird irrelevant im Vergleich zur Beziehung zum Nächsten. Und wenn Gott der Nächste ist, wozu dann Gott?

Sicher tut Menocchio diesen letzten Schritt nicht, mit dem er folgerichtig ein Ideal vom richtigen menschlichen Zusammenleben hätte aufstellen müssen, das völlig frei von religiösen Nebenbedeutungen gewesen wäre. Für ihn bleibt die Nächstenliebe religiöses Gebot oder besser: geradezu Wesensgehalt der Religion. Und im Allgemeinen war seine Haltung nicht frei von Schwankungen (auch deshalb kann man bei ihm nur von einer *tendenziellen* Beschränkung der Religion auf sittliches Handeln sprechen). Zu den Dorfgenossen pflegte er zu sagen (nach Aussage des Zeugen Bartolomeo d'Andrea): »Ich lehre euch, kein Übel zu tun, nehmt anderen nicht Hab und Gut weg, und das ist die Wohltat, die man tun kann.«[6] Aber im Verhör, das am Nachmittag des 1. Mai stattfand, antwortete Menocchio dem Inquisitor, der ihn fragte, was im einzelnen die »Gotteswerk« seien, aufgrund derer man ins Paradies kommt (Menocchio hatte, um es richtig zu sagen, einfach von »guten Werken«

geprochen): »ihn [Gott] lieben, anbeten, heilig halten, ehren und ihm danken. Sodann ist es nötig, freigebig, barmherzig, friedfertig, freundlich, ehrbar, seinen Vorgesetzten gehorsam zu sein, Schmähwort zu verzeihn und Versprechen zu halten: und wer das tut, geht ein in den Himmel, und das ist dafür genug.« Jetzt stehen die Pflichten dem Nächsten gegenüber denen Gott gegenüber zur Seite, ohne daß das größere Gewicht der ersteren vor den zweiten hervorgehoben wird. Aber die Aufzählung der »bösen Werke«, die unmittelbar folgt - »Stehlen, Morden, Wucher treiben, Grausamkeiten tun, Schändliches tun, Spotten und Totschlagen: und dies sind sieben Werke, so Gott mißfallen, und richten auf der Welt nichts aus und gefallen dem Teufel« - betrifft einzig und allein zwischenmenschliche Beziehungen und die Anlage des Menschen, die Pflichten dem Nächsten gegenüber zu verletzen. Aber für den Inquisitor konnte die vereinfachte Religion Menocchios (»wer das tut, geht ein in den Himmel, und das ist dafür genug«) nicht akzeptierbar sein: »Was sind die Gebote Gottes?« - »Ich glaube«, antwortete Menocchio, »es sind jene, so ich oben genannt habe.« »Den Namen Gottes anrufen, die Feste heilig halten - sind das keine Gebote Gottes?« - »Das weiß ich nicht.«[7]

In Wirklichkeit wurden die extremen Schlüsse, wie Menocchio sie formulierte, gerade dadurch ermöglicht, daß man ausschließlich auf der evangelischen Botschaft in seiner einfachsten und nüchternsten Form insistierte. Diese Gefahr war mit außergewöhnlicher Klarheit etwa fünfzig Jahre vorher in einem der bedeutsamsten Texte des italienischen Protestantismus vorausgeahnt worden; es handelt sich dabei um ein Werk, das in Venedig unter dem Titel *Alcuni ragioni del perdonare* (Einige Gründe für das Vergeben) anonym erschienen war.[8] Der Autor, Tullio Crispoldi, gab sich in seiner Bearbeitung einer Reihe von Predigten des berühmten Bischofs von Verona, Gian Matteo Giberti, dessen engster Mitarbeiter er war, alle Mühe, mit allerhand Argumenten zu beweisen, daß der Wesensgehalt der christlichen Religion im »Gesetz des Vergebens« bestehe, darin, daß man dem Nächsten vergibt, um von Gott Vergebung zu empfangen. An einem gewissen Punkt jedoch verheimlichte er sich nicht, daß dieses »Gesetz des Vergebens« in ausschließlich zwischenmenschlichem Sinn interpretiert werden und so die Gott geschuldete Verehrung »in Gefahr« bringen konnte: »Dieses Heilmittel des Vergebens ist so groß und so gegenwärtig, daß Gott, als er dies Gesetz gab, die ganze Religion in Gefahr gebracht hat, so er geschaffen hat: derhalben scheint es ein Gesetz zu sein, so nur von Menschen zum Wohle aller Menschen gemacht ist und aufgrund dessen man offenkundig sagt, Gott wolle die Schmähungen, so wir ihm antun, nicht bedenken, auch wenn sie zahllos sind, da wir doch untereinander verzeihen und uns lieben. Und gewißlich, wenn er denen, die verzeihen, nicht die Gnade gäbe, von Sünden loszukommen und ein ehrbarer Mensch zu werden, hätte ein jeglicher Grund, dies Gesetz nicht für Gottes Gesetz, der die Menschen regieren will, sondern nur für ein Gesetz der Menschen zu halten, die, um in Frieden zu bleiben und zu leben, sich nicht um die Verbrechen und Sünden bekümmern, so man im Geheimen oder mit anderen zusammen auf eine Weise tut, daß sie den Frieden und das weltliche Leben nicht stören. Aber wenn man sieht, daß der, welcher zur Ehre Gottes vergibt, das erhält, was er von Gott will, und Gott ihm günstig ist und daß er zu guten Werken und die Übeltaten zu meiden bereit wird, werden die Personen angehalten, die Güte Gottes gegen uns zu erkennen.«[9]

Nur das übernatürliche Eingreifen der göttlichen Gnade verhindert also, den Kern der Botschaft Christi (das »Gesetz des Vergebens«) als eine bloß menschliche und politische Verpflichtung zu betrachten. Der Autor des Werkes hat die Möglichkeit dieser verweltlichten Interpretation der Religion klar vor Augen. Er kennt sie in der konsequentesten Form (und ist z.T. davon beeinflußt), nämlich jener Machiavellis[10] - aber nicht des Machiavelli, der in einer simplifizierenden Überlieferung zum Theoretiker der *religio strumentum regni* (Religion als Herrschaftsmittel) verdünnt wurde, sondern des Machiavelli der *Discorsi*, der in der Religion einen starken Faktor für den politischen Zusammenhalt entdeckt hat.[11] Aber der Gegenstand der Polemik des Abschnitts, den wir zitierten, scheint ein anderer zu sein: weniger die Tendenz, die Religion ohne Skrupel *von außen* zu betrachten, als vielmehr diejenige, ihre Grundlagen *von innen* zu zersetzen. Die Furcht, der Crispoldi Ausdruck gibt, daß das »Gesetz des Vergebens« verstanden werden könne als »Gesetz, so nur von Menschen zum Wohle aller Menschen gemacht ist und aufgrund dessen man offenkundig sagt, Gott wolle die Schmähungen, so wir ihm antun, nicht bedenken, auch wenn sie zahllos sind, da wir doch untereinander verzeihen und uns lieben«, klingt fast wörtlich in den Worten Menocchios dem Inquisitor gegenüber an: »Ich glaube, daß wer dem Nächsten kein Übel antut, keine Sünde tut ...« Natürlich gibt es keinen Grund zu der Annahme, Menocchio hätte die *Ragioni del perdonare* gekannt. Im Italien des 16. Jahrhunderts herrschte in den unterschiedlichsten gesellschaftlichen Kreisen ganz einfach eine Tendenz (die von Crispoldi scharfsinnig gesehen wurde), die Religion auf eine rein weltliche Realität zu reduzieren, d.h. auf eine sittliche und politische Verpflichtung. Diese Tendenz fand auf den verschiedensten kulturellen Gebieten ihren Ausdruck und ging von den verschiedensten Voraussetzungen aus. Und dennoch ist es auch hier vielleicht möglich, eine partielle Übereinstimmung zwischen den fortgeschrittensten Kreisen der Hochkultur und den Gruppen des Volkes mit radikalen Bestrebungen zu erblicken. Wenn wir an diesem Punkt zu den klotzigen Versen der *Historia del Giudizio* zurückkehren, auf die sich Menocchio berufen hatte, um seine eigene Ansicht (»ich aber sage, daß das größere Gebot ist, den Nächsten zu lieben, denn Gott zu lieben«) zu rechtfertigen, wird deutlich, daß wieder einmal der Interpretationsrahmen weit wichtiger als die »Quelle« war. Auch wenn sich die Interpretation Menocchios an der Lektüre des Textes entzündete, lagen ihre Wurzeln doch weit entfernt.

20 *Mandeville*

Dennoch gab es Texte, die für Menocchio eine eigenständige Bedeutung hatten, und unter ihnen stand an erster Stelle, wie er selbst zugegeben hatte, »der Ritter Zuanne de Mandavilla«, d.h. die *Viaggi di sir John Mandeville* (Die Reisen des Sir John Mandeville). Als der Prozeß in Portogruaro wieder eröffnet wurde, wiederholten die Inquisitoren dieses Mal in drohender Form die übliche Aufforderung, »alle seine Mitgesellen« zu nennen, »woanders man strengere Mittel gegen ihn ergreifen werde. Denn es scheint dem Inquisitionsgericht unmöglich, daß er von sich aus so viele Ding gelernt habe und keine Mitgesellen habe.«[1] »Herr, ich weiß keinen, den ich jemalen unterrichtet hätte«, war die Antwort Menocchios. »Auch habe ich niemalen nicht Mitgesellen gehabt, und was ich gesagt habe, habe ich aufgrund des Buches von Mandevilla gesagt, das ich gelesen habe.« Genauer gesagt, Menocchio zählte in einem Brief, den er aus dem Kerker an die Richter schickte, unter den Ursachen seiner Irrtümer an zweiter Stelle auf: »jenes Buch von Mandevilla über so viele Arten von Stämmen und verschiedene Gesetze gelesen zu haben, das mich ganz gepeinigt hatte.«[2] Weshalb diese »Pein«, weshalb diese Unruhe? Um eine Antwort zu finden, wird es vor allem nötig sein, sich anzusehen, was denn in diesem Buch eigentlich steht.

Die *Reisen*, die wahrscheinlich in Lüttich um die Mitte des 14. Jahrhunderts in französisch geschrieben und einem fiktiven Sir John Mandeville zugeschrieben wurden, sind im wesentlichen eine Kompilation von Texten, die geographische Schriften oder mittelalterliche Enzyklopädien wie die des Vinzenz von Beauvais zum Ausgangsmaterial nimmt.[3] Nachdem das Werk in Handschriften eine sehr große Verbreitung gefunden hatte, erfuhr es eine Anzahl von Druckausgaben in Latein und den wichtigsten europäischen Sprachen.

Die *Reisen* sind in zwei Teile sehr verschiedenen Inhalts gegliedert. Der erste ist die Beschreibung des Reisewegs ins Heilige Land, eine Art Reiseführer für Ausländer. Der zweite ist die Beschreibung einer Reise in den Orient, auf der man zu immer weiter entfernten Inseln und schließlich nach Indien und Katai, d.h. China, gelangt. Das Buch endet mit der Beschreibung des irdischen Paradieses und der Inseln, die das Königreich des mythischen Priesters Gianni umsäumen. Beide Teile werden als Primärquellen vorgestellt: Aber während der erste Teil reich an genauen und belegten Beobachtungen ist, ist der zweite größtenteils ersonnen.

Ohne Zweifel verdankte sich das außergewöhnliche Schicksal des Werkes in großem Maße dem Inhalt des ersten Teils. Man weiß, daß bis zum Ende des 16. Jahrhunderts die Beschreibungen des Hl. Landes stets größere Verbreitung fanden als die Schilderungen der Neuen Welt.[4] Und der Leser des Mandeville konnte sich zahlreiche eingehende Kenntnisse sowohl über die heiligen Stätten und die Lage der wichtigsten Reliquien, die dort aufbewahrt wurden, als auch über Gebräuche und Sitten der Einwohner verschaffen. Wie man sich erinnern wird, stand Menocchio den Reliquien völlig gleichgültig gegenüber; aber die minutiöse Darstellung der theologischen und rituellen Besonderheiten der griechischen Kirche und »verschiedener Arten von Christen« (Samaritaner, Jakobiten, Syrer und Georgier), die im Heiligen Land wohnten, sowie die Beschreibung der Unterschiede zwischen ihnen und der römischen Kirche konnte sein Interesse wecken.[5] Seine Ablehnung des sakramentalen Charakters der Beichte wird in Mandevilles Beschreibung der Lehre der »Jakober«, die so genannt wurden, weil sie von Jakobus bekehrt worden waren, eine Bestätigung oder vielleicht eine Anregung gefunden haben: »Sie sagen, daß man nur Gott seine Missetaten beichten dürfe und ihm versprechen müsse, sich zu bessern. Deshalb zünden sie ein Feuer neben sich an, wenn sie beichten wollen, und werfen Weihrauch und andere wohlriechende Spezerei hinein und beichten im Rauch bei Gott und beten um Erbarmung.«[6] Diese Art zu beichten bezeichnete Mandeville als die »natürliche« und »ursprüngliche« (zwei Adjektive, die reich an Bedeutungsgehalt für einen Leser des 16. Jahrhunderts waren), um sofort danach schleunigst anzuerkennen, daß »die Kirchenväter und Päpste, so nachmals gekommen sind, bestimmt haben, die Beichte vor einem Menschen abzulegen, und das aus gutem Grund, dieweil sie bedacht haben, daß keine Krankheit geheilt werden kann noch daß es eine gute Arzenei geben kann, falls man nicht vorher die Natur des Übels kennt: gleichermaßen kann es keine gute Reue geben, falls man vorher nicht die Art der Sünde kennt; weil weder die Sünden noch die

Orte und Zeiten gleich sind, gebührt es sich, die Natur der Sünde und die Orte und Zeiten zu kennen und danach die geschuldete Buße aufzulegen.« Nun, Menocchio - der zwar das Beichten vor einem Priester verächtlich auf die gleiche Ebene wie das Beichten vor einem Baum stellte - räumte, wie wir gesehen haben, jedoch ein, daß der Priester die »Erkenntnis zur Buße« dem geben könne, der sie nicht hat: »So jener Baum die Erkenntnis zur Buße geben könnte, so wäre es genug. Und wenn etliche Menschen zu den Priestern gehen, so weil sie die Buße nicht kennen, die man der Sünden halben zu tun hat, auf daß sie sie ihnen lehren, denn wenn sie sie kennen würden, wäre es nicht nötig zu gehen, und jene, die sie kennen, gehen ohnehin nicht.«[7] Klang hier Mandeville an?

Einen noch größeren Reiz wird Mandevilles lange Darstellung der Religion Mohammeds auf Menocchio ausgeübt haben. Aus dem zweiten Prozeß geht hervor (aber wie gesagt ist der Beleg nicht sicher), daß er seine Neugierde dadurch zu befriedigen suchte, daß er den *Koran*, der Mitte des 16. Jahrhunderts ins Italienische übersetzt worden war, in der Quelle las. Aber schon in den Reisen Mandevilles konnte Menocchio einige Lehren, die von den Mohammedanern verfochten wurden, kennenlernen, die teilweise mit einigen seiner Behauptungen übereinstimmten. Nach dem *Koran*, sagte Mandeville, »war unter allen Propheten Jesus der vortrefflichste und Gott am nächsten.«[8] Und Menocchio sagte beinahe als Echo darauf: »Ich war im Zweifel, ob es ... Gott war oder nicht irgendein Prophet, irgendein großer Mensch, der von Gott gesandt ward, um auf dieser Welt zu predigen.«[9] Auch bei Mandeville konnte Menocchio eine klare Leugnung der Kreuzigung Christi finden, die deshalb für unmöglich gehalten wurde, weil sie der Gerechtigkeit Gottes widerspreche: »Darum war er niemalen nicht gekreuzigt, wie sie sagen, sondern Gott ließ ihn lebendig und makellos zu sich aufsteigen. Hingegen verwandelte er seine Gestalt in einen namens Judas Ischarioth, und den kreuzigten die Juden, wobei sie dachten, es sei Jesus, welcher lebendig in den Himmel gestiegen war, um die Welt zu richten: Und darum sagen sie ... in diesem Artikel, daß wir irren, weil die große Gerechtigkeit Gottes nicht eine solche Sache dulden könnte ...«[10] Wie aus einer Zeugenaussage eines Dorfbewohners hervorgeht, scheint Menocchio etwas Ähnliches behauptet zu haben: »Es ist nicht wahr, daß Christus gekreuzigt wurde, sondern es ist Simon Cyrenäus gewesen.«[11] Sicher konnte Menocchio die Kreuzigung, die Paradoxie des Kreuzes nicht akzeptieren: »Mir schien es eine zu große Sache, daß ein Herr sich so fangen ließe, und so zweifelte ich, ob der, welcher gekreuzigt ward, Gott oder nicht irgendein Prophet war ...«[12]

Zweifellos bestehen hier, wenn auch nur teilweise, Übereinstimmungen. Aber es scheint unmöglich, daß die Lektüre dieser Seiten Menocchio hätte beunruhigen können. Noch weniger konnte es das harte Urteil über die christliche Welt, das Mandeville dem Sultan zuschrieb: »Sie [die Christen] hätten ein Beispiel geben sollen, indem sie dem gemeinen Mann Wohltaten erweisen; sie hätten in die Tempel gehen und Gott dienen sollen, aber sie gehen den ganzen Tag ins Wirtshaus, spielen, saufen, fressen wie die unvernünftigen Tiere ... Und sie sollten einfältig, demütig, sanftmütig, würdig und wohltätig sein wie Jesus Christus, an den sie glauben. Aber sie machen gerade das Umgekehrte und sind den Übeltatern zugeneigt und geizig, habgierig, so daß sie um wenig Geld die Töchter, die Schwestern und ihre eigenen Eheweiber verkaufen und zu Huren machen, und nehmen sich gegenseitig die Eheweiber weg und halten nicht Wort, sie halten nicht ihr ganzes Gesetz, das Jesus Christus gegeben hat, um sie zu retten ...«[13] Dieses Bild der Verkommenheit der Christenheit, das zweihundert Jahre vorher gezeichnet wurde, wurde von Menocchio sicher als zeitbezogener und ganz aktueller Text gelesen. Die Gier von Priestern und Mönchen, die Privilegien und die Veruntreuungen vieler, die sich Nachfolger Christi nannten; standen ihm tagtäglich vor Augen. In den Worten des Sultan konnte Menocchio bestenfalls eine Bestätigung und Legitimierung seiner schonungslosen Kritik an der Kirche finden: also sicher kein Grund, sich innerlich zu beunruhigen. Der wird anderswo zu suchen sein.

21 *Pygmäen und Menschenfresser*

»Die Völker dieser Länder haben unterschiedliche Gesetze, so daß einige die Sonne, einige das Feuer, einige die Bäume, einige die Schlangen und einige andere das erst Ding, dem sie am Morgen begegnen, einige Bildnisse und einige Götzen anbeten ...«, stellte Mandeville fast zu Anfang des zweiten Teils seiner Reise fest, als er von Channe, einer kleinen Insel nahe bei Indien sprach.[1] Dort finden wir den Hinweis, der dann mehrere Male wiederholt wird, auf »unterschiedliche Gesetze«, auf eine Vielzahl von Glaubensformen und religiösen Bräuchen, die Menocchio so sehr »gepeinigt« hatten. Durch Mandevilles Erzählungen und Beschreibungen sehr weit entfernter Länder, die zum großen Teil märchenhaft waren, erweiterte sich die geistige Welt Menocchios außerordentlich. Nicht mehr Montereale oder Pordenone oder, wenn es viel war, Venedig, die Orte, wo er sich als Müller aufhielt und lebte - sondern Indien, Katai (China) und die Inseln, die von Menschenfressern, Pygmäen und Menschen mit Hundsköpfen bewohnt waren. Und gerade bezüglich der Pygmäen schrieb Mandeville einen Abschnitt, der sich mit einem außergewöhnlichen Umstand beschäftigte: »... Es sind Leute von kleiner Statur, sie sind ungefähr drei Spannen groß: und sie sind in Ansehung ihrer Kleinheit schöne und lieblich ausschauende Männer und Frauen. Sie ehelichen im Alter von sechs Monaten, und nach zwei oder drei Jahren zeugen sie Kinder und leben gewöhnlich nicht länger denn sechs oder sieben Jahr: und wer acht Jahre lebt, wird für sehr alt gehalten. Diese Pygmäen sind sehr feine und gute Meister des Seiden- und Barchethandwerks und in allen Dingen, so es auf der Welt gibt. Sie führen oft Krieg gegen die Vögel des Landes, und die werden oftmals von ihnen gefangen und verspeist. Dies kleine Volk baut keine Äcker oder Weinberge, sondern unter ihnen sind große Leute wie wir, die die Äcker bauen. Sie [die Pygmäen] verspotten sie in der Weise, wie wir es bei ihnen täten, falls sie unter uns wären ...«[2]

Es war das Gelächter der Pygmäen über die »großen Leute wie wir«, welches bei Menocchio das Gefühl der Bestürzung, die er angesichts dieses Buches empfand, auslöste. Die Unterschiedlichkeit der Glaubensformen und der Gebräuche, die von Mandeville festgehalten wurden, ließ ihn nach den Grundlagen seiner Glaubensformen und Verhaltensweisen fragen. Diese zum großen Teil ersonnenen Inseln lieferten ihm einen archimedischen Punkt, von dem aus er die Welt betrachten konnte, in der er geboren und aufgewachsen war. »So viele Arten von Stämmen und ... verschiedenen Gesetzen«, »viele Inseln, wo die einen auf die eine Weise und andere auf die andere Weise lebten«, »von so vielen und verschiedenen Arten von Landsleuten, wo der eine auf die eine Weise und ein anderer auf eine andere Weise glaubt«[3]: zu wiederholten Malen kam Menocchio im Verlauf des Prozesses auf denselben Punkt zurück. In den selben Jahren machte ein Adliger aus dem Périgord, Michel de Montaigne, eine ähnliche Erschütterung durch, die den Anstoß zu relativistischen Anschauungen gegeben hatte, als er die Berichte über die Einheimischen der Neuen Welt las.[4] Aber Menocchio war nicht Montaigne, er war nur ein Müller, der sich selbst bildete. Sein Leben hatte sich beinahe ausschließlich innerhalb der Marksteine des Dorfes Montereale abgespielt. Er kannte weder Griechisch noch Latein (höchstens ein paar Gebetsbrocken); er hatte ein paar Bücher gelesen, die ihm zufällig in die Hände fielen. Er hatte jedes Wort aus diesen Büchern zerkaut und ausgequetscht. Er hatte darüber jahrelang gebrütet; jahrelang hatten Worte und Sätze in seinem Gedächtnis gegärt. Ein Beispiel mag die Mechanismen dieser langen und mühevollen Bearbeitung aufhellen. Im CXLVIII. Kapitel der *Reisen* von Mandeville mit dem Titel *Von der Insel Dondina, wo einer den anderen ißt, wenn er nicht entrinnen kann, und von der Macht ihres Königs, der über LIII weitere Inseln Herr ist, und von vielen Arten von Menschen, die diese Inseln bewohnen* hatte Menocchio diese Seite gefunden:

»... Auf dieser Insel sind Völker anderer Natur, dieweil der Vater den Sohn und der Sohn den Vater und der Ehemann das Eheweib und das Eheweib den Ehemann ißt. Wenn der Vater oder die Mutter oder einer ihrer Freunde krank ist, gehen der Sohn oder andere zum Priester ihres Stammes und bitten ihn, er wolle zu ihrem Götzen beten, der in Kraft des Teufels von hinten ihm antwortet und sagt, daß er diesmal nicht sterben wird, und unterweist sie, auf welche Weise er zu heilen sei: und zur Stunde kehrt der Sohn zurück und ist dem Vater zu Dienst und tut ihm, was der Götze ihn unterrichtet hat, bis er ihn geheilt hat. Das gleiche tun die Ehemänner für die Ehefrauen und die Freunde einander: und wenn der Götze sagt, daß er sterben muß, dann geht der Priester mit dem Sohn und mit der Ehefrau oder mit dem Freund zum Kranken und legen ihm ein Tuch über den Mund, um ihm den Odem zu nehmen. Und so töten sie ihn durch Ersticken, und dann schneiden sie den Körper in Stücke und lassen alle ihre Freunde bitten, daß sie kommen, diesen Körper zu essen, und lassen so viel Pfeifenbläser kommen, wie sie haben können; und so essen sie ihn bei großer Feier und Zeremonie. Und wenn sie ihn gegessen haben, nehmen sie die Knochen und begraben sie mit Gesang, machen ein großes Fest und viel Musik: und alle ihre Freunde und Verwandte, die nicht auf diesem Fest gewesen sind, werden verstoßen und haben große Scham und Schmerz, dieweil sie nicht mehr für Freunde geachtet werden. Es sagen die Freunde, sie äßen das Fleisch, um ihn von den Qualen zu befreien: denn so sagen sie, wenn das Fleisch zu mager ist, sagen die Freunde, sie hätten eine große Missetat begangen, daß sie ihn ohne Grund so sehr entkräften und Pein leiden ließen. Und beim fetten Fleisch sagen sie, er sei wohl zubereitet und daß sie ihn alsbald ins Paradies geschickt haben und daß er keinerlei Qual gelitten hatte ...«[5]

Diese Beschreibung ritueller Menschenfresserei erschütterte Menocchio stark (wie sie auch Leonardo traf, der dadurch zu einer scharfen Kritik an der Bosheit der Menschheit veranlaßt wurde[6]). Deutlich geht das aus dem Verhör vom 22. Februar hervor. Der Generalvikar fragte zum x-ten Mal: »Sagt mir, welches sind eure Mitgesellen gewesen, die in diesen Meinungen so wie ihr seid.« Und Menocchio: » Herr, ich habe niemalen nicht einen gefunden, der es mit diesen Meinungen hielte, sondern diese Meinungen, so ich gehabt habe, habe ich aus meinem Hirn geschöpft. Es ist wohl wahr, daß ich einmal ein Buch gelesen hab, das mir unser Kaplan entlehnte, Herr Pre Andrea da Maren, der jetzt in Monte Real wohnt. Dieses Buch war betitelt *Il cavallier Zuanne de Mandavilla* (Der Ritter John Mandeville). Ich glaube, es war in französischen Lettern gedruckt auf Italienisch Vulgar, und es kann fünf oder sechs Jahre her sein, daß er es mir geliehen hat, aber ich hab es ihm nach zwei Jahren zurückgegeben. Und dieses Buch handelte von der Reise nach Jerusalem und von einigen Irrtümern, die die Griechen über den Papst hatten; und es handelte von dem großen Khan, von der Stadt Babylon, vom Priester Gianni, von Jerusalem und von vielen Inseln, wo der eine auf die eine Weise lebte und der andere auf eine andere Weise. Und daß dieser Ritter zum Sultan ging, der ihn über Priester, Kardinäle, den Papst und die Geistlichkeit befragte und der sagte, daß Jerusalem den Christen gehörte und daß Gott es ihnen genommen hat, dieweil die Christen und der Papst schlechtes Regiment geführt hätten. Es handelte auch von einem Ort, an dem, wenn einer starb ...« An diesem Punkt unterbrach der Inquisitor ungeduldig Menocchio, um ihn zu fragen, »ob dieses Buch nichts über das Chaos sagte.« Und Menocchio antwortete: »Nein, Herr, sondern das habe ich im *Fioretto della Bibia* gesehen; doch die anderen Dinge, die ich über dieses Chaos gesagt habe, [habe] ich in meinem Hirn gebildet.« Sofort darauf nahm er den Faden seiner unterbrochenen Rede wieder auf: »Das selbige Buch des Ritters Mandavilla handelte auch davon, daß die Menschen, wenn sie zu Tode krank waren, zu ihrem Priester gingen, und der Priester beschwor einen Götzen, und der Götze sagte ihm, ob er sterben müsse oder nicht; und wenn er sterben mußte, erstickte ihn der Priester, und sie aßen ihn im gemeinsamen Mahl: und wenn er gut war, war er ohne Sünde; doch wenn er schlecht war, hatte er sehr viel Sünden, und sie hatten Übel getan, ihn so weit kommen zu lassen. Und daraus habe ich diese Meinung geschöpft: Ist der Körper tot, stirbt auch die Seele. So viele und verschiedene Arten von Landsleuten gibt es, wo der eine auf eine Weise glaubt und ein anderer auf eine andere Weise.«[7]

Wieder einmal waren in der lebhaften Erinnerung Menocchios Worte und Sätze verschmolzen, an andere Stelle gesetzt und neugebildet worden. Der wegen seines mageren Fleisches Getötete war plötzlich schlecht (zum Essen), der wegen seines fetten Fleisches Getötete gut (zum Essen) geworden. Bei der Zweideutigkeit der Begriffe (gut, schlecht), die als gastronomische wie als moralische verstanden werden konnten, wurde die Betonung auf die Sünden verlegt und der Akzent von den Mördern auf die Ermordeten verschoben. Wer also (zum Essen) gut war, war ohne Sünden, wer (zum Essen) schlecht war, war voll von Sünden. An diesem Punkt setzten Menocchios Schlußfolgerungen ein: Es existierte also kein Jenseits, es existierten keine

Qualen und künftigen Vergeltungen, das Paradies und die Hölle sind auf dieser Erde, die Seele ist sterblich. Wie gewöhnlich verzerrte Menocchio aggressiv (offensichtlich ohne jede besondere Absicht) den Text. Die Flut von Fragen, die er den Büchern stellte, ging weit über das hinaus, was auf dem Papier geschrieben stand. Aber in diesem Falle war die Funktion des Textes alles andere als nebensächlich: »Und daraus hab ich diese Meinung *geschöpft*: Ist der Körper tot, stirbt auch die Seele. *So viele und verschiedene Arten von Landsleuten gibt es, wo der eine auf eine Weise glaubt und ein anderer auf eine andere Weise.*«

22 *»Gott der Natur«*

Daß Mandeville immer wieder auf die Verschiedenartigkeit der Gesetze und Gebräuche zu sprechen kam, war dennoch nur einer der Schwerpunkte seiner Erzählung. Auf der anderen Seite kam bei aller Verschiedenheit ein Element zum Tragen, das beinahe durchgängig vorhanden war: die Rationalität, die immer verbunden war mit dem Glauben an einen Gott, den Schöpfer der Welt, einen »Gott der Natur«. So führte Mandeville, nachdem er über die Leute gesprochen hatte, die auf der Insel Channe Götzen und Götterbilder anbeteten, näher aus: »Und wisset, daß ein jeglicher, der Götterbilder anbetet, es aus Ehrfurcht vor irgendeinem kühnen Mann aus vormaliger Zeit thut, wie Herkules einer war, oder vor vielen anderen, die zu ihrer Zeit viele Wundertaten vollführten: und darum sagen diese Leute, sie wüßten wohl, daß diese vorausgegangenen kühnen Männer nicht Götter sind, vielmehr ist ein Gott der Natur, der alle Dinge gemacht hat und der im Himmel [ist]; und daß sie wohl wüßten, daß jene Männer die Wundertaten, die sie vollführten, nur aus der besonderen Gnade Gottes vollführen konnten, und dieweil sie von Gott geliebt wurden, verehren sie sie. Das gleiche sagen sie von der Sonne, darum daß sie die Zeit verändert und Wärme und Nahrung für alles auf der Erde schenkt; und sie wissen wohl, daß dies, daß die Sonne so große Kraft hat, geschieht, weil Gott sie über alle anderen Dinge liebt. Daher hat er ihr größere Kraft geschenkt denn allem anderen auf der Welt: derhalben ist es vernünftig, wie sie sagen, daß sie geschätzt und verehrt wird ...«[1] »Vernünftig«. In nüchternem, distanziertem, beinahe ethnographischem Ton zeichnete Mandeville exotische Realität und Glaubensformen auf und zeigte dabei, wie sich hinter ihrer Abscheulichkeit und Unsinnigkeit ein rationaler Kern verbarg. Zwar verehrten die Bewohner der Insel Channe eine Gottheit, die zur Hälfte ein Ochse war und zur anderen Hälfte ein Mensch. Aber sie hielten den Ochsen für »das heiligste Tier auf Erden und das nützlichste von allen anderen«, während der Mensch »das vornehmste Geschöpf ist und herrscht über alle unvernünftigen Tiere.«[2] Und dann: schrieben etwa nicht einige Christen abergläubisch bestimmten Tieren heilbringende oder unheilvolle Eigenschaften zu? »Es ist daher nicht zu verwundern, wenn die Heiden, so nur eine natürliche Lehre haben, aufgrund ihrer Einfachheit häufig an sie glauben.« Die Bewohner der Insel Hongamara (berichtete Mandeville) hatten alle, Männer und Frauen, »Hundsköpfe und werden *Cenofali*, das sind Hundsköpfe, genannt«[3] - aber sofort fügte er hinzu: »und es sind vernünftige Leute und von gutem Verstand.« Deshalb konnte Mandeville im Schlußkapitel des Buches, als er mit der Erzählung seiner außergewöhnlichen Reisen zu Ende gekommen war, feierlich den Lesern erklären: »... und wisset, daß in jenem ganzen Land [Katai] und auf diesen Inseln mit verschiedenen Völkern und verschiedenen Gesetzen und Weisen des Glaubens, so ich beschrieben habe, es kein Volk gibt, wofern es Vernunft und Verstand hat, welches nicht einen Artikel unseres Glaubens habe und irgendein gutes Stück, woran wir auch glauben, und daß sie an Gott glauben, der die Welt gemacht hat, den sie *Iretarge* nennen, das ist so viel gesagt als Gott der Natur, wie der Prophet sagt: *›et metuent eum omnes fines terrae‹ (›Es sollen ihn fürchten alle Enden der Erde‹)* und an anderer Stelle: *›omnes gentes servient ei etc.‹ (›Alle Völker sollen ihm dienen etc.‹)*. Aber dennoch können sie nicht in vollkommener Weise von Gott dem Vater, dem Sohn und dem Heiligen Geist reden, auch können sie nicht von der *Bibel* und besonders der *Genesis* und den andern Büchern Mosis, vom Buch *Exodus* und den Propheten, etwas sagen, weil sie niemanden haben, der es sie lehre, weil sie ihr Wissen nur durch natürlichen Verstand haben ...«[4] Diesen Völkern gegenüber forderte Mandeville zu einer uneingeschränkten Toleranz auf: »... und obgleich die Glaubensartikel dieses Volks [der Einwohner der Inseln Mesidarata und Genosaffa[5]] nicht ganz so sind wie die unsrigen, denke ich dennoch und bin mir gewiß, daß Gott sie wegen ihres guten natürlichen Glaubens und ihres guten natürlichen Willens liebt und ihre Dienste in Gnaden nimmt, wie er es bei Hiob machte. Und derhalben sagte unser Herr durch den Mund des Propheten Hosea: *›ponam eis multiplices leges meas‹ (›wenn ich ihnen noch so viele meiner Gesetze gebe‹)*, und anderswo sagt die Schrift: *›qui subdit orbem legibus‹ (›der den ganzen Erdkreis seinen Gesetzen unterwirft«)*. Gleicherweis sagte unser Herr im Evangelium: *›alias oves habeo quae non sunt ex hoc ovili‹ (›ich habe noch andere Schafe, die nicht aus diesem Stall sind‹)*, das heißt soviel, als daß er andere Diener habe als die, die Christen von Natur unter dem Gesetz sind ... man darf keinen Haß auf irgendein christliches Volk noch Verachtung für es haben wegen des Unterschieds ihres Gesetzes, noch etliche von ihnen richten, vielmehr muß man zu Gott für sie beten, dieweil wir [weder] wissen, wen Gott liebt, noch, auf wen er Haß hat, wo doch Gott nicht das Geschöpf haßt, das er gemacht hat ...«[6] Demnach kam durch die *Reisen* Mandevilles, dieser harmlosen Erzählung, die mit märchenhaften Elementen durchwirkt ist und die unzählige Male übersetzt und wiedergedruckt wurde, ein Echo der mittelalterlichen Toleranz ins Zeitalter der Religionskriege, der Kirchenbänne und der Scheiterhaufen für Ketzer herüber. Das war wahrscheinlich nur einer der vielfältigen Kanäle, die eine - noch immer sehr wenig bekannte - volkstümliche Strömung speisten, die dem Toleranzgedanken gegenüber aufgeschlossen war und von dem einige Spuren im Verlauf des 16. Jahrhunderts sichtbar werden.[7] Einen anderen Kanal bildete der anhaltende Erfolg der mittelalterlichen Legende von den drei Ringen.[8]

23 *Die drei Ringe*

Nachdem Menocchio sie kennengelernt hatte, blieb er davon so tief beeindruckt, daß er sie an verschiedenen Stellen im Laufe des zweiten Prozesses (12. Juli 1599) dem Inquisitor darlegte, der den Prozeß gegen ihn führte. Das war bei diesem Mal der Franziskaner Gerolamo Asteo.[1] Nachdem Menocchio zugegeben hatte, in der Vergangenheit gesagt zu haben (»aber ich weiß nicht zu wem«), er sei »als Christ geboren, und dessenthalben will ich als Christ leben, aber wenn ich als Türke geboren worden wäre, hätte ich Türke bleiben wollen«, fügte er hinzu: »Hört mich in Gnaden an, Herr. Es war einmal ein großer Herr. Der erklärte den zu seinem Erben, der einen gewissen kostbaren Ring besäße. Und als er ins Sterben kam, ließ er zwei weitere Ringe gleich dem ersten machen, da er drei Söhne hatte, und jedem Sohn gab er einen Ring. Jeder von ihnen hielt sich für den Erben und glaubte, den wahren Ring zu haben, aber wegen ihrer Gleichheit konnte man nichts Gewisses wissen. In gleicher Weise hat Gottvater drei Söhne, die er liebt. Das sind die Christen, die Türken und die Hebräer, und allen hat er den Willen gegeben, nach seinem Gesetz zu leben, aber man weiß nicht, welches das gute sei: darum sagte ich, daß wenn ich als Christ geboren bin, will ich Christ bleiben, und wenn ich als Türke geboren wäre, würde ich als Türke leben.« - »Ihr glaubt also«, warf der Inquisitor ein, »daß man nicht weiß, welches das gute Gesetz sei?« Und Menocchio: »Jawohl, Herr, ich glaube, daß jeder glaubt, sein Glaube sei gut, aber man weiß nicht, welches der gute sei: aber dieweil mein

Ahnherr, mein Vater und die Meinigen Christen gewesen sind, will ich Christ bleiben und glaub, daß dieser der gute sei.«[2]

Ein exzeptioneller Augenblick auch für einen Prozeß, der wie dieser von Anfang bis Ende außergewöhnlich war. Die Parteien sind vorübergehend umgekehrt, Menocchio hat die Initiative ergriffen und versucht, den Richter zu überzeugen: »Hört mich in Gnaden an, Herr.« Wer repräsentiert hier die Seite der Hochkultur, wer die der Volkskultur? Eine Antwort darauf ist nicht leicht. Der Weg, auf dem Menocchio die Gleichheit der drei Ringe kennengelernt hatte, machte die Situation noch paradoxer. Er erklärte, er sei »in einem, ich weiß nicht welchem Buch«, darauf gestoßen. Erst im folgenden Verhör wurde dem Inquisitor klar, um welches Buch es sich handelte: »Es ist in einem verbotenen Buch.« Etwa einen Monat später rückte er mit dem Titel heraus: »Ich hab sie in dem Buch der *Hundert Geschichten* von Boccaccio gelesen«, das er von »Nicolò de Melchiori« geliehen hatte - wahrscheinlich jener Maler Nicola aus Porcía, von dem Menocchio, wie wir gesehen hatten, einem Zeugen zufolge, »seine Ketzereien gelernt hatte.«

Aber aus allem, was wir bis jetzt gesehen haben, geht deutlich genug hervor, daß Menocchio nicht wie ein Papagei Anschauungen oder Thesen eines anderen nachplapperte. Seine Weise, die Bücher zu rezipieren, seine verwickelten und schwierigen Behauptungen weisen zweifellos auf eine originelle Verarbeitung hin. Sicher vollzog sie sich nicht im leeren Raum. Immer klarer sehen wir, wie sich in ihr auf eine Weise und in einer Form, die noch näher zu bestimmen ist, Stränge der Kultur der gebildeten Schichten und der Volkskultur treffen. Es war vielleicht Nicola aus Porcía, der Menocchio ein Exemplar des *Dekameron* neben dem *Sogno dil Caravia* überließ. Aber dieses Buch oder zumindest ein Teil davon - die dritte Novelle des ersten Tags, in der die Legende von den drei Ringen erzählt wird - rief bei Menocchio ein helles Echo hervor. Wie er auf andere Novellen Boccaccios reagierte, wissen wir leider nicht. Zwar müßte seine religiöse Einstellung, die so unduldsam konfessionellen Abgrenzungen gegenüber war, in der Novelle über den Juden Melchisedec eine Bestätigung gefunden haben. Aber gerade dieses Stück aus Boccaccio über die Legende von den drei Ringen war der Schere der gegenreformatorischen Zensur zum Opfer gefallen, die bekanntermaßen mehr auf religiös anstößige Stellen achtete als auf mutmaßliche Obszönitäten.[3] Faktisch müßte Menocchio eine ältere oder jedenfalls eine Ausgabe, die frei von Eingriffen der Zensur war, benutzt haben. An dieser Stelle erscheint der Gegensatz zwischen dem Kanoniker und Inquisitor Gerolamo Asteo und dem Müller Domenico Scandella, genannt Menocchio, im Bezug auf die Novelle der drei Ringe und das Lob der Toleranz, das darin enthalten ist, in mancher Hinsicht symbolisch. Die katholische Kirche kämpfte in dieser Periode einen Zweifrontenkrieg: gegen die alte und neue Hochkultur, die sich nicht auf die Schemata der Gegenreformation reduzieren ließ, und gegen die Volkskultur. Zwischen diesen beiden so verschiedenen Gegnern konnten sich, wie wir gesehen haben, versteckte Gemeinsamkeiten herausstellen.

Auf die Frage des Inquisitors - »Ihr glaubt also, daß man nicht weiß, welches das gute Gesetz sei«, antwortete Menocchio scharfsinnig: »Jawohl, Herr, *ich glaube, daß jeder glaubt, sein Glaube sei gut, aber man weiß nicht, welches der gute sei* ...« Es war die These der Vertreter des Toleranzgedankens, den Menocchio - wie Castellione - nicht nur auf die drei großen historischen Religionen anwandte, sondern auch auf die Häretiker ausdehnte.[4] Und wie bei diesen zeitgenössischen Theoretikern hatte das Lob der Toleranz für Menocchio einen positiven Inhalt: »Die Majestät Gottes hat den Heiligen Geist allen gegeben: Christen, Ketzern, Türken, Juden, und hat sie alle lieb, und sie werden auf eine Weise selig.« Mehr als die Toleranz im engeren Sinne wurde die Gleichheit aller Glaubensströmungen im Namen einer schlichten Religion, die nicht dogmatisch oder konfessionell festgelegt war, ausdrücklich anerkannt. Es war etwas Ähnliches wie der Glaube an den »Gott der Natur«, den Mandeville bei allen Völkern bis hin zu den ganz entfernten, mißgestalteten und abscheulichen festgestellt hatte - auch wenn Menocchio, wie wir sehen werden, de facto die Vorstellung eines Gottes als Schöpfer der Welt ablehnte.

Aber bei Mandeville war diese Anerkennung damit verbunden, daß er der christlichen Religion noch immer eine höhere Stellung vor der partiellen Wahrheit der anderen Religionen zugestand. Wieder ging also Menocchio über die tatsächlichen Texte hinaus. Auch wenn sein religiöser Radikalismus hin und wieder von Themen des mittelalterlichen Toleranzgedankens gespeist war, traf er sich dennoch eher mit den anspruchsvollen religiösen Theorien der zeitgenössischen Häretiker humanistischer Prägung.

24 *Schriftliche und mündliche Kultur*

Wir haben also gesehen, wie Menocchio seine Bücher las: Wie er Worte und Sätze aussonderte oder sie gar umgestaltete, indem er verschiedene Abschnitte nebeneinander stellte oder überraschende Analogien herstellte. Jedesmal brachte uns der Vergleich zwischen den Texten und den Reaktionen Menocchios dazu, ein verborgenes Interpretationsraster bei ihm anzunehmen, das durch die Beziehungen zu dieser oder jener häretischen Gruppe nicht ausreichend erklärt werden konnte.[1] Menocchio zerlegte und setzte wieder zusammen, was er gelesen hatte, ohne dabei irgendein vorgefertigtes Muster heranzuziehen. Und seine umwälzendsten Behauptungen entstanden auf dem Hintergrund harmloser Texte wie der *Reisen* von Mandeville oder der *Historia del Giudizio.* Nicht das Buch als solches, sondern das Aufeinandertreffen von schriftlichem Text und mündlicher Kultur formten im Kopf Menocchios eine explosive Mischung.

25 *Das Chaos*

Kehren wir jetzt zur Kosmogonie Menocchios zurück, die uns zu Beginn als nicht entschlüsselbar erschien. Jetzt sind wir in der Lage, ihre gesamte Schichtung zu rekonstruieren. Sie setzte mit der Behauptung der Existenz eines Urchaos ein und entfernte sich damit sofort von der Erzählung der *Genesis* und ihrer orthodoxen Interpretation: »Ich habe gesagt, daß was meine Gedanken und meinen Glauben anlanget, alles ein Chaos war, nämlich Erd', Luft, Wasser und Feuer durcheinander ...«[1] (7. Februar). In einem darauf folgenden Verhör unterbrach, wie wir sahen, der Generalvikar Menocchio, der gerade aus den *Reisen* Mandevilles erzählte, um ihn zu fragen, »ob dies Buch nichts vom Chaos redete.«[2] Menocchio verneinte und verwies dagegen wieder (dieses Mal in bewußter Form) auf die schon angedeutete Verquickung von schriftlicher und mündlicher Kultur: »Nein, Herr, sondern das hab ich im *Fioretto della Bibbia* gesehen; aber die anderen Dinge, die ich über dieses Chaos gesagt habe, die [hab] ich in meinem Hirn gebildet.«

In Wirklichkeit erinnerte sich Menocchio nicht richtig. Im *Fioretto della Bibbia* war eigentlich von keinem Chaos die Rede. Jedoch wird die biblische Schöpfungsgeschichte ohne Bemühung um einen Zusammenhang einer Reihe von Kapiteln vorangestellt, die größtenteils aus dem *Elucidarium* des Onoré von Autun stammen, in dem sich die Metaphysik mit der Astrologie und die Theologie mit der Lehre der vier Temperamente vermischt. Das Kapitel IV des *Fioretto,* »Wie Gott den Menschen aus den vier Elementen schuf« beginnt so: »Wie gesagt ward, machte Gott ungefähr im Anfang eine grobe Materie, die weder Form noch Gestalt hatte: und er machte sie so groß, daß er damit nicht tun und machen konnte, was er wollte; und er trennte und teilte sie so, daß er den Menschen, der aus den vier Elementen gebildet war, davon wegnahm ...«[3] Hier wird, wie man sieht, eine ursprüngliche Ununterschiedenheit der vier Elemente postuliert, die de facto den Schöpfungsvorgang *ex nihilo* ausschließt: aber das Chaos wird nicht erwähnt. Wahrscheinlich bezog Menocchio diesen Ausdruck der Gelehrtensprache aus einem Buch, auf das er im Laufe des zweiten Prozesses (bekannt war es ihm aber schon 1584, wie sich noch herausstellen wird) beiläufig verwies: das *Supplementum supplementi delle croniche* des Augustinermönchs Jacopo Filippo Foresti. Diese Chronik, die Ende des 15. Jahrhunderts geschrieben wurde, aber noch deutlich mittelalterlich geprägt war, begann mit der Schöpfung der Welt. Nach einem Augustin-Zitat, dem Schutzherren seines Ordens, schrieb Foresti: »... und es ist gesagt, daß Gott im Anfang den Himmel und die Erde machte: nicht daß jener schon war, sondern so daß er sein konnte, denn hernach steht geschrieben, der Himmel sei gemacht worden. Wie wenn wir die Samen eines Baumes betrachten und sagen, dort seien die Wurzeln, der Stamm, die Zweige, die Früchte und die Blätter: nicht daß sie schon sind, sondern daß sie von da aus sein sollen. So ist gesagt worden, im Anfang machte Gott den Himmel und die Erde, gleichsam Samen des Himmels und der Erde, wobei die Materie von Himmel und Erde noch vermischt war, aber dieweil ihm gewiß ward, daß jene der Himmel und die Erde sein mußte, dessenthalben ward jene Materie schon Himmel und Erde genannt. Dieses große Gebilde also, das jeder bestimmten Gewalt ermangelte, nannten unser Ovid zu Beginn seines Hauptwerks sowie einige Philosophen Chaos, wovon Ovid in eben dem Buch Erwähnung tut und sagt: ›Die Natur hatte, ehe die Erde, das Meer und der Himmel war, der das ganze bedeckte, in ihrem ganzen Umkreis ein Antlitz, das die Philosophen Chaos nannten, grobe und unvollkommene Materie: und es war nichts denn ein ungewisses und träges Gewicht, das in eben dem Kreis aufgehäuft war, und unterschiedliche Samen der Dinge, die sich nicht wohl zusammenfügten.‹«[4] Foresti war von dem Vorhaben ausgegangen, die *Bibel* mit Ovid in Einklang zu bringen, gelangte aber dazu, eine Kosmogonie vorzulegen, die mehr mit Ovid als mit der Bibel zu tun hatte. Der Gedanke eines ursprünglichen Chaos, einer »groben und unvollkommenen Materie«, beeindruckte Menocchio stark. Von da bezog er, indem er weitergrübelte, »die anderen Dinge ... über dieses Chaos ... die in *seinem* Hirn gebildet waren.«

Diese »Dinge« suchte Menocchio den Dorfgenossen mitzuteilen. »Ich habe ihn sagen hören«, berichtete Giovanni Povoledo, »daß im Anfang diese Welt nichts war und daß sie aus dem Meereswasser geschlagen wurde gleich als ein Schaum und daß sie geronn wie ein Käse, aus dem sodann eine große Zahl Würmer entstand, und diese Würmer wurden Menschen, von denen

Gott der mächtigste und weiseste war, dem die anderen Gehorsam leisteten ...«[5]

Es handelte sich hier um ein sehr indirektes Zeugnis, geradezu aus dritter Hand: Povoledo berichtete, was ihm ein Freund acht Tage zuvor erzählt hatte, »als wir auf der Straße liefen und zum Markt nach Pordenone gingen«; und der Freund hatte seinerseits das erzählt, was er von einem anderen Freund, der mit Menocchio gesprochen hatte, erfahren hatte. Tatsächlich gab der im ersten Verhör eine etwas andere Fassung: »Ich habe gesagt, daß was meine Gedanken und meinen Glauben anlanget, alles ein Chaos war ... Und jener Wirbel wurde also eine Masse, gerade wie man den Käse in der Milch macht, und darinnen wurden Würm', und das waren die Engel. Und die allerheiligste Majestät wollte, daß dies Gott und die Engel wären. Und unter dieser Zahl von Engeln da war auch Gott, *auch der wurde zur selbigen Zeit erschaffen aus jener Masse* ...«[6] Offensichtlich wurde Menocchios Rede, indem sie von Mund zu Mund ging, vereinfacht und entstellt. Ein schwieriges Wort wie »Chaos« war verschwunden und durch eine orthodoxere Variante ersetzt worden (»im Anfang war diese Welt nichts«). Die Folge der Ausdrücke Käse - Engel - heiligste Majestät - Gott als mächtigster Engel - Menschen war unterwegs verkürzt worden in die von Käse - Würmer - Menschen- Gott, der mächtigste Mensch.

Auf der anderen Seite tauchte in der von Menocchio gegebenen Fassung überhaupt keine Andeutung auf den Schaum des Meerwassers, der geschlagen wird, auf. Unmöglich, daß Povoledo es hinzu erfunden hätte. Der Fortgang des Prozesses zeigte deutlich, daß Menocchio imstande war, dieses oder jenes Element seiner Kosmogonie abzuwandeln und dennoch ihre wesentliche Gestalt unverändert zu lassen. So erklärte er auf den Einwurf des Generalvikars hin - »Was war diese heiligste Majestät?«[7] - »Nach meinem Urteil war jene heiligste Majestät *der Geist Gottes, der immerdar war.*«[8] In einem folgenden Verhör führte er noch näher aus: Am Tage des Gerichts werden die Menschen von »der heiligsten Majestät, die, wie ich oben sagte, *vor dem Chaos war*«, gerichtet werden. Und in einer weiteren Fassung ersetzte er Gott durch die »heiligste Majestät« und den Heiligen Geist durch Gott: »Ich glaube, daß der ewige Gott aus dem Chaos, wie ich oben sagte, das vollendetste Licht aufgehen ließ, gleichwie man den Käse macht, den man auf das vollendetste herauspraktiziert, und aus jenem Licht hat er die Geister gemacht, die wir Engel nennen, aus denen er den vornehmsten auswählte und ihm all sein Wissen, sein Wollen und sein Vermögen mitteilte; und das ist der, den wir Heiligen Geist nennen. Den hat Gott über das ganze Weltengebäude gesetzt ...«[9] Auch in der Frage, ob Gott vor dem Chaos war, änderte er seine Ansicht: »Dieser

Gott war im Chaos gleich als einer, der sich im Wasser ausdehnen will, oder als einer, der sich in einem Wald ausdehnen will: so will sich jener Verstand, wenn er erkannt hat, ausdehnen, um die Welt zu machen.«[10] Aber dann fragte der Inquisitor: »Ist Gott ewig und immerdar mit dem Chaos gewesen?« - »Ich glaube«, antwortete Menocchio, »daß sie immerdar zusammen waren und niemalen nicht getrennt waren, also weder das Chaos ohne Gott noch Gott ohne das Chaos war.« In diesem Durcheinander versuchte der Inquisitor (es war der 12. Mai), ein wenig Klarheit zu schaffen, bevor er den Prozeß endgültig beschloß.

26 *Zwiegespräch*[1]

INQUISITOR: »Wie Ihr in den vorigen Vernehmungen von Gott geredet habt, schienet Ihr Euch zu widersprechen, dieweil Ihr einmal sagtet, Gott sei ewig mit dem Chaos, und ein ander Mal sagtet Ihr, er sei aus dem Chaos geschaffen worden: erklärt mir derohalben, wie dies zustande kam und wie Euer Sinn dazu steht.«

MENOCCHIO: »Meiner Meinung nach zu urteilen, war Gott ewig mit dem Chaos, aber er erkannte sich nicht und war auch nicht lebendig, doch nachher erkannte er sich, und dies meine ich, wenn ich sage, er sei aus dem Chaos geschaffen worden.«

INQUISITOR: »Oben habt Ihr gesagt, Gott habe Verstand. Wesenthalben erkannte er sich selbst zuerst nicht und welches war der Grund, daß er sich nachher erkannte? Erklärt auch, was in Gott hineingekommen ist, derohalben Gott erst nicht lebendig war und dann lebendig ward.«

MENOCCHIO: »Ich glaube, daß es mit Gott gegangen ist wie mit den Dingen dieser Welt, die vom Unvollkommenen zum Vollkommenen voranschreiten, so wie zum Beispiel ein Kindlein weder etwas versteht noch lebt, solange als es im Bauch der Mutter ist, sondern es beginnt zu leben, sobald es aus dem Bauch herauskommt, und wenn es stetig wächst, beginnt es zu verstehen: also war Gott unvollkommen, solange als er mit dem Chaos war; er verstand weder etwas noch lebte er, aber dann begann er zu leben und zu verstehen, als er sich in diesem Chaos ausdehnte.«

INQUISITOR: »Erkannte jener göttliche Verstand im Anfang alle Dinge genau und im einzelnen?«

MENOCCHIO: »Er kannte alle Dinge, so man machen mußte, er kannte die Menschen und von denen auch, daß sie die anderen gebären mußten. Aber er kannte nicht alle, die noch geboren werden müssen, zum Beispiel die, so Viehherden haben, die wissen, daß jene andere gebären müssen, aber sie kennen nicht genau alle, die noch geboren werden. So sah Gott alles, aber er sah nicht alle im einzelnen, die noch kommen sollten.«

INQUISITOR: »Hatte dieser göttliche Verstand im Anfang Erkenntnis aller Dinge: woher hatte er solches Wissen, aus seinem eigenen Wesen oder auf anderem Wege?«

MENOCCHIO: »Der Verstand erhielt die Erkenntnis vom Chaos, in welchem alle Dinge in Vermischung waren: und danach gab ihnen der Verstand die genannte Ordnung und Erkenntnis, so wie wir die Erde, Wasser, Luft und Feuer kennen, und dann stellen wir Unterscheidungen unter ihnen auf.«

INQUISITOR: »Hatte dieser Gott nicht den Willen und das Vermögen, ehe er alle Dinge schuf?«

MENOCCHIO: Jawohl, gleich als ihm die Erkenntnis zukam, so wuchs in ihm der Wille und das Vermögen.«

INQUISITOR: »Der Wille und das Vermögen sind bei Gott gleich?«

MENOCCHIO: »Sie sind unterschieden wie bei uns: zum Wollen ist nötig, daß es das Vermögen gibt, um ein Ding zu machen, zum Beispiel wenn der Schreiner eine Bank macht, sind Werkzeuge nötig, um sie zu machen, und wenn er kein Holz hat, ist sein Wille eitel. Also sagen wir von Gott, daß er außer dem Willen das Vermögen braucht.«

INQUISITOR: »Was ist dieses Vermögen Gottes?«

MENOCCHIO: »Durch seine Arbeiterschaft zu handeln.«

INQUISITOR: »Wurden die Engel, so für dich Gottes Diener beim Weltenbau sind, unmittelbar von Gott geschaffen, oder von wem?«

MENOCCHIO: »Aus der vollkommensten Substanz der Welt wurden sie von der Natur hervorgebracht, wie aus einem Käse Würmer entstehen, aber wenn sie herauskommen, erhalten sie Willen, Verstand und Gedächtnis von Gott, der sie segnet.«

INQUISITOR: »Konnte Gott alle Dinge von sich selbst ohne die Hilfe von Engeln machen?«

MENOCCHIO: »Jawohl, so wie man sagt, wenn einer seine Arbeiterschaft und Tagelöhner nutzt, um ein Haus zu machen, er habe es gemacht: so hat Gott beim Bau der Welt die Engel benutzt, und man sagt, Gott habe sie gemacht. Und so wie jener Meister, wenn er das Haus baut, es auch selbst machen kann, es in längerer Zeit machen kann, so hätte Gott, wenn er die Welt baute, sie selbst bauen können, jedoch in längerer Dauer.«

INQUISITOR: »Wenn nicht jene Substanz gewesen wäre, aus der alle jene Engel hervorgebracht worden sind, wenn nicht das Chaos gewesen wäre, hätte Gott das ganze Werk der Welt von selbst machen können?«

MENOCCHIO: »Ich glaube, daß man nichts ohne Materie machen kann, und auch Gott hätte nichts ohne Materie machen können.«

INQUISITOR: »Hat jener Geist oder höchste Engel, den Ihr den heiligen Geist nennt, die selbige Natur und das selbige Wesen wie Gott?«

MENOCCHIO: »Gott und die Engel sind gleichen Wesens wie das Chaos, aber es ist ein Unterschied in der Vollkommenheit, dieweil die Substanz Gottes vollkommener ist denn jene des heiligen Geistes; denn Gott ist das vollkommenste Licht: und das gleiche sage ich von Christus, der von geringerer Substanz ist, denn die Gottes und des heiligen Geistes ist.«

INQUISITOR: »Hat dieser heilige Geist so viel Vermögen, als Gott es hat? Und hat Christus auch so viel Vermögen als Gott und der heilige Geist?«

MENOCCHIO: »Der heilige Geist hat nicht so viel Vermögen als Gott, und Christus hat nicht so viel Vermögen als Gott und der heilige Geist.«

INQUISITOR: »Wurde das, was Ihr Gott nennt, von irgendeinem anderen gemacht und hervorgebracht?«

MENOCCHIO: »Er wurde nicht von anderen hervorgebracht, sondern erhielt die Bewegung, indem er das Chaos bewegte, und er geht vom Unvollkommenen zum Vollkommenen.«

INQUISITOR: »Wer bewegte das Chaos?«

MENOCCHIO: »Durch sich.«

27 *Mythische Käse und wirkliche Käse*

Auf diese Weise erläuterte Menocchio in seiner gedrängten Sprache, die von Metaphern aus dem Alltagsleben überquoll, ruhig und sicher den verdutzten und neugierig werdenden Inquisitoren (weshalb hätten sie sonst das Verhör so peinlich genau geführt?) seine Kosmogonie. Bei allen Variationen theologischer Begriffe veränderte sich ein Punkt nicht: seine Weigerung, die Schöpfung der Welt einer Gottheit zuzuschreiben - und damit verbunden die beharrliche Wiederholung des scheinbar sonderbarsten Elementes: der Käse, die Würmer-Engel, die aus dem Käse entstanden.

Vielleicht darf man hierin ein Echo der *Göttlichen Komödie* (Purgatorio X, 124-125) erkennen: »... vermi / nati a formar l'angelica farfalla ...« [... Würmer, geborn, den Himmelsfalter einst zu bilden ...] - vor allem deshalb, weil Vellutellos Kommentar zu diesen Versen wörtlich in einem anderen Passus der Kosmogonie Menocchios anklingt: »Englisch, das ist göttlich, denn er ist von Gott geschaffen worden, *um die Sitze einzunehmen, die die schwarzen Engel verloren, die aus dem Himmel ausgetrieben wurden* ...«, glossierte Vellutello.[1] Und Menocchio: »Und dieser Gott machte dann Adam und Eva und das Volk in großer Menge, auf daß sie die Sitze der ausgetriebenen Engel einnehmen sollten.«[2] Es wäre seltsam, wenn sich zwei solche Übereinstimmungen, die auf einer Seite zusammentreffen, dem Zufall verdankten. Aber wenn Menocchio Dante gelesen hatte - vielleicht als Weisen, als Lehrer religiöser und sittlicher Wahrheiten - weshalb prägten sich ihm gerade jene Verse (»... Würmer, geborn, den Himmelsfalter einst zu bilden«) ein.[3]

In Wirklichkeit hatte Menocchio seine eigene Kosmogonie nicht den Büchern entnommen.[4] »Aus der vollkommensten Substanz der Welt wurden sie [die Engel] von der Natur hervorgebracht, *wie aus einem Käse Würmer entstehen,* aber wenn sie herauskommen, erhalten sie Willen, Verstand und Gedächtnis von Gott, der sie segnet.«[5] Aus dieser Antwort Menocchios geht klar hervor, daß das ständige Anklingenlassen des Bildes vom Käse und den Würmern eine rein analogisch-explikative Funktion hatte. Die alltägliche Erfahrung des Entstehens der Würmer im verdorbenen Käse diente Menocchio dazu, die Entstehung von Lebewesen - die ersten, vollkommensten, die Engel - aus dem Chaos, der »groben und unvollkommenen« Materie zu erklären, *ohne auf Gottes Eingriff zu rekurrieren.* Das Chaos war früher als die nicht näher gekennzeichnete »allerheiligste Majestät«; aus dem Chaos entstanden durch Selbsterzeugung (»von der Natur hervorgebracht«) die Engel und Gott selbst, der der größte von ihnen war - die ersten Lebewesen. Die Kosmogonie Menocchios war im wesentlichen materialistisch - und tendenziell wissenschaftlich. Die Lehre von der Selbsterzeugung des Lebendigen aus dem Unbelebten, die von allen Gebildeten der Zeit geteilt wurde (so sollte es bis zu den Experimenten Redis, die mehr als ein Jahrhundert später durchgeführt wurden, bleiben[6]), war in der Tat offensichtlich wissenschaftlicher als die Schöpfungslehre der Kirche, die der Erzählung der *Genesis* folgte. Ein Mann wie Walter Raleigh war in der Lage - im Namen der »unverstellten Erfahrung« - die Frau, die den Käse (den Käse!) macht, und den Naturphilosophen nebeneinander zu stellen: beide wissen, daß das Lab die Milch im Butterfaß gerinnen läßt, auch wenn sie den Grund dafür nicht erklären können.[7]

Dennoch erklärt dieser Rückgriff Menocchios auf die Alltagserfahrung nicht alles. Im Gegenteil, vielleicht erklärt er gar nichts. Eine Analogie zwischen dem Gerinnungsprozeß des Käses und der Verdichtung des Urnebels, aus dem sich der Erdball bilden sollte, zu entwerfen, mag für uns selbstverständlich sein: Für Menocchio war es sicher nicht so. Nicht nur das. Als er diese Analogie zog, lehnte er sich, ohne es zu wissen, an uralte, abgelegene Mythen an.[8] In einem indischen Mythos, der bereits in der *Veda* erwähnt wird, wird der Ursprung des Kosmos mit dem Gerinnen - ähnlich wie dem der Milch - der Wasser des Urmeers, das von den Schöpfungsgöttern geschlagen wird, erklärt. Für die Kalmükken waren am Beginn der Zeiten die Wasser der Meere mit einer festen Schicht, wie die, die sich über der Milch bildet, bedeckt. Aus dieser entsprangen Pflanzen, Tiere, Menschen und Götter. »Im Anfang war diese Welt nichts, und ... sie wurde aus dem Meerwasser geschlagen gleich als ein Schaum, und sie geronn wie ein Käse, aus dem sodann eine große Zahl Würmer entstand, und diese Würmer wurden Menschen, von denen Gott der mächtigste und weiseste war«: mehr oder weniger (außer den schon angedeuteten Vereinfachungen) waren das die von Menocchio ausgesprochenen Worte gewesen.[9]

Es ist dies eine verblüffende Übereinstimmung, sie ist geradezu beunruhigend für jemanden, der keine fertigen Erklärungen hat, die, wie das kollektive Unbewußte oder ganz einfach der Zufall unannehmbar sind. Zwar redete Menocchio von einem ganz realen, keineswegs mythischen Käse, einem Käse, den er unzählige Male hatte machen sehen (oder vielleicht selber gemacht hatte). Die Hirten des Altai dagegen hatten dieselbe Erfahrung in einen Weltentstehungsmythos verwandelt. Aber trotz dieser Verschiedenheit, die man nicht unterbewerten sollte, bleibt die Übereinstimmung. Man kann nicht ausschließen, daß sie einen Beweis für die Existenz einer jahrtausendealten kosmologischen Tradition darstellt, die über die sprachlichen Unterschiede hinweg den Mythos mit der Wissenschaft verband.[10] Es ist merkwürdig, daß die Metapher vom rotierenden Käse ein Jahrhundert nach dem Prozeß gegen Menocchio in einem Buch (das große Polemiken hervorrufen sollte) wieder auftaucht, in dem der englische Theologe Thomas Burnet die Hl. Schrift mit der Wissenschaft seiner Zeit in Einklang zu bringen suchte.[11] Es kann sein, daß hier ein vielleicht unbewußter Nachklang jener alten indischen Kosmologie vorliegt, der Burnet einige Seiten seines Werkes widmete. Aber im Fall Menocchios muß man unbedingt an eine unmittelbare Übertragung denken - eine mündliche, über Generationen sich hinwegziehende Übermittlung. Diese Hypothese erscheint weniger unglaubwürdig, wenn man an die Verbreitung eines vom Schamanismus herzuleitenden Kultes, wie den der Benandanti, denkt, der zur gleichen Zeit gerade in Friaul existierte.[12] Und gerade in diesen noch beinahe unerforschten Boden kultureller Beziehungen und Verlagerungen fügt sich die Kosmogonie Menocchios ein.

Wir sehen also in den Reden Menocchios wie durch einen Erdspalt eine tief unten verlaufende Kulturschicht aufleuchten, die so außergewöhnlich ist, daß sie sich als beinahe unbegreifbar erweist. In diesem Fall handelt es sich im Unterschied zu den bis jetzt untersuchten Äußerungen Menocchios nicht um eine, die er aus schriftlichen Quellen herausgefiltert hatte, sondern um einen nicht reduzierbaren Restbestandteil mündlicher Kultur. Daß diese *andere* Kultur ans Tageslicht kommen konnte, verdankte sich der Reformation und der Verbreitung des Buchdrucks.[1] Dank der Reformation hatte ein einfacher Müller auf den Gedanken kommen können, *das Wort zu ergreifen* und die eigenen Ansichten über die Kirche und die Welt zu sagen. Dank des Buchdrucks standen ihm die *Worte* zur Verfügung, um ein dunkles und nebulöses Weltbild darzustellen, das in ihm rumorte. In den Sätzen oder den Satzteilen, die er aus den Büchern herausriß, fand er Werkzeuge, um die eigenen Ideen über Jahre hinweg zu formulieren und zu verteidigen - zuerst mit den Dorfgenossen, dann gegen die Richter, die mit Bildung und Macht gewappnet waren.

So hatte er in ureigenster Weise die unermeßliche historische Kluft erlebt, die das gestikulierende, murmelnde oder schreiende Sprechen der mündlichen Kultur von der tonlosen, auf dem Papier erstarrten Sprache der schriftlichen Kultur trennte.[2] Das eine ist beinahe eine Verlängerung des Körpers, die andere ist »eine Sache des Geistes«. Mit dem Sieg der schriftlichen Kultur über die mündliche hat sich vor allem die Abstraktion über die Empirie durchgesetzt. Die Möglichkeit, sich von den Einzelsituationen zu emanzipieren, bildet die Klammer, die schon immer Schriftlichkeit unlösbar mit Machtbesitz verbunden hat. Fälle wie Ägypten und China, wo hierokratische, beziehungsweise bürokratische Kasten für Jahrtausende die Hieroglyphen und Bilderschrift monopolisierten, sprechen eine klare Sprache. Die Erfindung des Alphabets, die fünfzehnhundert Jahre vor Christus zum ersten Mal dieses Monopol zerbrach, genügte nicht, um das geschriebene Wort allen zugänglich zu machen. Erst der Buchdruck machte diese Möglichkeit greifbarer.

Voller Stolz war sich Menocchio der Originalität seiner Ideen bewußt: Deshalb wünschte er, sie den höchsten weltlichen und geistlichen Autoritäten vorzutragen. Gleichzeitig fühlte er jedoch das Bedürfnis, die Kultur seiner Gegner zu beherrschen. Er begriff, daß die Schrift und die Fähigkeit, sich der schriftlichen Kultur zu bemächtigen und sie zu vermitteln, Quellen der Macht sind. Er beschränkte sich folglich nicht darauf, in einer bürokratischen (und hierokratischen) Sprache wie dem Latein, eine »Betrügerei der Armen« zu denunzieren.[3] Der Rahmen seiner Polemik war weiter gefaßt. »Was glaubst du, die Inquisitoren wollen nicht, daß wir das wissen, was sie wissen«, rief er viele Jahre nach den Vorgängen, die wir hier gerade erzählen, Daniel Jacomel, einem Dorfgenossen, gegenüber aus.[4] »Wir« und »sie« standen sich deutlich gegenüber. »Sie« war die »Obrigkeit«, die Mächtigen - nicht nur diejenigen, die an der Spitze der kirchlichen Hierarchie standen. »Wir«: die Bauern. Beinahe mit Sicherheit konnte Daniel weder lesen noch schreiben (da er, als er im Laufe des zweiten Prozesses die Worte Menocchios berichtete, seine Aussage nicht unterschrieb). Menocchio dagegen konnte lesen und schreiben: Aber nicht deshalb dachte er, daß der lange Kampf, den er gegen die Obrigkeit aufgenommen hatte, ihn allein angehe. Den Wunsch zu haben, »die hohen Dinge zu erforschen«[5], den er zwölf Jahre vorher in doppeldeutiger Weise vor dem Inquisitor von Portogruaro mißbilligt hatte, erschien ihm weiterhin nicht nur legitim, sondern konnte potentiell allen verständlich sein. Illegitim, ja absurd mußte ihm dagegen der fortlaufende Anspruch der Kleriker auf das Monopol eines Wissens scheinen, das man für »zwei Soldi« an den Ständen der Buchhändler von Venedig kaufen konnte. Die Auffassung der Kultur als Privileg war durch die Erfindung des Buchdrucks schwer angeschlagen (gewiß nicht zerstört) worden.

29 *Die Worte des Fioretto*

Gerade auf den Seiten des *Fioretto della Bibbia*, das Menocchio in Venedig für »zwei Soldi« gekauft hatte, hatte er die Fachausdrücke gefunden, die in seinen Geständnissen neben den Worten der Alltagssprache standen. So finden wir im Verhör vom 12. Mai die Ausdrücke »Kindlein im Bauch der Mutter«, »Viehherden«, »Bank«, »Arbeiter«, »Käse«, »Würmer«; aber auch »unvollkommen«, »vollkommen«, »Substanz«, »Materie«, »Willen, Verstand und Gedächtnis«. Vor allem der erste Teil des *Fioretto* ist durch eine auf den ersten Blick analoge Mischung aus anspruchslosem und gehobenem Wortschatz gekennzeichnet. Nehmen wir das Kapitel III »Wie Gott das Übel nicht wollen noch empfangen kann«: »Gott kann das Übel nicht wollen noch empfangen, dieweil er diese Elemente so geordnet hat, daß das eine nicht das andere störet, und so bleiben sie, solange als die Welt währen wird. Obgleich einige sagen, daß die Welt ewiglich währt, was seine Ursache darin habe, daß, wenn ein Körper stirbt, das Fleisch und die Knochen in die Materie zurückkehren, aus der sie geschaffen ... Wir können klar als

Amt der Natur sehen, daß sie die unterschiedlichen Dinge übereinbringt in der Weise, daß sie alle Unterschiede zur Einheit zurückführet und sie in einem Körper und einer Substanz zusammenbringt: und es läßt sie auch in Pflanzen und Samen zusammenbringen, und durch die Vereinigung von männlich und weiblich zeugt es die Geschöpfe gemäß dem Laufe der Natur. Andere Geschöpfe zeugt Jupiter und vermittels Jupiter schöpft er nach seiner Ordnung. Und sehet dessenthalben, daß die Natur Gott unterworfen ist ...«[1]

»Materie«, »Natur«, »Einheit«, »Elemente«, »Substanz«; der Ursprung des Übels; der Einfluß der Gestirne; die Beziehung zwischen Schöpfer und Geschöpfen. Man könnte Beispiele wie dieses vermehren. Einige der Kernbegriffe und einige der Themen, die in der kulturellen Tradition des Altertums und des Mittelalters häufiger diskutiert wurden, gelangten zu Menocchio über eine dürftige und ungeordnete Textzusammenstellung wie die des *Fioretto della Bibbia*. Dessen Gewicht ist schwerlich überzubewerten. Er gab Menocchio die sprachlichen und begrifflichen Mittel, um sein Weltbild auszuarbeiten und auszudrücken. Außerdem trug er mit seiner Darstellungsweise, die auf der scholastischen Methode fußte, nämlich Lehrsätze aufzustellen und anschließend die falschen Ansichten zu widerlegen, sicherlich dazu bei, Menocchios brennende intellektuelle Neugierde zu entfachen. Das Lehrgebäude, das der Pfarrer von Montereale als kompakt und unangreifbar vorführte, enthüllte sich als den gegensätzlichsten Interpretationen zugänglich. Im Kapitel XXVI »Wie Gott die Seele in die Körper einhauchte« konnte Menocchio lesen: »Nun sind viele Philosophen betrogen worden und sind starken Irrtümern über die Schöpfung der Seele verfallen. Einige haben gesagt, daß alle Seelen auf ewig gemacht seien. Andere sagen, daß alle Seelen eins seien und daß es fünf Elemente gibt: die vier, von denen oben gesprochen worden ist, und oberhalb ein anderes, das *Erdkreis* genannt ist: und sie sagen, daß Gott aus diesem *Erdkreis* die Seele in Adam und allen anderen geschaffen hat. Und deshalb sagen sie, daß die Welt nie enden wird, dieweil der Mensch in seine Elemente zurückkehrt, wenn er stirbt. Andere sagen, daß die Seelen jene bösen Geister, die fallen, sind, und sie sagen, daß sie in die menschlichen Körper eingehen, und wie einer stirbt, so geht er in einen anderen Körper ein, und er macht es so, auf daß er sich rettet: und sie sagen, daß jene am Ende der Welt nicht zerstört wird und binnen 33 000 Jahren ein neues Leben beginnt und jede Seele in ihren Körper zurückkehren wird. Und all dies sind Irrtümer, und die sie gesagt haben, sind Heiden, Ketzer, Spalter und Feinde der Wahrheit und des Glaubens gewesen, dieweil sie nicht die göttlichen Dinge kennen. In Antwort auf die ersten, die sagen ...«[2]

Aber Menocchio war kein Mensch, der sich von den Ausfällen des *Fioretto* einschüchtern ließ. Er unterließ es nicht, seine Meinung zu sagen. Das Beispiel der »vielen Philosophen« verlockte ihn eher, »die hohen Dinge zu erforschen« und den Faden seiner eigenen Ideen zu verfolgen, als daß es ihn dazu gebracht hätte, sich der Interpretation der Lehrautorität zu unterwerfen.

So ergab eine Masse heterogener, alter und weniger alter Elemente ein neues Gebäude. Aus einer Mauer trat das kaum wiederzuerkennende Bruchstück eines Kapitels oder das halb verwaschene Profil eines Spitzbogens hervor: Aber die Idee für das Gebäude gehörte ihm: Menocchio. Mit unbewußter Skrupellosigkeit benutzte er die Gedankensplitter anderer wie Felsbrokken oder Backsteine. Aber die sprachlichen und begrifflichen Mittel, in deren Besitz er kommen konnte, waren weder neutral noch harmlos.[3] Darin liegt der Ursprung des größten Teils der Widersprüche, der Unsicherheiten und Unstimmigkeiten seiner Reden. Mit einer Terminologie, die von christlicher Lehre, Neuplatonismus und scholastischer Philosophie durchdrungen war, suchte Menocchio den elementaren und spontanen Materialismus von Generationen von Bauern auszudrücken.

30 *Die Funktion der Metaphern*

Um an das lebendige Element der tiefgründigen Gedanken Menocchios zu gelangen, ist es nötig, die Kruste jener Terminologie zu zerbrechen. Was wollte Menocchio in Wahrheit sagen, als er von Gott, der heiligsten Majestät Gottes, dem Geist Gottes, dem heiligen Geist und der Seele sprach?

Man muß unbedingt vom auffälligsten Element der Sprache Menocchios ausgehen: von seiner dichten Metaphorik. Es sind Metaphern, die von den Worten der Alltagserfahrung geliefert werden - »Kindlein im Bauch der Mutter«, »Viehherden«, »Schreiner«, »Käse« und so weiter. Freilich haben die Bilder, mit denen der *Fioretto della Bibbia* ausgeschmückt ist, ein deutliches und ausschließlich didaktisches Ziel: Sie illustrieren anhand von unmittelbar einleuchtenden Beispielen eine Argumentation, die dem Leser übermittelt werden soll.[1] Die Metaphern in den Reden Menocchios haben eine andere - in gewisser Hinsicht entgegengesetzte - Funktion. In einer Sprach- und Geisteswelt wie seiner, die bis zum äußersten dem wortwörtlichen Sinn folgt, werden auch die Metaphern streng wörtlich genommen. Ihr Gehalt, der niemals belanglos ist, läßt den wirklichen und unausgesprochenen Leitfaden der Rede Menocchios durchscheinen.

Beginnen wir bei Gott. Für Menocchio ist er vor allem ein Vater. Im Spiel der Metaphern wird einer so abgeschliffenen und traditionellen Beifügung ein neuer Gehalt gegeben. Gott ist für die Menschen ein Vater: »Wir alle sind Kinder Gottes und von derselbigen Natur wie jener war, der gekreuzigt wurde.«[1] Alle: Christen, Ketzer, Türken, Juden - »er hat sie alle lieb, und sie werden auf eine Weise selig.«[2] Ob sie ihn mögen oder nicht, bleiben sie dennoch immer Kinder des Vaters: »Er ruft alle, Türken, Juden, Christen, Ketzer, und wie ein Vater, der mehrere Kinder hat, alle gleich ruft, auch wenn es einige gibt, die nicht wollen, sind sie doch des Vaters.«[3] In seiner Liebe kümmert es ihn nicht einmal, von den Kindern verflucht zu werden: Beim Fluchen »tut man nur sich selbst ein Übel an und nicht dem Nächsten, so wie wenn ich einen Reiserock habe und ich will ihn zerreißen, tue ich nur mir selbst ein Übel an und nicht anderen, und ich glaube, daß wer dem Nächsten kein Übel antut, keine Sünde tut. Und dieweil wir alle Kinder Gottes sind, wenn wir einander kein Übel tun, wie zum Beispiel, wenn ein Vater verschiedene Kinder hat und eines sagt ›Verflucht sei mein Vater‹, dann vergibt ihm der Vater, aber wenn es dem Kind eines anderen den Kopf einschlägt, kann er ihm nur verzeihn, wenn er zahlt: und darum habe ich gesagt, daß Fluchen keine Sünde ist, dieweil es keinem ein Übel antut.«[4]

Dies alles ist, wie wir schon gesehen haben, an die Behauptung gebunden, nach der es weniger wichtig ist, Gott zu lieben, als vielmehr den Nächsten zu lieben - das Wort Nächster wird man auch hier in seiner denkbar konkretesten und wörtlichsten Bedeutung nehmen müssen. Gott ist ein liebevoller, aber weit aus dem Leben seiner Kinder entrückter Vater.

Aber außer dem Bild des Vaters scheint Gott für Menocchio das der Obrigkeit selbst zu sein.[5] Wiederholt spricht er von einer »allerheiligsten Majestät«[6], die einmal verschieden von Gott ist, dann wieder mit dem »heiligen Geist« oder mit Gott selbst gleichgesetzt wird. Außerdem wird Gott mit einem »großen Anführer«[7] verglichen, der »den Menschen auf dieser Welt seinen Sohn als Gesandten schickt.« Oder mit einem Edelmann: Im Paradies »will der, der über jenen Sitzen sitzt, alle Dinge sehen, und er ist gleich jenem Edelmann, der alle seine Dinge zur Ansicht herausstellt.«[8] Der »Herrgott« ist vor allem und in wörtlichem Sinn ein Herr: »Ich habe gesagt, daß wenn Jesus Christus ewiger Gott wäre, er sich nicht ergreifen und kreuzigen hätte lassen müssen, und in diesem Artikel war ich nicht sicher, sondern zweifelte, wie gesagt, dieweil es mir eine große Sache schien, daß ein Herr sich so fangen ließe, und also zweifelte ich, daß der, welcher gekreuzigt wurde, Gott war ...«[9]

Ein Herr. Doch das Hauptkennzeichen der Herren ist es, nicht zu arbeiten, weil es jemand gibt, der für sie arbeitet. Und das trifft auf Gott zu: »Was die Ablässe anlanget, glaube ich, daß sie gut sind, dieweil wenn Gott einen Menschen gesetzt hat an seine Stelle, welcher der Papst ist, und Indulgenz schickt, ist es gut, dieweil es scheint, daß man sie von Gott durch einen Vermittler erhalte.«[10] Aber der Papst ist nicht der einzige Verwalter Gottes: Auch der heilige Geist »ist wie ein Verwalter Gottes. Dieser heilige Geist wählte sodann vier Anführer, oder sagen wir Verwalter, aus jenen Engeln, die geschaffen waren ...«[11] Die Menschen wurden geschaffen »vom heiligen Geist durch den Willen Gottes und durch seine Diener. So wie ein Verwalter ein Werk durch seine Diener macht, so legte auch der heilige Geist Hand an.«[12]

Gott ist also nicht nur ein Vater, sondern auch ein Gutsherr - ein Landeigentümer, der sich nicht die Hände durch Arbeit schmutzig macht, sondern die Aufgaben, die mit mühevoller Arbeit verbunden sind, seinen Verwaltern anvertraut. Auch die letzteren »legen« übrigens nur ausnahmsweise »Hand an«. Der heilige Geist z.B. macht die Erde, die Bäume, die Tiere, den Menschen, die Fische und alle anderen Geschöpfe »vermittels der werktätigen Engel.«[13] Freilich schließt Menocchio (in der Antwort auf eine in diese Richtung lautende Frage der Inquisitoren) nicht aus, daß Gott die Welt auch ohne Hilfe der Engel hätte schaffen können: »Jawohl, so wie man sagt, wenn einer seine Arbeiterschaft und Tagelöhner nutzt, um ein Haus zu machen, er habe es gemacht: so hat Gott beim Bau der Welt die Engel benutzt, und man sagt, Gott habe sie gemacht. Und so wie jener Meister, wenn er das Haus baut, es auch selbst machen kann, es in längerer Zeit machen kann, so hätte Gott, wenn er die Welt baute, sie selbst bauen können, jedoch in längerer Dauer.«[14] Gott hat »das Vermögen«: »zum Wollen ist nötig, daß es das Vermögen gibt, um ein Ding zu machen, zum Beispiel wenn der Schreiner eine Bank macht, sind Werkzeuge nötig, um sie zu machen; und wenn er kein Holz hat, ist sein Wille eitel. Also sagen wir von Gott, daß er außer dem Willen das Vermögen braucht.«[15] Aber »das Vermögen« besteht darin, »durch seine Arbeiterschaft zu handeln.«

Diese immer wiederkehrenden Metaphern entsprechen sicher dem Bedürfnis, die zentralen Symbole der Religion näher zu bringen und verständlicher zu machen, indem sie in Ausdrükke der Alltagserfahrung übertragen werden. Für Menocchio, der den Inquisitoren erklärt hatte, sein Beruf sei außer Müller »Schreiner, Sägen und Mauern bauen«[16], ist Gott gleich einem

Schreiner und Maurer. Aber aus dem Gewimmel von Metaphern taucht ein tieferer Inhalt auf. Der »Weltenbau« ist wieder einmal wortwörtlich eine materielle Handlung, eine manuelle Arbeit - »ich glaube, daß man nichts ohne Materie machen kann, und auch Gott hätte nichts ohne Materie machen können.«[17] Aber Gott ist ein Herr, und die Herren wenden nicht die Hände zum Arbeiten an. »Hat dieser Gott irgendein Geschöpf gemacht, geschaffen und hervorgebracht?« fragten die Inquisitoren. »Er hat beschlossen, den Willen zu geben, durch den er alle Dinge geschaffen hat«, antwortete Menocchio.[18] Auch wenn Gott mit einem Schreiner oder Maurer verglichen wird, sind Gott immer »Arbeiter« oder »Werktätige« zu Diensten. Nur einmal sprach Menocchio, hingerissen vom Feuer seiner Rede gegen das Anbeten von Bildern, vom »einzigen Gott, der den Himmel und das Erdreich gemacht hat.«[19] Für ihn hatte Gott in Wirklichkeit nichts *geschaffen*, so wenig wie sein »Verwalter«, der heilige Geist, irgend etwas geschaffen hat. Wer am »Weltenbau« Hand angelegt hat, waren die »Arbeiter«, »die Werktätigen« gewesen - die Engel.[20] Und die Engel, wer hatte sie geschaffen? Die Natur: »Aus der vollkommensten Substanz der Welt wurden sie von der Natur hervorgebracht, wie aus einem Käse Würmer entstehen ...«[21]

»Das erste Geschöpf, das überhaupt auf der Welt geschaffen wurde«, konnte Menocchio im *Fioretto della Bibbia* lesen, »waren die Engel: und dieweil die Engel geschaffen wurden aus der edelsten Materie, die es gab, sündigten sie aus Hochmut und wurden von ihrem Platz entsetzt.«[22] Aber er konnte auch lesen: »Und derhalben sehet, daß die Natur Gott unterstellt ist, wie der Hammer und der Amboß dem Schmied, der von neuem schmiedet, was er will, einmal ein Schwert, ein ander Mal ein Messer, dann wieder andere Dinge: und obgleich er es mit dem Hammer und dem Amboß macht, hat sie dennoch nicht der Hammer gemacht, dagegen hat der Schmied sie gemacht.«[23] Das konnte er freilich nicht akzeptieren. Seine eigensinnige materialistische Anschauung ließ die Präsenz eines Schöpfergottes nicht zu. Wohl die eines Gottes - aber eines weit entfernten Gottes, der wie ein Gutsherr war, der seine Grundstücke in den Händen der Verwalter und »Werktätigen« gelassen hat.

Ein entfernter - oder (und das war dann dasselbe) ein ganz naher Gott, der in den Elementen aufgelöst und identisch mit der Welt ist. »Ich glaube, daß die ganze Welt, als da sind Luft, Erde und alle Schönheiten dieser Welt Gott sind ...: dieweil man sagt, daß der Mensch nach dem Bild und Ebenbild Gottes geformt ist und im Menschen Luft, Feuer, Erde und Wasser sind, und daraus folgt, daß Luft, Erde, Feuer und Wasser Gott sind.«[24]

»Und daraus folgt«: noch einmal ging die unerbittliche Logik

Menocchios mit außergewöhnlicher Freiheit über seine Texte (die Schrift, den *Fioretto*) hinaus.

32 *Eine Hypothese*

Aber in den Diskussionen mit den Dorfgenossen stellte Menocchio viel eilfertigere Behauptungen auf: »Was ist dieser Herrgott? Es ist eine Betrügerei, daß er die Schrift gemacht hat, um zu täuschen, und wenn es einen Herrgott gäbe, sollte er sich sehen lassen.«[1] »Was dünkt euch, daß Gott ist? Gott ist nichts anderes denn ein wenig Atem und was der Mensch sich einbildet.«[2] »Was ist dieser Heilige Geist? ... Es findet sich nicht dieser Heilige Geist.«[3] Als man ihm die letzteren Worte im Verlauf des Prozesses vorhielt, brachte Menocchio den entrüsteten Ausruf hervor: »Es wird sich niemalen nicht finden, daß ich gesagt hätte, es sei nicht der Heilige Geist: vielmehr setze ich das allergrößte Vertrauen, das ich auf Erden habe, darein, daß es der heilige Geist sei und daß es das Wort des höchsten Gottes sei, das die ganze Welt erleuchtet.«[4]

Der Gegensatz zwischen den Zeugnissen der Einwohner Montereales und den Prozeßakten liegt also offen zutage. Man ist versucht, ihn dadurch aufzulösen, daß man die Bekenntnisse Menocchios mit der Angst, mit dem Wunsch, sich der Verurteilung durch das Inquisitionsgericht zu entziehen, erklärt. Der »wahre« Menocchio wäre der gewesen, der als Gottesleugner in den Straßen Montereales umherging - und der andere, der Menocchio des Prozesses, ein einfacher Simulant. Aber diese Annahme stößt auf eine grundlegende Schwierigkeit. Wenn Menocchio wirklich den Richtern die radikaleren Aspekte seines Denkens verbergen wollte, weshalb bestand er dann so sehr darauf, die Sterblichkeit der Seele zu behaupten? Weshalb leugnete er dann dauernd unerschütterlich die Göttlichkeit Christi? Wenn man davon absieht, daß Menocchio in einigen vereinzelten Augenblicken zu Beginn des Verhörs zurückhaltend war, scheint sein Verhalten wirklich in keiner Weise von Klugheit oder von Falschheit bestimmt gewesen zu sein.

Versuchen wir also, eine andere Hypothese zu formulieren, indem wir der in den Erklärungen Menocchios selbst angebotenen Spur folgen. Er stellte den unwissenden Dorfgenossen eine vereinfachte, allgemeinverständliche Version seiner Ideen dar: »Wenn ich reden könnte, würde ich reden, aber ich will nicht reden.«[5] Die umfassendere, für Eingeweihte bestimmte Version dagegen war den kirchlichen und weltlichen Obrigkeiten vorbehalten, an die sich zu wenden er so heiß begehrte. »Ich habe gesagt«, sprach er zu den Richtern von Portogruaro, »daß, so ich die Gnade hätte, vor den Papst oder einen König oder einen Fürst zu gehen, der mich hören würde, ich viele Dinge gesagt hätte, und wenn er mich dann hätte töten lassen, hätte ich mich des nicht besorgt.«[6] Die vollständigere Darlegung der Ideen Menocchios wird man also in den Erklärungen zu suchen haben, die er im Laufe des Prozesses abgab. Aber gleichzeitig ist es nötig, eine Erklärung dafür zu finden, wie Menocchio diese für die Einwohner Montereales anscheinend widersprüchlichen Reden halten konnte.

Leider beruht die einzige Lösung, die wir in diesem Falle vorschlagen können, auf einer reinen Vermutung: daß nämlich Menocchio indirekt das *De Trinitatis erroribus* (Über die Irrtümer der Trinitätslehre) von Serveto gekannt hatte oder die verlorengegangene italienische Übersetzung, die um 1550 in Italien von Giorgio Filaletto, genannt Turca oder Turchetto, eingeführt wurde.[7] Das ist sicher eine gewagte Vermutung, da es sich dabei um einen sehr komplexen Text handelt, der mit philosophischen und theologischen Ausdrücken gespickt und unendlich viel schwieriger als die Bücher ist, die Menocchio gelesen hatte. Aber vielleicht ist es nicht unmöglich, ein Echo davon in den Reden Menocchios herauszuhören, auch wenn es sehr schwach, verzerrt und kaum vernehmbar ist.

Zentral für das erste Werk Servetos ist die Beanspruchung der These, Christus sei ganz Mensch gewesen - ein Menschsein, das durch den Heiligen Geist vergöttlicht wurde.[8] Im ersten Verhör jedenfalls behauptete Menocchio: »Ich war im Zweifel, ob [Christus] ... Gott war oder nicht irgendein Prophet, irgendein großer Mensch, der von Gott gesandt war, um auf dieser Welt zu predigen ...«[9] Im folgenden gab er genauer an: »Ich glaube, er ist Mensch wie wir, geboren von Mann und Frau wie wir, und daß er nichts anderes hatte, denn was er von Mann und Frau hatte: aber es ist wohl wahr, daß Gott den heiligen Geist geschickt hatte, um ihn zu seinem Sohn zu erkiesen.«[10]

Aber was war für Serveto der heilige Geist? Er begann damit, die verschiedenen Bedeutungen, die diesem Ausdruck in der Schrift zugeordnet waren, aufzuführen. »Denn unter dem Heiligen Geist versteht sie einmal Gott selbst, dann einen Engel, dann den Geist des Menschen, dann einen Instinkt, der entweder ein göttlicher Zustand des Geistes, Begeisterung, oder ein Atem ist, wenn auch bisweilen ein Unterschied zwischen Atem und Geist beobachtet wird. Und einige wollen unter dem Heiligen Geist nichts anderes verstehen als den rechten Menschenverstand und Vernunft.«[11] Diese Vielzahl von Bedeutungen findet sich beinahe genau so in den Bekenntnissen Menocchios: »Ich glaube ..., er ist Gott ... Er ist der Engel, dem Gott seinen Willen gegeben hat ... Ich halte dafür, daß der Herrgott ihm den freien Willen und den Heiligen Geist in den Körper gegeben hat ... [Ich glaube, daß] der Geist von Gott kommt und daß er das ist, was uns, wenn wir irgendein Geschäft zu verrichten haben, eingibt, dieses oder jenes zu tun oder nicht zu tun.«[12]

Diese Begriffserörterung war bei Serveto dazu da, die Inexistenz des Heiligen Geistes als *Person,* die von Gottvater unterschieden ist, zu beweisen: »so wie der Heilige Geist keine getrennte Sache, sondern Gottes Regsamkeit, die Energie oder Eingebung der Tugend Gottes bezeichnet.«[13] Die Voraussetzung für seinen Pantheismus war die These, daß der Heilige Geist im Menschen und überall in der Wirklichkeit wirkend anwesend sei. »Solange vom Geist Gottes die Rede war«, schrieb er in Erinnerung an die Periode, in der er noch den Irrtümern der Philosophen anhing, »genügte es mir, wenn ich jenes Dritten an irgendeinem Winkel inne war. Aber jetzt weiß ich, daß er selbst sagte: ›Ich bin ein Gott von nahe und kein Gott von ferne.‹ Jetzt weiß ich, daß der Geist Gottes sehr weit ausgebreitet den Erdkreis erfüllt, alles enthält und in einzelnen tugendhafte Werke wirkt; daher ruft der Prophet gern aus: ›Herr, wo soll ich hingehen vor deinem Geist?‹, denn weder in der Höhe empor noch nach rückwärts gibt es einen Ort, wo der Geist Gottes nicht ist.«[14] »Was glaubt ihr, daß Gott sei? Alles, was man sieht, ist Gott ...«, wiederholte Menocchio immer wieder den Dorfgenossen. »Der Himmel, Erdreich, Meer, Luft, Abgrund und Hölle, alles ist Gott.«[15]

Serveto hatte alle zur Verfügung stehenden Mittel genutzt, um ein philosophisches und theologisches Gedankengebäude, das mehr als tausend Jahre überdauert hatte, einzureißen: die griechische und die hebräische Sprache, die Philologie Vallas und die Kabbala, den Materialismus Tertullians und den Nominalismus Ockhams, die Theologie und die Medizin. Dadurch, daß er die Überlagerungen, die sich über dem Wort »Geist« aufgehäuft hatten, abtrug, konnte er schließlich den ursprünglichen Wortsinn zutage fördern. Der Unterschied zwischen »Geist«, »Atem«, »Wind« erschien ihm also bloß konventionell und an den Sprachgebrauch gebunden. Zwischen »Geist« und dem »Atem« bestand eine tiefgreifende Analogie: »Alles, was in Kraft von Gott entsteht, entsteht, wie man sagt, durch seinen Atem oder seine Eingebung, denn es kann kein Wort ausgesprochen werden ohne des Geistes Atem. So wie wir kein Wort vorbringen, ohne zu atmen, und deswegen spricht man vom Geist des Ohrs und dem Geist der Lippen ... Ich sage also, daß Gott selbst unser Geist ist, der in uns wohnt, und das ist der Heilige Geist in uns ... Außerhalb des Menschen gibt es keinen Heiligen Geist ...«[16] Und Menocchio: »Was dünkt euch, daß Gott ist? Gott ist nichts anderes denn ein wenig Atem ... Die Luft ist

Gott ... Wir sind Götter ... Ich glaube, daß [der Heilige Geist] in allen Menschen der Welt ist ... Was ist dieser Heilige Geist? ... Es findet sich nicht dieser Heilige Geist.«[17]

Sicher ist es ein riesengroßer Sprung von den Worten des spanischen Arztes zu denen des friulanischen Müllers. Auf der anderen Seite weiß man, daß im Italien des 16. Jahrhunderts die Schriften Servetos eine weite Verbreitung hatten, und zwar nicht nur bei den Gebildeten[18]: Vielleicht werfen die Bekenntnisse Menocchios ein Licht auf die *Art und Weise,* in der diese Schriften gelesen wurden, verstanden und mißverstanden werden konnten. Diese Hypothese würde eine Lösung für den bestehenden Gegensatz zwischen den Zeugenaussagen der Einwohner Montereales und den Prozeßakten zulassen. Es würde nicht ein Widerspruch zwischen ihnen bestehen, vielmehr ein klarer Niveauunterschied. In den schroffen Sätzen, die Menocchio bei seinen Dorfgenossen verbreitete, müßte man einen bewußten Versuch sehen, die abstrusen Vorstellungen Servetos, so wie er sie verstanden hatte, in eine für unwissende Gesprächspartner zugänglichere Form zu übertragen. Die Darstellung der Lehre in ihrer ganzen Komplexität war anderen vorbehalten: dem Papst, einem König, einem Fürsten - oder mangels besserer dem Inquisitor von Aquileia und dem Bürgermeister von Portogruaro.

33 *Bäuerliche Religion*

Wir hatten vor dem Hintergrund der Bücher, die Menocchio durchwühlt hatte, einen Lektürecode entdeckt und hinter diesem Code eine feste Schicht mündlicher Kultur, die wir zumindest im Falle der Kosmogonie unmittelbar durchscheinen sahen. Aber wenn wir von der Annahme ausgehen, daß in einem Teil der Reden Menocchios ein Text von sehr gehobenem Niveau wie *De Trinitatis erroribus* kaum vernehmbar nachklang, bedeutet das nicht, den schon beschrittenen Weg in umgekehrter Richtung noch einmal zu machen. Dieser eventuelle Anklang würde jedenfalls als Übertragung einer gelehrten Konzeption, in der eine sehr starke materialistische Komponente vorhanden war, in Begriffe eines volkstümlichen Materialismus (die für die Dorfgenossen noch weiter vereinfacht wurden) zu betrachten sein. Gott, der heilige Geist, die Seele existieren nicht als getrennte Wesen: Es existiert nur die Materie, die vom göttlichen Wesen durchdrungen ist, sowie die Vermischung der vier Elemente. Noch einmal berühren wir den Boden der mündlichen Kultur Menocchios.

Sein Materialismus war religiöser Natur. Eine Bemerkung wie

die über Gott: »Es ist eine Betrügerei, daß er die Schrift gemacht hat, um zu täuschen, und wenn es einen Herrgott gäbe, sollte er sich sehen lassen« - war schlicht die Leugnung des Gottes, von dem die Priester und ihre Bücher redeten.[1] Seinen Gott sah er überall: »Was ist dieser Herrgott anders denn Erde, Wasser und Luft?« fügte er sofort hinzu (immer noch nach den Worten des gleichen Zeugen, Andrea Bionima). Die Beziehungen zwischen Gott und Mensch, Mensch und Welt erschienen ihm hergestellt durch ein Netz göttlicher Entsprechungen: »Ich glaube, daß [die Menschen] aus Erde gemacht sind, aber doch vom schönsten Metall, das man finden kann, und zwar deswegen, weil man sieht, daß der Mensch diese Metalle begehrt und vor allem das Gold begehrt. Wir sind gemacht aus vier Elementen, sie sind Teil von sieben Planeten: derhalben hat eines mehr an dem einen Planet teil, denn an einem andern, und eines ist mehr vom Merkur, ein anderes mehr vom Jupiter, je nachdem er auf jenem entstanden ist.«[2] In diesem Bild einer Realität, die vom Göttlichen durchdrungen ist, sind sogar die Weihen der Priester gerechtfertigt, denn »der Teufel pflegt in die Dinge einzudringen und sein Gift hinzusetzen«, und »das vom Priester geweihte Wasser vertreibt den Teufel«, auch wenn, so fügte er hinzu, »ich glaube, daß jedes Wasser von Gott geweiht ist«, und »wenn der Laie die Worte wüßte, wären sie so viel Wert als die des Priesters, dieweil Gott seine Weisheit allen gleich gegeben hat und nicht dem einen mehr denn dem anderen.«[3] Es war schließlich eben eine bäuerliche Religion, die sehr wenig gemeinsam hatte mit der, die der Pfarrer von der Kanzel predigte.[4] Zwar beichtete Menocchio (außerhalb des Dorfes freilich), kommunizierte und hatte zweifellos seine Kinder taufen lassen. Aber dennoch lehnte er die göttliche Schöpfung, die Menschwerdung Gottes, das Erlösungswerk ab; er leugnete die Wirksamkeit der Sakramente zum Zwecke der Erlösung; er behauptete, daß den Nächsten zu lieben wichtiger sei, als Gott zu lieben; er glaubte, daß die ganze Welt Gott sei.

Aber in diesem so kohärenten Ideenkomplex gab es einen Riß: die Seele.

34 *Die Seele*

Kehren wir zu seiner Gleichsetzung von Gott und Welt zurück. »Man sagt«, hatte Menocchio ausgerufen, »daß der Mensch nach dem Bild und Ebenbild Gottes geformt ist und im Menschen Luft, Feuer, Erde und Wasser sind, und daraus folgt, daß Luft, Erde, Feuer und Wasser Gott sind.«[1] Die Quelle für diese Behauptung war der *Fioretto della Bibbia.* Dem hatte er - doch mit einer entscheidenden Abänderung - den sehr alten Gedanken der Entsprechung von Mensch und Welt, Mikrokosmos und Makrokosmos entnommen: »... und daher wurden der Mann und die Frau, die als letzte gemacht wurden, aus Erde und eitel Ding gemacht, auf daß sie nicht in Hochmut, sondern in Demut in den Himmel gehen. Deswegen ist die Erde eitel Element, das von Anbeginn der Zeiten zertreten ist, und sie ist mitten in den anderen Elementen, die zusammengesetzt und dicht zusammengezogen sind wie ein Ei, wo du inmitten des Eis den Dotter siehst, und es hat um es herum das Eiweiß und außen die Schale, und so sind die Elemente zusammen in der Welt. Mit Dotter meint man die Erde, mit dem Eiweiß die Luft, mit dem Eihäutlein, das zwischen Eiweiß und Schale ist, meint man das Wasser, mit der Schale das Feuer: und so sind sie zusammengesetzt, auf daß sich das Kalte mit dem Warmen und das Trockne mit dem Feuchten mischt. Und aus diesen Elementen bestehen unsere Körper und sind sie gemacht: so daß man mit dem Fleisch und den Knochen, die wir haben, die Erde meint, mit dem Blut das Wasser und mit dem Atem die Luft, mit der Wärme das Feuer. Und aus diesen vier Elementen bestehen unsere Körper. Unser Körper ist den Dingen der Welt unterworfen, aber die Seele ist nur Gott unterworfen, *dieweil sie nach seinem Bild gemacht ist* und aus vornehmerer Materie gemacht ist denn der Körper ...«[2] Es wurde also die Annahme abgelehnt, im Menschen existiere ein immaterielles Prinzip - die Seele -, das vom Körper und seinen Handlungen unterschieden sei. Damit war Menocchio dahin gekommen, nicht nur den Menschen mit der Welt, sondern auch die Welt mit Gott gleichzusetzen. »Wenn der Mensch stirbt, ist er wie ein unvernünftig Tier, wie eine Fliege«[3], wiederholte er den Dorfgenossen, indem er vielleicht mehr oder weniger bewußt die Verse des *Predigers* anklingen ließ: »Und ... ist der Mensch tot, stirbt die Seele und alles Ding.«[4]

Dennoch bestritt Menocchio zu Beginn des Prozesses, jemals etwas Derartiges gesagt zu haben. Ohne großen Erfolg suchte er den Ratschlägen zur Vorsicht, die ihm sein alter Freund, der Vikar von Polcenigo, gegeben hatte, zu folgen. Und auf die Frage: »Was glaubst du von den Seelen der gläubigen Christen?« antwortete er: »Ich habe gesagt, daß unsere Seelen zur Majestät Gottes zurückkehren, die mit ihnen gemäß ihrem Handeln macht, was ihr gefällt; den Guten teilt sie das Paradies zu, den Bösen die Hölle und einigen das Fegefeuer.«[5] Er dachte, sich hinter der orthodoxen Lehre der Kirche (eine Lehre, die er keineswegs teilte) verschanzt zu haben. In Wirklichkeit hatte er sich jedoch in ein entsetzliches Wespennest gesetzt.

Das folgende Verhör (16. Februar) begann der Generalvikar mit der Aufforderung, er solle »die Majestät Gottes« näher beschreiben, um danach einen Frontalangriff zu unternehmen: »Ihr sagt, daß unsere Seelen zur Majestät Gottes zurückkehren, und behauptet vormals, daß Gott nichts anderes sei denn Luft, Erde, Feuer und Wasser: wie kehren demnach diese Seelen zur Majestät Gottes zurück?«[1] Der Widerspruch war nicht von der Hand zu weisen. Menocchio wußte nicht, was er antworten sollte: »Es stimmt, daß ich sagte, Luft, Erde, Feuer und Wasser seien Gott, und was ich gesagt habe, kann ich nicht leugnen. Was die Seelen anlangt, sind sie vom Geist Gottes gekommen, und derhalben müssen sie zu Gottes Geist zurückkehren.« Der Vikar drängte weiter: »Ist der Geist Gottes und Gott dasselbe? Und ist dieser Geist Gottes diesen vier Elementen einverleibt?«

»Ich weiß nicht«, sagte Menocchio. Er blieb ein Weilchen still. Vielleicht war er müde. Oder vielleicht verstand er nicht, was »einverleibt« bedeuten sollte. Schließlich antwortete er: »Ich glaube, daß wir Menschen alle einen Geist Gottes haben, der guten Muts ist, wenn wir Gutes tun, und der Geist ist mißvergnügt, wenn wir Böses tun.«

»Meint Ihr, daß jener Geist Gottes der sei, der aus jenem Chaos geboren wurde?«

»Ich weiß nicht.«

»Bekennt die Wahrheit«, fing der Vikar wieder unerbittlich an, »und beantwortet diese Frage, das heißt, ob Ihr glaubt, daß, wie Ihr sagt, die Seelen zur Majestät Gottes zurückkehren, und daß Gott, Luft, Wasser, Erde und Feuer ist. Wie kehren sie demnach zur Majestät Gottes zurück?«

»Ich glaube, daß unser Geist, der die Seele ist, zu Gott zurückkehrt, wie er ihn gegeben hat.«

Wie dickköpfig war doch dieser Bauer. Gewappnet mit all seiner Geduld, all seiner strengen Logik forderte ihn der Generalvikar Gianbattista Maro, Doktor beiderlei Rechts, von neuem auf, nachzudenken und die Wahrheit zu sagen.

»Ich habe gesagt«, antwortete darauf Menocchio, »daß alle Dinge der Welt Gott sind, und ich glaube, soviel an mir liegt, daß unsere Seelen in alle Dinge der Welt zurückkehren, wie es Gott gut dünkt.« Er schwieg nochmals ein Weilchen. »Besagte Seelen sind wie die Englein, die um den Herrgott herum gemalt sind, der sie bei sich hält nach ihren Verdiensten, und die, die Übles getan haben, schickt er zerstreut durch die Welt.«

So wurde das Verhör mit einem weiteren Widerspruch Menocchios abgeschlossen. Nachdem er seine Behauptung wiederholt hatte, die wir in Ermangelung eines besseren Ausdrucks als pantheistisch[1] bezeichnen können (»alle Dinge der Welt sind Gott«) - eine Behauptung, in der klar bestritten wurde, daß ein individuelles Überleben möglich sei (»ich glaube ..., daß unsere Seelen in alle Dinge der Welt zurückkehren ...«) -, wurde Menocchio wahrscheinlich von einem Zweifel erfaßt. Die Angst oder die Unsicherheit hatten ihn für einen Augenblick schweigen gemacht. Dann blitzte aus dem Untergrund seines Gedächtnisses eine Darstellung auf, die er in irgendeiner Kirche, vielleicht in einer Feldkapelle gesehen hatte: Gott, umgeben von den Chören der Engel. War es das, was der Generalvikar wollte?

Aber der Generalvikar verlangte etwas ganz anderes als einen flüchtigen Verweis auf das Bild des herkömmlichen Paradieses - das im übrigen untermalt war von einem Echo des vorchristlichen Volksglaubens an die Totenseelen, die »zerstreut durch die Welt« gehen.[2] Im folgenden Verhör trieb er Menocchio plötzlich in die Enge, indem er ihm seine vorangegangenen Leugnungen der Unsterblichkeit der Seele aufführte: »Derohalben sagt die Wahrheit und redet klarer von dem, was Ihr in der vorangegangenen Vernehmung geredet habt.«[3] An dieser Stelle kam Menocchio mit einer unerwarteten Behauptung heraus, die denen der zwei ersten Verhöre widersprach. Er gab zu, mit einigen Freunden (Giuliano Stefanut, Melchiorre Gerbas, Francesco Fasseta) über die Unsterblichkeit der Seele gesprochen zu haben, gab dann aber näher an: »Ich hab diese ausdrücklichen Worte gesagt: ist der Körper tot, so stirbt die Seele, aber der Geist bleibt.«

Bis hierher hatte Menocchio diese Unterscheidung nicht gekannt. Er hatte vielmehr ausdrücklich von »unserem Geist, der die Seele ist«, gesprochen.[4] Angesichts der verwunderten Frage des Vikars, »ob er glaube, daß der Mensch Körper, Seele und Geist hat und daß diese voneinander unterschieden sind und daß die Seele etwas anderes ist denn der Geist«, erwiderte er: »Jawohl, Herr, ich glaube, daß die Seele etwas anderes ist denn der Geist. Der Geist kommt von Gott und ist das, was uns, wenn wir irgendein Geschäft zu verrichten haben, eingibt, dieses oder jenes zu tun oder nicht zu tun.«[5] Die Seele oder besser die Seelen (wie er im Laufe des Prozesses erläuterte) sind nichts anderes als die verschiedenen Tätigkeiten des Verstands und gehen mit dem Körper unter: »Ich werde Euch sagen, daß der Mensch Verstand, Gedächtnis, Willen, Gedanken, Glauben, Vertrauen und Hoffnung hat: diese sieben Dinge hat Gott dem Menschen gegeben, und sie sind wie die Seelen, für die man die Werke tun muß; und das ist es, was ich sagte: ist der Körper tot, so ist die Seele tot.«[6] Der Geist dagegen »ist getrennt vom Menschen, hat denselben Willen wie der Mensch und herrscht und regiert über diesem Menschen«: Nach dem Tod kehrt er zu Gott zurück. Dieses ist der gute Geist: »Ich glaube«, erklärte Menocchio, »daß alle Menschen auf der Welt versucht werden, dieweil unser Herz zwei Teile hat, der eine ist hell und der andere dunkel, im dunklen [ist] der böse Geist, und im hellen der gute Geist.«[7]

Zwei Geister, sieben Seelen plus ein Körper, der aus vier Elementen besteht: Wie hatte sich im Kopf Menocchios eine so verworrene und verwickelte Anthropologie gebildet?[8]

37 *Bahn einer Idee*

Wie die Beziehung zwischen dem Körper und den vier Elementen war auch die Aufzählung der verschiedenen »Seelen« schon im *Fioretto della Bibbia* vorhanden: »Und es stimmt, daß die Seele so viele Namen im Körper hat wie sie verschiedene Kräfte im Körper bewirkt: soweit die Seele dem Körper Leben gibt, wird die Seele Substanz genannt, soweit den Willen, wird sie Herz genannt, soweit der Körper atmet, wird sie Geist genannt, soweit sie hört und fühlt, kann man sie Sinn nennen, soweit sie sich etwas einbildet und denkt, kann man sie Einbildungskraft oder Gedächtnis nennen. Derhalben ist der Verstand an die höchste Stelle der Seele gesetzt, wo wir von der Vernunft und Erkenntnis belehrt werden, auf daß wir dem Bild Gottes ähnlich gemacht werden ...«[1] Es ist eine Aufzählung, die nur zum Teil der Menocchios entspricht: Aber Analogien sind zweifellos vorhanden. Die entscheidenste Diskrepanz besteht im Vorhandensein des Geistes unter den Namen der Seele, der allgemein aus der Körpertätigkeit des Atmens hergeleitet wird. Woher kam dann die Differenzierung, die von Menocchio aufgestellt wird, zwischen einer sterblichen Seele und einem unsterblichen Geist?

Diese Differenzierung war nach einer langen und verzwickten Reise bei ihm angelangt.[2] Man muß dabei auf die Diskussionen zurückgreifen, die in den ersten Jahrzehnten des 16. Jahrhunderts in averroistischen Kreisen entstanden waren.[3] Diese Diskussionen wurden vor allem von den Professoren der Universität Padua geführt, die vom Denken Pomponazzis in bezug auf die Unsterblichkeit der Seele beeinflußt waren. Philosophen und Mediziner behaupteten offen, daß mit dem Tod des Körpers die einzelne Seele - im Unterschied zum tätigen Intellekt, wie es von Averroes postuliert wurde - untergeht. In seiner Umarbeitung dieser Motive in religiösen Sprachgebrauch stellte der Franziskaner Girolamo Galteo (der in Padua studiert hatte und dann wegen Ketzerei zu lebenslänglichem Kerker verurteilt wurde) die Behauptung auf, daß die Seelen der Seligen nach dem Tod schlafen bis zum Tag des Gerichts. Wahrscheinlich in seiner Nachfolge formulierte der ehemalige Franziskaner Paolo Ricci, der später unter dem Namen Camillo Renato bekannt wurde, die Lehre vom Schlaf der Seelen neu, indem er zwischen *anima* (Seele), die zum Untergang mit dem Körper verdammt ist, und *animus* (Geist), der zur Auferstehung am Ende der Zeiten bestimmt ist, differenzierte. Durch den direkten Einfluß Renatos[4], der sich in Valtellina im Exil befand, wurde diese Lehre - nicht ohne Widerstände - von den venezianischen Wiedertäufern übernommen, die »dafür hielten, daß die *Seele* das Leben sei und daß der *Geist*, der den Menschen lebendig hält, weggeht zu Gott, wenn der Mensch stirbt, und daß das Leben in die Erde weggeht und nicht mehr gut und böse kennt, sondern schläft bis zum Tag des Gerichts, an dem unser Herrgott alle auferwecken wird«[5] - ausgenommen die Bösen, für die keinerlei zukünftiges Leben existiert, da es »keine andere Hölle denn die Totengruft gibt.«[6]

Von den Universitätsprofessoren von Padua hin zu einem Müller aus Friaul: Diese Kette von Einflüssen und Berührungspunkten ist sicher einzigartig, aber historisch plausibel, auch deshalb, weil wir mit Wahrscheinlichkeit das letzte Kettenglied, Giovan Daniele Melchiori, den Pfarrer von Polcenigo, den Jugendfreund Menocchios, kennen.[7] Dieser wurde 1579-1580, d. h. einige Jahre vor dem Prozeß gegen Menocchio, seinerseits vom Inquisitionsgericht von Concordia einem Verfahren unterzogen und als leicht häresieverdächtig eingestuft. Die Anklagen seiner Pfarrkinder gegen ihn waren zahlreich und vielfältig: von der, »Hurenjäger und Kuppler« zu sein, bis hin zu der, ehrfurchtslos mit den Sakramentalien (z. B. den geweihten Hostien) umzugehen. Aber hier interessiert ein anderer Punkt: nämlich die im Gespräch mit anderen auf dem Dorfplatz vorgebrachte Behauptung Melchioris, daß »man in das Paradies erst am Tag des Gerichts kommt.«[8] Während des Prozesses bestritt Melchiori, diese Worte ausgesprochen zu haben, gab aber zu, vom Unterschied zwischen körperlichem und geistlichem Tod gesprochen zu haben. Er habe sich dabei auf das gestützt, was er in einem Buch mit dem Titel *Discorsi predicabili* (Hochlöbliche Reden) eines »Priesters von Fano«, an dessen Namen er sich nicht erinnerte, gelesen habe. Und er bot den Inquisitoren mit großer Sicherheit eine regelrechte Predigt: »Ich erinnere mich, gesagt zu haben, als ich vom Tod des Körpers und des Geistes sprach, daß sich zwei Arten von Tod finden, eine ganz anders denn die andere. Denn der Tod des Körpers ist allen gemeinsam, der Tod des Geistes nur das Sein der Boshaften. Der Tod des Körpers raubt uns das Leben, der Tod des Geistes raubt uns das Leben und die Gnade. Der Tod des Körpers raubt uns die Freunde, der Tod des Geistes die Heiligen und die Engel. Der Tod des Körpers raubt uns die irdischen Güter, der Tod des Geistes die himmlischen Güter. Der Tod des Körpers raubt uns den Lohn der Welt, der Tod des Geistes raubt uns alle Belohnung Jesu Christi, unseres Erlösers. Der Tod des Körpers raubt uns das irdische Reich, der Tod des Geistes raubt uns das himmlische Reich. Der Tod des Körpers raubt uns das Gefühl, der Tod des Geistes raubt uns das Gefühl und den Verstand. Der Tod des Körpers raubt uns die körperliche Bewegung, und der Tod des Geistes läßt uns unbeweglich wie einen Felsen werden. Der Tod des Körpers macht den Körper stinken, der Tod des Geistes macht die Seele stinken. Der Tod des Körpers gibt den Körper der Erde, der Tod des Geistes gibt die Seele der Hölle. Den Tod der Bösen nennt man ganz übel, wie man im Psalm Davids liest ›der Tod der Sünder ist ganz übel‹. Den Tod der Guten nennt man köstlich, wie man an selbiger Stelle liest: ›Köstlich ist der Tod seiner Heiligen im Antlitz des Herrn.‹ Den Tod der Bösen nennt man Tod, den Tod der Guten nennt man Schlaf, wie man im Buch des Hl. Evangelisten Johannes liest: ›Unser Freund Lazarus schläft‹, und an einer anderen Stelle: ›Das Mägdlein ist nicht tot, sondern schläft‹. Die Bösen fürchten den Tod und wollen nicht sterben, die Guten fürchten den Tod nicht, sondern sagen mit dem hl. Paulus: ›Ich habe Lust, abzuscheiden und bei Christus zu sein.‹ Und dies ist der Unterschied zwischen dem Tod des Körpers und dem Tod des Geistes, über den ich geredet und gepredigt habe; und wenn ich einen Irrtum angenommen habe, bin ich bereit, umzukehren und mich zu bessern.«[9]

Auch wenn er den Band nicht in Händen hielt, erinnerte sich Melchiori an den Inhalt sehr gut - sogar bis aufs Wort. Tatsächlich lautete so das XXXIV. Kapitel der *Discorsi predicabili per documento del viver christiano* (Hochlöbliche Reden zur Unterweisung im christlichen Leben), eines sehr weit verbreiteten Handbuchs für Prediger, das von dem Augustinermönch (nicht Priester) Sebastiano Ammiani aus Fano abgefaßt worden war.[10] Aber in seinem ausgeklügelten Spiel mit harmlosen rhetorischen Vergleichen hatte Melchiori gerade den Satz herausgeschält, der sich für eine Interpretation in häretischer Richtung eignete: »Den Tod der Bösen nennt man Tod, den Tod der Guten nennt man Schlaf.« Zweifellos war er sich der Implikationen dieser Worte bewußt, denn er hatte sich bis zur Behauptung vorgewagt, daß »man in das Paradies erst am Tag des Gerichts kommt.« Als viel weniger bewußt und beschlagen erwiesen sich dagegen die Inquisitoren. Auf welche Häresie sollte man die Positionen Melchioris zurückführen? Die Anklage, die gegen ihn erhoben wurde, daß er sich an eine »heimtückische, gottlose, irrende, falsche und schlechte Ketzersekte ... offenbar die der Armenier, sowie der Waldenser und Johannes Wicliff« anlehne, spiegelte diese Verwirrung wider.[11] Anscheinend war den Inquisitoren von Concordia nicht bekannt, daß die Lehre vom Schlaf der Seelen mit den Wiedertäufern verflochten war. Angesichts verdächtiger Thesen, deren Ursprung aber unbekannt war, schickte man sich an, Handbücher für jahrhundertealte theologische Streitfragen von neuem durchzugehen. Das gleiche geschah, wie wir sehen werden, in bezug auf Menocchio.

Im Prozeß gegen Melchiori wird die Differenzierung zwischen sterblicher »Seele« und unsterblichem »Geist« nicht erwähnt. Dennoch war sie Voraussetzung für die von ihm vertretene These vom Schlaf der Seelen bis zum Tage des Gerichts. Durch die Reden des Vikars von Polcenigo mußte diese Differenzierung Menocchio erreicht haben.

38 *Widersprüche*

»Ich glaube, daß unser Geist, welcher die Seele ist, zu Gott zurückkehrt, wie er sie gegeben hat«, hatte Menocchio am 16. Februar (zweites Verhör) gesagt.[1] »Ist der Körper tot, so stirbt auch die Seele, aber der Geist bleibt«, hatte er sich am 22. Februar (drittes Verhör) verbessert. Am Morgen des 1. Mai (sechstes Verhör) schien er zur ursprünglichen These zurückzukehren: »Seele und Geist ist dasselbe.« Er war über Christus befragt worden: »Was war der Sohn: Mensch, Engel oder wahrer Gott?« »Ein Mensch«, hatte Menocchio geantwortet, »in dem aber der Geist war.«[2] Und dann: »Die Seele Christi, oder es war einer der Engel, die in alter Zeit geschaffen worden waren, oder sie ward vom Heiligen Geist aus den vier Elementen von neuem geschaffen oder von der Natur selbst. Man kann nicht die Dinge gut machen, wenn es nicht drei sind, und dessenthalben hat Gott, so wie er das Wissen, das Wollen, das Vermögen dem Heiligen Geist gegeben hatte, also gab er es Christo, auf daß sie dann zusammen trösten könnten ... Wenn zwei sind, die sich nicht auf ein Urteil einigen können, gibt es den Dritten; wenn sich die beiden vergleichen, dann tut es auch der Dritte: und darum hat der Vater das Wollen und Wissen und das Vermögen Christo gegeben, dieweil er zum Gericht da sein soll ...«

Der Vormittag ging seinem Ende zu: Binnen kurzem würde das Verhör wegen des Mittagessens unterbrochen und auf den Nachmittag desselben Tages vertagt werden. Menocchio redete und redete, vermischte Sprichwörter und Echos aus dem *Fioretto della Bibbia*, er berauschte sich an den Worten. Er mußte müde sein. Er hatte einen Teil des Winters und des Frühjahrs im Gefängnis verbracht. Wahrscheinlich sah er ungeduldig dem Ende eines Prozesses entgegen, der jetzt schon beinahe drei Monate dauerte. Dennoch mußte es für jemand, dem bisher ein fast nur aus Bauern und Handwerkern zusammengesetztes Publikum, das kaum lesen und schreiben konnte, zugehört hatte, beinahe berauschend sein, daß so gebildete Mönche (es gab sogar einen Notar, der seine Antworten niederschrieb) ihn mit so großer Aufmerksamkeit befragten und ihm zuhörten. Es waren nicht die Päpste, die Könige, die Fürsten, vor denen zu reden er geträumt hatte - aber es war doch immerhin schon etwas. Menocchio wiederholte Dinge, die er schon gesagt hatte, fügte neue hinzu, ließ andere fallen und widersprach sich. Christus war »Mensch wie wir, geboren von Mann und Frau wie wir ..., aber es ist wohl wahr, daß Gott den heiligen Geist geschickt hat, um ihn zu seinem Sohn zu erkiesen ... Da Gott ihn zum Propheten erkoren hat und ihm große Weisheit gegeben und vom heiligen Geist geschickt hat, glaube ich, hat er Wunder getan ... Ich glaube, er hat den Geist wie wir, dieweil Geist und Seele dasselbe sind.« Aber was bedeutete die Aussage, die Seele und der Geist seien dasselbe? »Oben habt Ihr gesagt«, wandte der Inquisitor ein, »ist der Körper tot, so stirbt auch die Seele: derohalben begehrt man von Euch zu wissen, ob die Seele Christi starb, als er starb.«

Menocchio suchte Ausflüchte, zählte die sieben Seelen auf, die dem Menschen von Gott gegeben sind: Verstand, Gedächtnis ... Im Verhör des Nachmittags kamen die Richter wieder auf die Frage zurück: Gehen der Verstand, das Gedächtnis und der Wille Christi mit dem Tod seines Körpers zugrunde? »Jawohl, Herren, dieweil dort oben keine Taten nötig sind.«[3] Hatte Menocchio demnach die These fallengelassen, nach der der Geist überlebte, indem er ihn mit der Seele gleichsetzte, die mit dem Körper untergehen sollte? Nein, denn kurz darauf, als er vom Tag des Gerichts sprach, behauptete er, daß »die Sitze voll von himmlischen Geistern waren, aber sie werden von auserlesensten und auserkorensten irdischen Geistern wieder ausgefüllt« - unter ihnen derjenige Christi, »dieweil der Geist seines Sohnes Christi von der Erden ist.«[4] Und nun?

Es scheint unmöglich - vielleicht müßig -, in diesem Wirrwarr von Worten eine Orientierung zu finden. Dennoch lag hinter den Widersprüchen in den Worten, die Menocchio in die Enge trieben, ein tatsächlicher Widerspruch.

Ohne die Vorstellung eines außerirdischen Lebens kam er nicht aus. Er war zwar sicher, daß der Mensch bei seinem Tod in die Elemente zurückkehrt, aus denen er besteht. Aber eine ununterdrückbare Hoffnung trieb ihn dazu, sich eine Form des Weiterlebens nach dem Tod vorzustellen. Deshalb hatte sich in seinem Kopf die verworrene Gegenüberstellung der sterblichen »Seele« und des unsterblichen »Geistes« eingegraben. Daher hatte ihn die geschickte Frage des Generalvikars - »Ihr behauptet vormals, daß Gott nichts anderes sei denn Luft, Erde, Feuer und Wasser: wie kehren demnach diese Seelen zur Majestät Gottes zurück?«[1] - zum Schweigen verurteilt, ihn, der immer so fix in seinen Antworten, seinen Widerlegungen und Abschweifungen war. Zwar erschien ihm die Auferstehung des Fleisches absurd und unhaltbar: »Nein, Herr, denn ich glaube nicht, daß wir am Tag des Gerichts mit dem Körper auferstehen können, was mir unmöglich scheint, dieweil wenn sie auferstehen würden, würden die Körper den Himmel und die Erde ausfüllen: und die Majestät Gottes wird unsere Körper mit dem Verstand sehen, nicht anders, als wenn wir die Augen verschließen und ein Ding herstellen wollen, stellen wir es vor uns im Geist und Verstand, und so sehen wir es mit besagtem Verstand.«[2] Weiter schien ihm die Hölle eine Erfindung der Priester zu sein: »Zu predigen, daß die Menschen in Frieden leben sollen, gefällt mir, aber die Hölle zu predigen, da sagt Paulus dies, Petrus jenes, ich glaube, es ist eine Kaufmannsware, Erfindung der Menschen, die mehr wissen denn die anderen. Ich habe in der *Bibel* gelesen«, fügte er hinzu - und wollte damit zu verstehen geben, daß die wahre Hölle hier auf dieser Erde ist -, »daß David die Psalmen machte, während er von Saul verfolgt wurde.«[3] Aber dann ließ er im Widerspruch dazu die Ablässe (»ich glaube, daß sie gut sind«[4]) und die Bittgebete für die Toten (»dieweil Gott ihn ein wenig weiter voransetzt und ihn ein wenig mehr erleuchtet«[5]) gelten. Insbesondere träumte er vom Paradies: »Ich glaube, daß es ein Ort ist, der die ganze Welt umgibt, und daß man von da auf alle Dinge der Welt sieht, bis zu den Fischen des Meeres: und für die, die an jenem Ort sind, ist es, wie wenn man ein Fest macht ...«[6] Das Paradies ist ein Fest - das Ende der Arbeit, das Gegenteil der alltäglichen Mühe. Im Paradies sind »Verstand, Gedächtnis, Willen, Gedanken, Glauben, Vertrauen und Hoffnung« (das heißt die »sieben Dinge ..., die von Gott dem Menschen gegeben wurden, so wie ein Schreiner, der sein Werk tut, und wie ein Schreiner mit einem Beil und Säge, Holz und anderen Werkzeugen sein Werk tut, so hat Gott dem Menschen etwas gegeben, auf daß er sein Werk verrichten soll«[7]) nicht zu gebrauchen: »Dort oben sind keine Arbeiten nötig.« Im Paradies wird die Materie geschmeidig und durchsichtig: »Diese Augen des Körpers können nicht alles sehen, aber mit den Augen des Geistes wird man durch alles sehen und durch die Berge, die Mauern und durch alle Dinge sehen ...«[8]

»Es ist, wie wenn man ein Fest macht.« Das Bauernparadies Menocchios lehnte sich vielleicht eher an das mohammedanische Jenseits als an das christliche Jenseits an. Die glanzvolle Schilderung jenes Paradieses hatte er im Mandeville gelesen: »... das Paradies ist ein köstlicher Ort, an dem man zu jeder Zeit des Jahres Früchte von jeder Art und den immerdar fließenden Strom von Honigmilch und Wein, von süßem Wasser findet. Und dort sind schöne und vornehme Häuser, nach dem Verdienst eines jeden geschmückt mit Edelsteinen aus Gold und Silber. Jeder wird Weiber haben und wird ihnen immerdar beiwohnen und wird sie immer schöner finden ...«[9]. Jedenfalls antwortete er den Inquisitoren, die ihn fragten: »Glaubt Ihr, daß es das irdische Paradies gibt?«, mit scharfem Sarkasmus: »Ich glaube, daß das irdische Paradies dort ist, wo die ehrbaren Menschen sind, die genug Hab und Gut haben und leben, ohne sich abzumühen.«[10]

40 *Eine neue »Weise zu leben«*

Weshalb Menocchio sich, außer vom Paradies zu träumen, eine »neue Welt« wünschte: »Mein Geist war hochfahrend«, hatte er dem Inquisitor gesagt, »und verlangte, daß eine neue Welt und Weise zu leben wäre, dieweil die Kirche nicht wohl fährt, und daß man darauf achte, daß da nicht so viel Gepränge sei.«[1] Was wollte Menocchio mit diesen Worten sagen?

In den Gesellschaften, die sich auf die mündliche Überlieferung stützen, tendiert das Erinnerungsvermögen der Gemeinschaft unwillkürlich dazu, Veränderungen zu verschleiern oder wieder in sich zurückzunehmen.[2] Die relative Formbarkeit des materiellen Lebens geht einher mit einer ausgesprochenen Starrheit des Bildes der Vergangenheit. Die Dinge sind immer so gewesen: Die Welt ist, wie sie ist. Nur in Zeiten heftigen sozialen Wandels taucht das im allgemeinen mythische Bild von einer anderen und besseren Vergangenheit auf - ein Muster an Vollkommenheit, gegenüber dem die Gegenwart wie ein Verfall, eine Entartung erscheint. »Als Adam grub und Eva spann, wo blieb denn da der Edelmann?«[3] Der Kampf zur Veränderung der sozialen Ordnung wird dann zu einem bewußten Versuch, zu jener mythischen Vergangenheit zurückzukehren.

Auch Menocchio stellte die reiche und verdorbene Kirche,

die er vor Augen hatte, der Armut und Reinheit einer ursprünglichen mythischen Kirche[4] gegenüber: »Ich wollte, daß [die Kirche] gütlich regiert werde, wie es vom Herrn Jesus Christus verordnet wurde ... es gibt prunkende Messen, der Herr Jesus Christus will nicht Gepränge.«[5] Aber im Unterschied zur Mehrzahl seiner Dorfgenossen hatte ihm die Fähigkeit zu lesen die Möglichkeit gegeben, sich ein Bild der Vergangenheit anzueignen, das über diese kurze und bündige Gegenüberstellung hinausreichte. Zum Teil der *Fioretto della Bibbia,* vor allem aber das *Supplementum supplementi delle croniche* von Foresti boten tatsächlich eine analytische Schilderung der Abfolge der Menschheitsgeschichte, die von der Schöpfung der Welt bis zur Gegenwart reichte, wobei sie Heilsgeschichte und Weltgeschichte, Mythologie und Theologie, Beschreibungen von Schlachten und Ländern, Aufzählungen von Fürsten und Philosophen, von Ketzern und Künstlern durcheinandermischten. Wir haben keine ausdrücklichen Zeugnisse der Reaktionen Menocchios auf diese Lektüre. Zwar geriet ihm nicht alles zur »Pein«, wie es bei den Reisen Mandevilles der Fall war. Die Krise des Ethnozentrismus verlief im 16. Jahrhundert (und so sollte es lange Zeit sein) über die Geographie, auch wenn diese märchenhaft war, nicht über die Geschichtswissenschaft.[6] Dennoch erlaubt uns vielleicht eine beinahe kaum wahrnehmbare Spur einen Einblick in die Geisteshaltung, mit der Menocchio die Chronik von Foresti las.

Das *Supplementum* wurde mehrere Male, sowohl vor als auch nach dem Tod des Autors (1520), neu gedruckt und ins Volgare übertragen. Menocchio mußte davon eine posthume Übersetzung ins Volgare in Händen gehabt haben, die wenige Jahre zuvor von unbekannter Hand auf den jüngsten Stand der Dinge gebracht worden war. Er las also die Seiten, die vom anonymen Herausgeber - wahrscheinlich einem Ordensbruder Forestis, der auch Augustinermönch war - der Kirchenspaltung durch »Martin, genannt Luther, Mönch des Ordens des hl. Augustinus«, gewidmet waren.[7] Der Tonfall dieser Seiten war außergewöhnlich wohlwollend, auch wenn er sich gegen Ende wandelte und zu einer glatten Verurteilung führte. »... Der Grund, weshalb er [Luther] in solche Unruhe gefahren ist«, schrieb der Anonymus, »scheint vom Papst ausgegangen zu sein (obgleich es *in rei veritate* nicht so ist), aber er ist von einigen böswilligen und ganz schlechten Menschen ausgegangen, die unter dem Schein der Heiligkeit ganz große und übermäßige Dinge wirken.« Diese Menschen waren Franziskaner, denen zuerst Julius II., dann Leo X. die Ablaßpredigt übertragen hatte. »Und dieweil die Unwissenheit die Mutter allen Irrtums ist und der Gebrauch des Geldes vielleicht die vorgenannten Mönche übermäßig angeschürt hat, solches Geld zu erlangen, fahren diese Barfüßer Mönche mit so großer Unsinnigkeit heraus, daß sie den Völkern Grund zu großem Ärgernis gaben wegen ihrer Narrheiten, die sie sagten, wenn sie die Ablässe predigten. Und unter dem andern Teil der Christenheit in Deutschland breiteten sie sich sehr aus, und wenn sie einige Narrheiten sagten und einige Menschen (die Wissen und nützliche Lehre haben) sie tadeln wollten, sprachen sie sofort den Bann über ihnen aus. Unter ihnen war dieser Martin Luther, der wahrhaft ein gelehrter und gebildeter Mann war ...« Den Grund für die Kirchenspaltung bildeten für den Anonymus also die »Narrheiten« des gegnerischen Ordens, der angesichts der richtigen Reaktion Luthers diesen mit dem Kirchenbann belegen ließ. »Daher begann benannter Martin Luther, der von edlem Blut war und in großem Ansehen bei jedermann stand, öffentlich gegen diese Ablässe zu predigen, und sagte, sie seien erdichtet und ungerecht. Von da ab stellte er in kurzer Zeit alles zu unterst und zu oberst. Und da es ein wenig Groll um den geistlichen und weltlichen Stand gab, dieweil beinahe der größere Teil ihrer Reichtümer in Händen der Geistlichen war, hatte er unschwer Anhang bei jenen und begann die Spaltung in der katholischen Kirche zu betreiben. Und als er sah, daß er großen Zulauf hatte, trennte er sich ganz von der römischen Kirche und machte eine neue Sekte und lehrte eine neue Weise zu leben nach seiner vielfältigen Meinungen und Einbildungen. So daß sich ein sehr großer Teil dieser Länder gegen die katholische Kirche empörte und ihr in keiner Weise Gehorsam leisten wollte ...«

»Machte eine neue Sekte und lehrte eine neue Weise zu leben«; »verlangte, daß eine neue Welt und Weise zu leben wäre, dieweil die Kirche nicht wohl fährt, und daß man darauf achte, daß da nicht so viel Gepränge sei.« In dem Moment, in dem er seine Hoffnungen auf eine religiöse Reformation (über den Hinweis auf die »neue Welt« werden wir bald reden) offenbarte, die ihm von seinem »hochfahrenden Geist« eingegeben wurden, lehnte er sich vielleicht, bewußt oder nicht, an die Darstellung Luthers, die er in der Chronik Forestis gelesen hatte, an. Zwar lehnte er sich nicht an deren religiöse Ideen an - bei denen sich übrigens die Chronik, die sich darauf beschränkte, die von Luther vorgetragene »neue Weise der Lehre« zu verurteilen, nicht aufhielt. Aber vor allem konnte er sich nicht mit der zurückhaltenden und vielleicht zweideutigen Schlußfolgerung des Anonymus begnügen: »Und auf diese Weise hat er das ungebildete Volk und die, so Wissenschaft und Lehre haben, geblendet; und als sie von den schlechten Werken des kirchlichen Regiments hörten, hingen sie ihm an, ohne daß sie bedachten, daß diese Folgerung nichts wert war: die Geistlichen und Kirchenleute führen ein lasterhaftes Leben, dessenthalben ist die römische Kirche nicht gut. Denn auch wenn sie ein schändliches Leben führen, ist die römische Kirche dennoch gut und vollkommen. Und auch wenn die Christen ein lasterhaftes Leben führen, ist der christliche Glaube dennoch gut und vollkommen.« Das »Gesetz und die Gebote der Kirche« schienen Menocchio im Gefolge Caravias »alles Kaufmannswaren« zu sein, um die Priester fett werden zu lassen: Moralische Erneuerung des Klerus und tiefgreifende Abwandelung der Lehre gingen für ihn Hand in Hand. Die Chronik des Foresti wurde für ihn das unvorhergesehene Vehikel, in dem ihm Luther als das Urbild selbst des Kirchenrebellen vorgestellt wurde, als derjenige, der es verstanden hatte, das »ungebildete Volk und die, so Wissenschaft und Lehre haben«, gegen die kirchliche Hierarchie zu verbünden, indem er den »Groll« des »weltlichen Standes« gegen jene ausnützte, »dieweil beinahe der größere Teil ihrer Reichtümer in Händen der Geistlichen war.« »Alles ist der Kirch und der Priester«, hatte Menocchio dem Inquisitor gegenüber ausgerufen. Vielleicht hatte er auch über die Ähnlichkeit der Situation in Friaul und der Gebiete jenseits der Alpen, wo die Reformation gesiegt hatte, nachgedacht.

41 *»Die Priester umbringen«*

Die Kontakte, die Menocchio vielleicht mit »denen, so Wissenschaft und Lehre haben«, unterhielt, sind uns nicht bekannt - außer in einem Fall, den wir uns später ansehen werden. Wir kennen dagegen seine beharrlichen Versuche, die eigenen Ideen beim »ungebildeten Volk« zu verbreiten. Aber anscheinend hatte ihn niemand beachtet. Im Urteil, das den ersten Prozeß beschloß, wurde dieser ausbleibende Erfolg als Zeichen des Eingreifens Gottes betrachtet, der es verhindert hatte, die einfältigen Seelen der Einwohner Montereales zu verderben.

Es hatte wohl einen lese- und schreibunkundigen Schreiner, Melchiorre Gerbas, gegeben, »der für eine Person von wenig Verstand gehalten wurde« und der auf die Reden Menocchios gehört hatte.[1] Über ihn hörte man »aus den Wirtshäusern« sagen, »daß er nicht an Gott glaube und sehr kräftig fluche«[2]; und mehr als ein Zeuge hatte seinen Namen mit Menocchios in Verbindung gebracht, weil er »über die Kirche gelästert und üble Dinge gesagt hatte.«[3] Darauf wollte der Generalvikar wissen, was seine Beziehungen zu Menocchio waren, der soeben in den Kerker gebracht worden war. Zuerst hatte Melchiorre behauptet, es habe sich um gewöhnliche Beziehungen, die sich aus ihrer Arbeit ergaben, gehandelt (»er gibt mir Holz zum Arbeiten und ich bezahle es«[4]), aber dann hatte er zugegeben, daß er in den Wirtshäusern Montereales geflucht hat, wobei er einen Satz wiederholte, den er von Menocchio gehört hatte: »Menocchio hat mir gesagt, daß Gott nichts anderes sei denn Luft, und das glaube ich auch ...«

Diese Haltung blinder Unterordnung ist unschwer zu verstehen. Wegen seiner Fähigkeit zu lesen, zu schreiben und zu diskutieren war Menocchio für Melchiorre wie von einer beinahe magischen Aura umgeben. Nachdem er ihm eine *Bibel* geliehen hatte, die er zu Hause hatte, war Melchiorre herumgegangen und hatte mit geheimnisvoller Miene gesagt, Menocchio habe ein Buch, mit dem er »wunderbare Dinge zu wirken« in der Lage sei.[5] Aber die Leute verstanden gut den Unterschied, der zwischen den beiden bestand. »Der ... ist der Ketzerei verdächtig, aber er ist nicht gleich wie besagter Domenego«, hatte einer, als er über Melchiorre sprach, gesagt.[6] Und ein anderer: »Er sagt solche Dinge, die oftmals in Narreteien übergehen und dieweil er sich besäuft.«[7] Auch der Generalvikar hatte sofort verstanden, daß er sich einem ganz anders gearteten Menschen als dem Müller gegenüber befand. »Während Ihr sagtet, es sei kein Gott, glaubtet Ihr wahrhaftig, daß kein Gott sei?« hatte er sanft gefragt.[8] Und Melchiorre rasch: »Nein, Pater, dieweil ich glaube, daß ein Gott sei im Himmel und auf Erden und daß er mich jederzeit, wenn er will, sterben lassen könnte, und ich sagte diese Worte, dieweil sie mich von Menocchio gelehrt worden waren.« Es wurden ihm einige leichtere Bußen auferlegt, und man ließ ihn gehen. Dies war der einzige Anhänger Menocchios in Montereale - zumindest der einzige, der geständig war.

Nicht einmal der Ehefrau und den Kindern hatte sich Menocchio anscheinend anvertrauen wollen: »Bewahre Gott, daß sie diese Meinungen hätten.«[9] Trotz aller Bindungen, die er zum Dorf hatte, mußte er sich sehr einsam fühlen. »An jenem Abend«, gestand er, »als der Pater Inquisitor mir sagte ›Komm morgen nach Maniago her‹, war ich beinahe am Verzweifeln und wollte durch die Welt hingehen und Übel anrichten ... ich wollte die Priester umbringen und die Kirchen anzünden und Narreteien treiben: aber wegen der kleinen Kindlein, so ich hab, hielt ich an mich ...«[10] Dieser Ausbruch ohnmächtiger Verzweiflung sagt alles über seine Vereinsamung. Seine einzige Reaktion angesichts der Ungerechtigkeit, die ihm widerfuhr, war individuelle Gewalt gewesen, doch er unterdrückte sie sofort. Sich an seinen Verfolgern zu rächen, die Symbole ihrer Unterdrückung zerschlagen und Räuber werden.[11] Eine Generation vorher hatten die Bauern die Schlösser der friulanischen Adligen angezündet.[12] Aber die Zeiten hatten sich geändert.

Es blieb ihm nur der Wunsch nach einer »neuen Welt«. Es sind Worte, die die Zeit abgeschliffen hat wie eine Münze, die durch zu viele Hände gegangen ist. Versuchen wir, ihre ursprüngliche Bedeutung wiederzufinden.

Wie wir gesehen haben, glaubte Menocchio nicht, daß die Welt von Gott geschaffen worden war. Außerdem leugnete er ausdrücklich den Sündenfall und behauptete, daß der Mensch »beginnt, Sünden zu begehen, wenn er die Muttermilch zu trinken beginnt, nachdem er aus dem Bauch gekommen ist.«[1] Und Christus war für ihn einfach ein Mensch. Konsequenterweise war ihm also jede Vorstellung von religiösem Chiliasmus fremd. Im Laufe seiner Geständnisse gab es keinen Hinweis auf eine Wiederkunft Christi. Die »neue Welt«, die er wünschte, war also eine ausschließlich menschliche Realität, die mit menschlichen Mitteln herbeizuführen sei.

So setzen wir als sicher voraus, daß dieser Ausdruck metaphorisch gebraucht wurde, wobei er, wenn Menocchio sich seiner bediente, seine ganze sprachliche Fülle behielt. Es war sogar eine überdeterminierte Metapher. Zu Beginn des Jahrhunderts war unter dem Namen Amerigo Vespucci ein Brief gedruckt worden, der an Lorenzo di Pietro de' Medici gerichtet war und mit *Mundus novus* betitelt war. Der Übersetzer des Briefs vom Italienischen ins Lateinische, Giuliano di Bartolomeo del Giocondo, erklärte in der Vorrede, was der Grund für den Titel war. »Früher habe ich dir weitläufig genug von meiner Rückkehr aus den neuen Gebieten geschrieben ... *die man die neue Welt nennen mag*, da bei unseren Vorfahren keine Kenntnis darüber vorhanden war, und sie ist allen, die davon hören, etwas ganz Neues.«[2] Also nicht Westindien, wie Kolumbus geglaubt hatte, und auch nicht neue Länder, sondern eine ganz und gar neue Welt, die bis damals nicht bekannt war. Die Metapher war ganz jung und erforderte beinahe eine Entschuldigung beim Leser (»die man ... nennen mag«). In dieser Bedeutung wurde sie verbreitet, bis sie in den allgemeinen Sprachgebrauch einging. Menocchio freilich gebrauchte sie in einem anderen Sinn, indem er sie nicht auf einen neuen Kontinent, sondern auf eine neue Gesellschaft anwendete, die aufzubauen sei.

Wir wissen, wer dieses Hinübergleiten als erster bewirkte. Denn dahinter stand das Bild einer radikalen und raschen Veränderung der Gesellschaft. In einem Brief an Butzer von 1527[3] sprach Erasmus bitter von der ungestümen Wendung, die die lutherische Reformation genommen hatte, und bemerkte, daß man vor allem die Zustimmung von Fürsten und Bischöfen suchen und jeden Umsturzversuch vermeiden müsse; dann, daß viele Dinge, unter anderen die Messe, »ohne Unruhen abgeändert« werden müßten. Heute gäbe es Leute, so schloß er, die überhaupt keine der Überlieferungen (»quod receptum est«) akzeptieren würden, als ob man eine neue Welt im Nu gründen könne (»quasi subito novus mundus condi posset«). Langsame und schrittweise Veränderung auf dieser Seite, schneller und gewaltsamer (revolutionärer, würden wir sagen) Umsturz auf der anderen Seite: Der Gegensatz war deutlich. Bei den Worten des Erasmus jedoch fehlte jeder geographische Bezug des Ausdrucks »novus mundus«: Er bezog sich vielmehr auf den Begriff (»condere«), mit dem die Gründung von Städten bezeichnet wurde.

Die Metapher »neue Welt« glitt dagegen in der utopischen Literatur explizit vom geographischen in den sozialen Kontext hinüber, und zwar auf verschiedenen Ebenen. Nehmen wir das *Scherzgedicht (capitolo), das vom ganzen Sein einer neuen Welt, die im Meer Oceanus gefunden ward, erzählt, ein schönes und liebliches Ding,* das um die Mitte des 16. Jahrhunderts anonym in Modena erschienen war. Es ist eine der vielen Variationen über das alte Thema vom Schlaraffenland (im *Scherzgedicht*[4] wird es zwar nicht ausdrücklich genannt, wohl aber in der *Posse gegen tolle Einfälle,* das jenem vorangeht), das hier unter den unentdeckten Ländern jenseits des Ozeans angesiedelt wird:

»Und wieder fanden ein neues Land
Seeleute im Meer Oceanus,
das man noch nie gesehen, von dem man noch nie gehört...«

Die Beschreibung zeichnet die üblichen Motive dieser großartigen bäuerlichen Utopie nach:

»Ein Gebirg von geriebenem Käse
sieht man allein inmitten der Ebene,
auf dessen Gipfel ein Kessel angebracht ist ...
Ein Fluß von Milch entquillt einer Grotte,
der mitten durch das Land fließt
und dessen Dämme aus Quarkkäse sind ...
Der König des Orts hat den Namen Bugalosso,
König ward er, weil er der größte Faulenzer ist ...
groß wie ein Strohschober ist er und mächtig ...
und aus seinem Arsch entströmt ihm das Manna,
und wenn er spuckt, spuckt er Marzipan,
und anstelle der Läuse hat er auf dem Kopf Fische.«

Aber diese »neue Welt« ist nicht nur ein Land des Überflusses: Es ist auch ein Land, das nicht die Bindung an gesellschaftliche Institutionen kennt. Keine Familie, weil dort eine völlige sexuelle Freiheit herrscht:

»Dort braucht man keine Röcke noch Joppen,
zu keiner Zeit Hemden, noch Hosen:
nackt gehen alle, die Säuglinge und die Jünglinge.
Es ist dort zu keiner Zeit kalt oder heiß,
man sieht und berührt sich, wann man will:
o welch glückliches Leben, welch schöne Zeit ...
Dort verdrießt einen nicht, viele Kinder zu haben,
die zu pflegen sind, wie es bei uns ist,
denn wenn es regnet, regnet es Maultaschen.
Um die spätere Heirat der Töchter besorgt man sich nicht,
denn man wird sich um sie reißen,
ein jeder befriedigt seinen Geschmack.«

Kein Eigentum, weil keine Notwendigkeit zur Arbeit besteht und alles allen gehört:

»Jeder hat das, was er allerwege will,
und wer jemals ans Arbeiten denkt,
wird aufgehängt, denn der Himmel rettet ihn nicht ...
Es gibt dort nicht Bauern und Städter,
jeder ist reich, jeder hat, was er will,
weil die Ebenen mit Gütern überladen sind ...
Die Felder sind nicht geteilt und auch das Umland nicht,
denn die Güter sind überall im Überfluß da,
so ist das Land ganz in Freiheit.«

Diese Elemente[5], die (wenn auch mit geringerer Ausführlichkeit) in beinahe allen Versionen über das *Schlaraffenland*[6] im 16. Jahrhundert feststellbar sind, überzeichnen mit aller Wahrscheinlichkeit das schon mythische Bild, das die ersten Seefahrer von den unentdeckten Ländern jenseits des Ozeans und von ihren Bewohnern gegeben hatten: Nacktheit und sexuelle Freiheit, Fehlen des Privateigentums und jeder sozialen Differenzierung vor dem Hintergrund einer außergewöhnlich fruchtbaren und einladenden Natur. Auf diese Weise wurde der bereits im Mittelalter vorhandene Mythos vom Land Bengodi stark mit einem Utopismus der Ursprünglichkeit befrachtet. Nicht nur bedenkliche, sondern auch verbotene Inhalte konnten frei kursieren, da sie in einen possenhaften, widersinnigen und übertriebenen Zusammenhang eingefügt waren, wo Käuzchen Mäntel kackten und Esel mit Würsten zusammengebunden waren[7] - um am Ende gebührend mit der Ritusformel ironisiert zu werden:

»Wer dort hingehen will, dem will ich den Weg sagen:
er soll sich im Mamelukenhafen einschiffen,
um dann über das Lügenmeer zu fahren,
und wer dort ankommt, ist König über jeden Narren.«

Einen ganz anderen Stil gebrauchte Francesco Doni[8] in einer der ersten und bekanntesten italienischen Utopien des 16. Jahrhunderts: dem Dialog, der in die *Mondi* (1532) eingefügt ist und der eben mit *Eine neue Welt* betitelt ist. Der Tonfall ist hier sehr ernst; und auch der Inhalt ist anders. Donis Utopie ist nicht wie das *Schlaraffenland* eine bäuerliche Utopie, sondern eine strikt städtische, die in einer Stadt von sternförmigem Aufriß angesiedelt war.[9] Außerdem führten die Bewohner der »neuen Welt«, die von Doni beschrieben wurde, ein nüchternes Leben (»mir gefällt diese Ordnung, wo das Laster der Besäufnisse ... und das sich fünf oder sechs Stunden bei Tisch zu betrinken ausgetilgt ist ...«[10]), das nicht im Entfernten die Schwelgereien des Schlaraffenlandes kannte. Dennoch begründete auch Doni den alten Mythos vom Goldenen Zeitalter mit dem Bild von Unschuld und ursprünglicher Reinheit, wie es von den ersten Berichten über den amerikanischen Kontinent umrissen wurde.[11] Nur implizit wurde auf jene Länder angespielt: Die von Doni beschriebene Welt war einfach »eine neue, andere Welt denn diese.«[12] Dank diesem zweideutigen Ausdruck konnte zum ersten Mal in der utopischen Literatur das Muster einer vollkommenen Gesellschaft in die Zeit hinein, in die Zukunft, sowie in den Raum, in ein unzugängliches Land projiziert werden.[13] Doch die bemerkenswertesten Charakteristika dieser »neuen Welt« wurden den Berichten der Seefahrer (daneben auch der *Utopia* von Morus, die Doni selbst veröffentlicht und mit einer Einleitung versehen hatte) entnommen: die Weiber- und Gütergemeinschaft.[14] Wie wir gesehen haben, waren sie auch Teil der Vorstellung vom Schlaraffenland.

Über die Entdeckungen in Amerika konnte Menocchio die dürftigen Hinweise, die im *Supplementum* von Foresti enthalten waren, lesen.[15] Vielleicht im Gedanken an sie behauptete er mit der gewohnten Skrupellosigkeit: »Dieweil ich gelesen habe, es gebe viele Arten von Stämmen, glaube ich, daß mehr in anderen Teilen der Welt geschaffen worden sind.«[16] Dagegen kannte er wahrscheinlich nicht die nüchterne und städtische »neue Welt« Donis[17] - während ihn zumindest das Echo von der bäuerlichen und karnevalesken »neuen Welt« des *Scherzgedichts* oder von anderen analogen Texten erreicht haben mußte. In beiden gab es freilich Elemente, die ihm gefallen konnten. In der Welt, die von Doni dargestellt wurde, war die Religion bar der Riten und Zeremonien[18], obwohl der Tempel das Stadtbild beherrschte: eine Religion, wie sie Menocchio im Lauf des Prozesses herbeigewünscht hatte, die auf das Gebot »Gott zu erkennen, ihm zu danken und den Nächsten zu lieben« beschränkt war.[19] In der im *Scherzgedicht* beschriebenen Welt war es die Vorstellung glücklichen Lebens, das mit Überfluß, dem Genuß der materiellen

Güter und dem Fehlen der Arbeit verbunden war. Zwar rechtfertigte Menocchio das Fasten, obwohl er angeklagt war, das Fastengebot verletzt zu haben; aber er behandelte es als eine Frage der Diät und nicht der Religion: »Das Fasten ist für den Verstand geschaffen, auf daß jene Launen nicht abnehmen, und ich für mich will, daß man drei- oder viermal am Tag ißt und keinen Wein trinkt, damit jene Launen nicht absinken.«[20] Aber diese Verteidigung des nüchternen Lebens verwandelte er sofort in einen polemischen Ausfall, der vielleicht (die Niederschrift des Notars ist an dieser Stelle unvollständig) gegen die Mönche, die vor ihm saßen, gerichtet war: »und es nicht zu machen, wie es diese machen ... die Speisen essen, die keine drei nicht schaffen.« In einer Welt, die voller sozialer Ungerechtigkeiten war und ständig vom Hunger bedroht wurde, klang die Vorstellung eines gleichförmig bescheidenen Lebens wie ein Protest:

»In die Erde mach ich Löcher
für verschiedne und seltne Wurzeln,
damit salben wir die Gesichter:
Wäre doch jeden Morgen ein Mahl da,
das wäre gar nicht schlecht.
Schlecht Ding ist Notdurft«,

liest man in einer zeitgenössischen *Wehklage eines armen Mannes über die Notdurft.*[21]

»Genießen wir jetzt und machen ein Fest
allesamt in Gemeinschaft,
denn die gräßliche Notdurft
fügt uns kein Leid mehr zu ...
Es lebe das Brot und es lebe das Getreid,
der Reichtum und der Überfluß,
singen wir darüber, arme Leutchen,
daß dennoch die Hoffnung aufkeimt ...
Nach dem Dunkel kommt das Licht,
nach dem Übel die Wohltat,
der Reichtum führt und leitet,
er wird uns dem Leid entheben;
genügend Getreide bringt er mit sich:
das ist es, was uns erhält,
das weiße Brot, schön und gut«,

erwidert *Das allgemeine Frohlocken über den Überfluß,* das sofort darauf folgt. Dieser in Verse gefaßte Kontrapunkt gibt uns den realistischen Gegengesang zu den sich überschlagenden Träumereien über das Schlaraffenland. Im Vergleich zu den »verschiednen und seltnen Wurzeln« der Zeit der Not, ist »das weiße Brot, schön und gut«, das in Zeiten des Überflusses beim gemeinsamem Mahl gegessen wird, ein »Fest«. »Es ist, wie wenn man ein Fest macht«, hatte Menocchio über das Paradies gesagt: ein Fest ohne Ende, das dem periodischen Wechsel von »dunkel und hell«, von Not und Überfluß, von Fastenzeit und Karneval enthoben ist.[22] Auch das Schlaraffenland jenseits des Ozeans war ein einziges riesiges Fest. Vielleicht ähnelte ihm die »neue Welt«, die von Menocchio ersehnt wurde.

Jedenfalls bringen die Worte Menocchios für einen Augenblick die tiefe Verwurzelung der Utopien im Volk an die Oberfläche, die zu oft als bloße literarische Übungen betrachtet werden, ob sie nun der Gelehrtenwelt entstammen oder bewußt volkstümlich gehalten sind.[23] Vielleicht hatte diese Vorstellung einer »neuen Welt« viel Altes, viel von einer Verbundenheit mit mythischen Erinnerungen an ein weit entfernt liegendes Zeitalter des Wohlstands an sich.[24] So brach sie nicht mit der Vorstellung einer zyklisch verlaufenden menschlichen Geschichte, die typisch ist für ein Zeitalter, das erlebt hatte, wie die Mythen der Renaissance, der Reformation, des Neuen Jerusalem zum Durchbruch kamen.[25] All das können wir nicht ausschließen. Aber es bleibt die Tatsache, daß das Bild einer gerechteren Gesellschaft bewußt in eine nicht-eschatologische Zukunft projiziert wurde. Nicht der Menschensohn auf den Wolken des Himmels, sondern die Kämpfe von Menschen wie Menocchio - etwa der Bauern von Montereale, die er erfolglos zu überzeugen suchte - sollten eine »neue Welt« herbeiführen.[26]

43 *Ende der Verhöre*

Die Verhöre wurden am 12. Mai abgeschlossen. Menocchio wurde in den Kerker zurückgebracht. Es vergingen einige Tage. Schließlich, am 17. Mai, lehnte er den Rechtsbeistand, der ihm angeboten worden war, ab und übergab den Richtern einen langen Brief[1], in dem er um Vergebung für die früheren Irrtümer bat - jenen Brief, um den ihn der Sohn drei Monate früher erfolglos gebeten hatte.[2]

44 *Brief an die Richter*[1]

»Im Namen des Vaters und des Sohnes und des Heiligen Geistes. Ich, Domenego Scandela, mit Beinamen Menocchio aus Montereal, ich bin christlich getauft und habe immerdar christlich gelebt und immerdar christliche Werke getan, und immerdar bin ich meinen Vorgesetzten und geistlichen Vätern gehorsam gewesen, soviel ich Macht habe dazu, und habe immerdar des Morgens und des Abends das heilige Kreuz geschlagen und gesagt: ›Im Namen des Vaters, des Sohnes und des heiligen Geistes‹, und so habe ich das Vaterunser und das Ave Maria und das Credo gesprochen, und ich glaube, mit einem Gebet für den Herrn und einem für die Gottesmutter. Es ist wirklich wahr, daß ich gedacht und geglaubt und gesagt habe, wie es aus meinen niedergelegten Aussagen gegen die Gebote Gottes und die Heilige Kirche hervorgeht. Ich habe sie gemacht durch den Willen des falschen Geistes, der mir den Verstand, das Gedächtnis und den Willen verblendet hat, so daß er mich das Falsche und nicht die Wahrheit denken, glauben und sagen ließ, und also bekenne ich, das Falsche und nicht die Wahrheit gedacht, geglaubt und gesagt zu haben, und also habe ich meine Meinung gesagt, aber ich habe nicht gesagt, daß es die Wahrheit sei. Ich will in Kürze als mein Beispiel vier Worte ergreifen von Joseph, dem Sohn des Jacob, der mit seinem Vater und seinen Brüdern von gewissen Träumen sprach, die bedeuteten, daß sie ihn anbeten mußten. Deswegen zankten sich die Brüder mit ihm und wollten ihn töten, aber es gefiel Gott nicht, daß sie ihn töteten, sondern daß sie ihn verkauften, und also verkauften sie ihn an gewisse Händler aus Ägypten, die ihn nach Ägypten brachten. Und er ward wegen einiger Irrtümer ins Gefängnis gelegt, und dann hatte der Pharao einen Traum, in dem ihm deuchte, sieben fette und sieben magere Kühe zu sehen; und keiner konnte ihm diesen Traum deuten. Es ward ihm gesagt, daß ein Jüngling im Gefängnis war, der zu deuten verstand, und so wurde er aus dem Gefängnis herausgeholt und vor den König geführt, und er sagte ihm, daß die sieben fetten Kühe sieben Jahre großer Fülle bedeuteten und die sieben mageren Kühe sieben Jahre großer Notdurft bedeuteten, so daß sich kein Getreide für Geld finden würde. Und also schenkte ihm der König Vertrauen und machte ihn zum Fürsten und Regierer des ganzen Königreichs Ägypten, und so also kam Hülle und Fülle, und Joseph sorgte für Getreide für mehr denn zwanzig Jahre.

Darauf kam die Notdurft, so daß sich kein Getreide um Geld fand, und es geschah, daß sich in Kanaan kein Getreide um Geld fand, und Jacob wußte, daß man in Ägypten Getreide verkaufte, schickte zehn seiner Söhne mit den Tieren nach Ägypten, und sie wurden vom Bruder erkannt, und auf Befehl des Königs schickte er, den Vater mit seinem ganzen Hausgesinde und seinem Vermögen zu holen. Und so lebten sie zusammen in Ägypten, und die Brüder standen unwillig da und kamen in Zweifel, daß sie ihn verkauft hatten. Und als Joseph sie unwillig stehen sah, sagte er ihnen ›Seid nicht bösen Willens, dieweil ihr mich verkauftet, denn es war nicht eure Sache, sondern Gottes Wille, damit er für unsere Notdurft sorgte, daher seid froh, daß ich euch mit meinem ganzen Herzen vergebe.‹ Und also sprach ich mit meinen Brüdern und geistlichen Vätern, die mich angeklagt haben, wie wenn ich dem Hochwürdigen Pater Inquisitor verkauft worden wäre. Und er ließ mich zu diesem Inquisitionsgericht bringen und ins Gefängnis legen, denn ich gebe ihnen keine Schuld, sondern es war der Wille Gottes, denn ich weiß nicht, ob es Brüder oder geistliche Väter sind, darum verzeih ich ihnen allen, die dafür waren, also vergibt Gott mir, wie ich ihnen vergebe. Denn Gott hat gewollt, daß ich vor dieses Inquisitionsgericht gebracht werde aus vier Gründen: erstens um meine Irrtümer zu bekennen; zweitens um Buße zu tun für meine Sünden; drittens um mich vom falschen Geist zu befreien; viertens um meinen Kindern und allen meinen geistlichen Brüdern Beispiel zu geben, auf daß sie nicht in diese Irrtümer hineinlaufen. Darum, wenn ich gegen die Gebote Gottes und der Heiligen Kirche gedacht, geglaubt, gesagt und gehandelt habe, bin ich des voll Gram und Leid gereuig und unzufrieden, also sage ich ›mea culpa, mea maxima culpa‹ und erbitte zur Verzeihung aller meiner Sünden Vergebung und Erbarmung von der Heiligsten Dreifaltigkeit, Vater, Sohn und Heiligem Geist, und sodann von der ruhmreichen Jungfrau Maria und allen Heiligen und Heiligen des Paradieses und also von eurer heiligsten hochwürdigsten und vortrefflichsten Gerechtigkeit, daß ihr mir vergeben wollet und Erbarmung haben wollet, und also bitte ich euch um des Leidens unseres Herrn Jesu Christi willen, daß ihr kein Urteil gegen mich im Zorn noch nach Recht, sondern mit Liebe und Barmherzigkeit und Erbarmung aussprechen wollet. Ihr wißt, daß der Herr Jesus Christus barmherzig und gnädig war und es ist und es immerdar sein wird: er vergab Maria Magdalena, die Sünderin war; er vergab dem Heiligen Petrus, der ihn verriet; er vergab dem Dieb, der gestohlen hatte; er vergab den Juden, die ihn kreuzigten; er vergab dem Heiligen Thomas, der nicht glauben wollte, ehe denn er sah und berührte: und also glaube ich fest, daß er mir vergeben wird und Erbarmen mit mir haben wird. Ich habe im finstern Gefängnis einhundertundvier Tage in Scham und Schande zu Verderbnis und Verzweiflung meines Hauses und meiner Kinder Buße getan. Deshalben bitte ich euch um der Liebe unseres Herrn Jesu Christi und seiner ruhmreichen Mutter, der Jungfrau Maria willen, daß ihr sie mir in Liebe und Erbarmung verwandelt und nicht Ursache sein wollt, daß ich von der Gemeinschaft und von meinen Kindern getrennt werde, die Gott mir zu meiner Freude und meinem Trost gegeben hat: und also verspreche ich, niemals mehr diesen Irrtümern nachzulaufen, sondern allen meinen Vorgesetzten und geistlichen Vätern wohl gehorsam zu sein in allem, was sie mich heißen, und nicht anders. Ich erwarte euer heiligstes, ehrwürdigstes und vortrefflichstes Urteil mit der Unterweisung, christlich zu leben, auf daß ich meine Kinder unterweisen kann, wahre Christen zu sein. Dieses waren die Ursachen meiner Irrtümer: erstens, ich glaubte an die zwei Gebote, Gott zu lieben und den Nächsten, und das sei genug; zweitens, daß ich das Buch von Mandaville von so vielen Arten und Stämmen und verschiedenen Gesetzen gelesen habe, das mich ganz gepeinigt hatte; drittens, mein Verstand und Gedächtnis ließ mir darüber Wissen zukommen, dessen ich nicht bedurfte; viertens, der falsche Geist belästigte mich immerdar, mich das Falsche denken zu lassen und nicht die Wahrheit; fünftens, die Zwietracht, die zwischen mir und unserem Pfarrer war; sechstens, daß ich arbeiten ging und mich ermüdete und schwach wurde und dessentwegen nicht alle Gebote Gottes und der heiligen Kirche halten konnte. Und so mache ich meine Verteidigung und erinnere, gnädig und barmherzig zu sein und nicht im Zorn oder nach Recht zu verfahren, und also bitte ich unsern Herrn Jesus Christus und euch um Barmherzigkeit und Vergebung und nicht um Zorn oder Recht. Und sehet nicht meinen Irrtum und meine Unkenntnis an.«

45 *Rhetorische Figuren*

Schon das Äußere der von Menocchio beschriebenen Seiten zeigt mit seinen beinahe ohne Bindung nebeneinander gesetzten Buchstaben deutlich (wie es gewöhnlich »die Fremden, die Frauen und die Alten« machen, behauptete ein zeitgenössisches Kalligraphie-Traktat[1]), daß ihr Autor mit der Feder nicht sehr vertraut war. Ganz anders erscheint auf den ersten Blick der flüssige und markante Schriftzug Don Curzio Cellinas, des Notars von Montereale, der sich zur Zeit des zweiten Prozesses gegen Menocchio unter dessen Anklägern befand.[2]

Zwar hatte Menocchio keine höhere Schule besucht: und Schreiben und Lesen muß ihn eine riesige Mühe gekostet haben. Auch eine physische Anstrengung, die bei bestimmten Schriftzeichen durchscheint, die eher in Holz geschnitten als auf das Papier gezogen zu sein scheinen. Mit dem Lesen war er offensichtlich viel besser vertraut. Obwohl er »einhundertundvier Tage im finstern Gefängnis« eingesperrt war, hatte er - sicher, ohne Bücher zur Verfügung zu haben - die lange und langsam angeeigneten Sätze der Geschichte von Joseph in der Erinnerung wieder aufgefunden, die er in der *Bibel* und im *Fioretto* gelesen hatte. Dieser Vertrautheit mit dem schriftlichen Text verdanken wir das eigenartige Aussehen des Briefs, den er den Inquisitoren schickte.

Dieser Brief kann in die folgenden Abschnitte gegliedert werden: 1. Menocchio behauptet, er habe immer als guter Christ gelebt, obwohl er anerkennt, die Gebote Gottes und der Kirche verletzt zu haben; 2. er erklärt, daß der Ursprung dieses Widerspruchs beim »falschen Geist« liege, der ihn veranlaßt habe, das Falsche zu glauben und zu sagen - deshalb wird es von ihm als »Meinung« und nicht als Wahrheit hingestellt; 3. er vergleicht sich selbst mit Joseph; 4. er führt vier Gründe auf, weshalb Gott wollte, daß er gefangengesetzt wird; 5. er vergleicht die Richter mit dem barmherzigen Christus; 6. er erfleht die Vergebung der Richter; 7. er führt die sechs Gründe seiner Irrtümer auf. Dieser Ordnung des äußeren Aufbaus entspricht im Inneren ein Sprachstil, in dem sich Entsprechungen, Stabreime, rhetorische Figuren, wie Anapher oder Derivation, zusammendrängen.[3] Es genügt, die ersten Sätze zu untersuchen: »Ich bin *christlich* getauft und habe immerdar *christlich* gelebt und *christliche* Werke getan ...«; »und ich hab *immerdar* ... und *immerdar* ... und *immerdar* ...«; »et senpre matina et sera io son segnato col segno de la santa croze ...« Natürlich benutzte Menocchio rhetorische Formen, ohne es zu wissen, so wie er nicht wußte, daß die ersten vier »Gründe«, die von ihm angeführt werden, Endursachen, die anderen sechs Wirkursachen waren. Dennoch ist die Gedrängtheit der Stabreime und rhetorischen Figuren in seinem Brief nicht zufällig, sondern von der Notwendigkeit erzwungen, eine Sprache zu entwickeln, die sich leicht im Gedächtnis einprägen läßt. Bevor sie auf dem Papier in Form von Zeichen niedergeschrieben wurden, waren diese Worte sicher lange hin- und hergewendet worden. Aber von Anfang an waren sie als geschriebene Worte gedacht. Das »Gesprochene« Menocchios war anders - wie wir es aus den Protokollen der Verhöre uns vorstellen können, die vom Notar des Inquisitionsgerichts aufgezeichnet wurden -, denn es war von Metaphern durchdrungen, die in dem Brief, der an die Inquisitoren geschickt wurde, völlig fehlten.

Die zwischen Menocchio und Joseph festgestellte Beziehung und die gewünschte zwischen den Richtern und Christus ist in der Tat nicht metaphernhaft. Die Schrift liefert ein Netz von *exempla*, denen die gegenwärtige Wirklichkeit sich anpaßt oder anpassen muß. Aber gerade die Formulierung des *exemplum* läßt über die Absichten Menocchios hinaus den latenten Inhalt des Briefs aufscheinen. Menocchio betrachtet sich als eine Art Joseph, nicht nur, weil er unschuldiges Opfer ist, sondern weil er in der Lage ist, Wahrheiten zu offenbaren, die keiner kennt. Diejenigen, die ihn, wie der Pfarrer von Montereale, anklagten und gefangensetzen ließen, sind den Brüdern Josephs vergleichbar, die in die unerforschlichen Pläne Gottes verwickelt sind. Aber die Hauptfigur ist er, Menocchio-Joseph. Er ist es, der den böswilligen Brüdern vergibt, die in Wirklichkeit blinde Werkzeuge eines höheren Willens sind. Durch diese Parallelität wurden im voraus die Gnadengesuche, die den Brief beschlossen, Lügen gestraft. Sogar Menocchio bemerkte einen Mißklang: »Denn ich weiß nicht, ob es Brüder oder geistliche Väter sind«, fügte er hinzu und suchte eine Beziehung kindlicher Ehrfurcht wiederherzustellen, die faktisch durch alle seine Verhaltensweisen negiert worden war. Dennoch hütete er sich, sich blind nach den Ratschlägen des Sohnes zu richten, der ihm durch den Pfarrer zu dem Versprechen geraten hatte, »der heiligen Kirche ganz zu gehorchen«. Obwohl er seine Irrtümer anerkannte, ordnete sie Menocchio in einen von der Vorsehung bestimmten Gang der Dinge ein, andererseits erklärte er sie mit Gründen, die, sieht man vom Verweis auf den »falschen Geist« ab, dem Standpunkt der Inquisitoren nicht zuviel einräumten. Diese Gründe wurden mit aller Wahrscheinlichkeit in der Reihenfolge ihrer Bedeutung aufgeführt. An erster Stelle zwei Textverweise, ein impliziter und ein expliziter: auf einen Abschnitt der Schrift (Matth. 22, 36-40), der wörtlich interpretiert wird, sowie auf die *Reisen* Mandevilles, die nach dem schon bekannten Lektüreschlüssel gelesen werden. Dann zwei Begründungen, die sein Inneres betrafen: der Antrieb durch »Verstand und Gedächtnis« und die Versuchung durch den »falschen Geist«, der, wie er im Prozeß gesagt hatte[4], den »dunklen« Teil des Herzens der Menschen bewohne. Schließlich zwei äußere Umstände: die Feindschaft zwischen ihm selbst und dem Pfarrer sowie die physische Schwachheit, auf die er sich bisweilen zur Rechtfertigung seiner Verletzungen des Fastengebots berufen hatte. Also: die Bücher; die Reaktionen auf die Bücher (»ich glaubte an die zwei Gebote ... das mich ganz gepeinigt hatte«); die Schlüsse aus den Büchern; die Verhaltensweisen. In dieser nur scheinbar heterogenen Aufstellung von Gründen lag unzweifelhaft eine Verkettung. Trotz der pathetischen Aufforderung am Schluß (»Und sehet nicht meinen Irrtum und meine Unkenntnis an«) verzichtete Menocchio nicht darauf zu diskutieren, zu argumentieren.

46 *Erstes Urteil*

Am selben Tag, an dem Menocchio seinen Brief überreichte, versammelten sich die Richter, um das Urteil auszusprechen.[1] Im Verlauf des Prozesses hatte sich ihre Haltung unmerklich geändert. Zuerst hatten sie Menocchio auf die Widersprüche, in die er sich verfangen hatte, aufmerksam gemacht; dann hatten sie versucht, ihn auf den rechten Weg zurückzubringen; schließlich hatten sie, als sie seine Hartnäckigkeit sahen, auf jegliche Überzeugungsarbeit verzichtet und sich darauf beschränkt, klärende Fragen zu stellen, als ob sie wünschten, zu einem vollständigen Bild seiner Abirrungen zu kommen. Dann erklärten sie Menocchio einmütig »nicht nur zu einem äußerlichen Ketzer, ... sondern sogar zu einem Erzketzer.« So kam es am 17. Mai zum Urteil.

Was daran sofort auffällt, ist die Länge, die gewöhnliche Urteile um das vier- bis fünffache übertrifft. Dies ist ein Zeichen dafür, welche Bedeutung die Richter dem Fall Menocchios beimaßen, und vor allem für die Schwierigkeit, seine unerhörten Behauptungen in die stereotypen Formeln dieses Typus von Dokumenten einzufügen. Die Verwunderung der Richter war so groß, daß sie unterhalb der trockenen Gerichtssprache hervorsickerte: »wir finden dich .. in vielfacher *und fast unausforschbarer* ketzerischer Verworfenheit befangen.« Dieser außergewöhnliche Prozeß schloß also mit einem Urteil (begleitet von der dazu gehörenden Abschwörungsformel, die auch sehr lang war), das gleichfalls außergewöhnlich war.

Von Anfang an unterstrichen die Richter, daß Menocchio »nicht nur mit Kirchenmännern, sondern auch mit schlichten Laien« über seine ketzerischen Ansichten geredet und gegen den katholischen Glauben argumentiert und so ihren Glauben in Gefahr gebracht habe. Es handelte sich offensichtlich um einen erschwerenden Umstand: Um jeden Preis mußten die Bauern und Handwerker Montereales von so gefährlichen Lehren ferngehalten werden. Es folgte eine peinlich genaue Widerlegung der Thesen, die Menocchio verfochten hatte. Mit einer wahrhaft sich steigernden Rhetorik, die für ein Urteil der Inquisition völlig ungewohnt war, beharrten die Richter auf der Anmaßung und Hartnäckigkeit des Schuldigen: »so hartnäckig in diesen Ketzereien«; »du bist verstockten Sinnes geblieben«; »dreist behauptest du«; »mit gottlosen und frevlerischen Worten ... hast zu zerfetzt«; »teuflischen Sinnes hast du behauptet«; »du hast die heiligen Fastenzeiten nicht unangetastet gelassen«; »haben wir nicht ermittelt, daß du sogar gegen die heiligen Predigten gebellt hast?«; »mit deinem gottlosen Urteil ... hast du verurteilt«; »dahin hat dich der böse Geist geführt, daß du gewagt hast zu behaupten«; »endlich hast du mit deinem unreinen Mund ... versucht«; »du hast dieses ganze frevelhafte Zeug ausgedacht«; »und damit nichts unbesudelt bleibe und von dir angesteckt werde ..., leugnetest du«; »deine Lästerzunge verdrehte ... und du sagtest«; »endlich belltest du«; »Gift hast du beigemischt«; »und was nicht nur zu sagen, sondern für alle zu hören entsetzlich ist«; »dein böser und verkehrter Geist ist mit alle dem ... nicht zufrieden gewesen ..., sondern hat Hörner aufgerichtet und gleich wie Riesen hast du angefangen, gegen die heiligste unaussprechliche Dreieinigkeit zu kämpfen«; »der Himmel entsetzt sich, alles gerät in Aufruhr, und es erbeben die, die so unmenschliche und schreckliche Dinge hören, die du gottlosen Mundes von Jesus Christus, Gottes Sohn, gesagt hast«. Es besteht kein Zweifel daran, daß die Richter mit dieser emphatischen literarischen Formulierung ein wirklich vorhandenes Gefühl auszudrücken suchten: das Erstaunen und den Schrecken angesichts eines Haufens noch nie gehörter Ketzereien, die sich in ihren Augen wie ein wahrhafter Ausbruch der Hölle darstellen mußten.

Aber »nie gehört« ist nicht ganz genau. Sicher hatten diese Inquisitoren Dutzende von Prozessen in Friaul gegen Lutheraner, Hexen, Benandanti, Gotteslästerer und schließlich auch Wiedertäufer geführt, ohne je auf etwas Ähnliches gestoßen zu sein. Allein für die Behauptung Menocchios, daß zur Beichte genüge, seine Sünden Gott zu sagen, verwiesen sie auf die analoge These, die von den »Ketzern«, d.h. von den Anhängern der Reformation, verfochten wurde. Für den Rest suchten sie verstreute Analogien und Präzedenzfälle in einer weit entlegenen Vergangenheit, indem sie auf die eigene theologische und philosophische Ausbildung zurückgriffen. So wurde der Anklang an das Chaos bei Menocchio in die Nähe der Lehren eines nicht genannten antiken Philosophen gerückt: »Du hast wieder ans Licht gebracht und fest behauptet, daß die sonst verworfene Ansicht des alten Philosophen wahr sei, der erklärt, die Ewigkeit sei das Chaos, aus dem alles hervorgehe, was auf dieser Welt existiere.« Die Behauptung, nach der »Gott Urheber des Guten sei und nichts Übles schaffe, sondern der Teufel Urheber des Bösen sei und nichts Gutes tue«, wurde auf die Ketzerei der Manichäer zurückgeführt: »Schließlich hast du wieder die Ansicht der Manichäer über den doppelten Ursprung des Guten bzw. des Bösen ans Licht gehoben ...« In einem ähnlichen Verfahren wurde die These von der Gleichheit aller Glaubensrichtungen mit der Lehre des Origines vom Sündenfall gleichgesetzt. »Du hast dich auf die Ketzerei des Origines berufen, daß alle, Juden, Türken, Heiden, Christen und alle Ungläubigen errettet werden könnten, da sich ihnen allen der heilige Geist in gleicher Weise gebe ...« Einige Behauptungen Menocchios schienen den Richtern nicht nur ketzerisch, sondern im Gegensatz zur Ordnung der Natur selbst zu stehen, wie die, daß »wenn wir im Bauch der Mutter sind, sind wir gerade wie ein Nichts und totes Fleisch«, oder über die Nicht-Existenz Gottes: »Bezüglich der Eingebung der Seele bist du nicht nur gegen die Heilige Kirche, sondern auch gegen alle Philosophen ... Worin alle übereinstimmen und was keiner zu leugnen wagt, das hast du mit dem Törichten zu sagen gewagt, ›es gibt keinen Gott‹ ...«

Im *Supplementum supplementi delle croniche* von Foresti hatte Menocchio dürftige Hinweise auf die Lehren des Origines und der Manichäer lesen können.[2] Aber darin Vorläufer für die Behauptungen Menocchios zu sehen, war offensichtlich eine Übertreibung. Das Urteil bestätigte, wie abgrundtief der Graben war, der - im ganzen Prozeß ersichtlich - die Kultur Menocchios von der der Inquisitoren trennte.

Deren Aufgabe war es, den für schuldig Befundenen gewaltsam in den kirchlichen Rahmen zurückzubringen. Menocchio wurde dazu verurteilt, öffentlich jeder von ihm verfochtenen Ketzerei abzuschwören, verschiedene heilsame Bußen zu erfüllen, immer ein »Gewand« mit einem Kreuz zum Zeichen der Buße zu tragen, den ganzen Rest seines Lebens auf Kosten seiner Kinder im Gefängnis zu verbringen (»Wir verurteilen dich nach der kanonischen Sentenz, daß du in zwei Wände eingemauert werden sollst, wo du immer und alle Zeit deines Lebens bleiben sollst«).

47 *Kerker*

Fast zwei Jahre lang blieb Menocchio im Kerker von Concordia. Am 18. Januar 1586 übergab sein Sohn Ziannuto im Namen der Geschwister und der Mutter dem Bischof Matteo Sanudo und dem Inquisitor von Aquileia und Concordia, damals Fra Evangelista Peleo, eine Bittschrift. Sie war von Menocchio selbst geschrieben worden:

»Obwohl ich armer Domenego Scandella im Gefängnis einige Male das Inquisitionsgericht angefleht habe, daß ich der Gnade würdig werde, vielleicht mich mehr Buße für meinen Irrtum tun zu lassen, flehe ich es jetzt, gezwungen von der äußersten Notwendigkeit, wiederum an zu bedenken, daß schon drei Jahre verflossen sind, daß ich von meinem Ort fort bin, verdammt zu solch grausamem Gefängnis, so daß ich nicht weiß, warum ich noch nicht tot bin wegen der schlechten Luft, ohne die liebe Frau sehen zu können wegen der weiten Entfernung des Orts, mit der Bürde des Hausgesindes, der Kinder, die wegen ihrer Armut gezwungen sein werden, mich zu verlassen, weswegen mich aus Not der Tod ankommen wird. Ich bitte also gereuig und leidvoll um meines so großen Fehls willen um Vergebung zuerst vom Herrgott, sodann von diesem heiligen Gericht und bitte es, mir die Gnade erweisen zu wollen, mich aus dem Kerker zu lassen, und biete ihnen geeignete Sicherheit, daß ich nach den Geboten der Heiligen Römischen Kirche lebe, so wie ich auch die Buße tun werde, die durch dieses Inquisitionsgericht mir auferlegt werden wird, womit ich es um unseres Herrn willen um alle Genugtuung bitte.«[1]

Die in Formeln erstarrte Demut dieser Sätze, die von den üblichen mundartlichen Einschlägen gereinigt waren (z.B. »Chiesa« anstatt »Gesia«), verweist auf das Zutun irgendeines Rechtsanwalts. Ganz anders hatte sich Menocchio ausgedrückt, als er zwei Jahre vorher die Feder zur Hand genommen hatte, um die Punkte seiner Verteidigung aufzuschreiben. Aber dieses Mal entschlossen sich der Bischof und der Inquisitor, Gnade walten zu lassen, die sie in der Vergangenheit verweigert hatten. Zunächst ließen sie den Kerkermeister Giovan Battista de' Parvi rufen.[2] Dieser unterrichtete darüber, daß das Gefängnis, in das Menocchio eingesperrt war, »stark und sicher« und von drei »starken und sicheren« Türen verriegelt war, so daß man »kein anderes stärkeres oder härteres Gefängnis in der Stadt Concordia findet.« Von da war Menocchio nie herausgekommen, außer um mit einer Kerze in der Hand unter dem Portal der Stadtkirche am Tag des Urteils und am Tag des Sankt-Stefans-Jahrmarkts die Abschwörung aufzusagen, die Messe zu hören und zu kommunizieren (doch meistens hatte er im Gefängnis kommuniziert). Er hatte an vielen Freitagen gefastet, »außer in der Zeit, wenn er so schwer krank war, daß man Bedenken hatte, ob er nicht stürbe«. Nach der Krankheit hatte er das Fasten unterbrochen, »aber viele Male an den anderen Fastentagen hat er mir gesagt: ›Bringt mir morgen nichts weiter denn ein Brot, dieweil ich Fasttag halten will, und bringt mir nicht Fleisch noch fette Speise.‹« »Mehrere Male«, fügte der Kerkermeister hinzu, »hab ich mich schweigend an die Tür des Gefängnisses gelehnt, um zu hören, was er machte oder sagte, und ich habe ihn Gebete sprechen gehört.« Andere Male hatte man Menocchio ein Buch lesen sehen, das ihm von einem Priester gebracht worden war, oder »ein *Officio della Madonna,* wo die sieben Psalmen und andere Gebete stehen«; außerdem hatte er »um ein Bildnis« gebeten, »wo er seine Gebete verrichten könnte, und so kaufte es ihm sein Sohn.« Nur wenige Tage zuvor hatte er gesagt, daß er »[sich] immerdar Gott anheim stellen würde, und erkannte, daß er wegen seiner Sünden und Fehler leide und daß Gott ihm geholfen hatte, dieweil er nicht glaubte, daß er noch fünfzehn Tage leidend leben würde, wie er im Gefängnis litt, und er ist dennoch bis hierher gekommen.« Oft hatte er mit dem Kerkermeister »über diese seine Narreteien, die er zuvor hatte«, geredet, »und sagte, er habe wohl erkannt, daß es wahrhaft Narreteien gewesen seien, aber daß er ihnen niemals so nahe gekommen sei, daß er sie fest glaubte, sondern ähnliche, sehr wunderliche Gedanken seien ihm durch die Versuchung des Teufels in den Sinn gekommen.« Kurz und gut, er schien wirklich gebüßt zu haben, auch wenn (bemerkte vorsichtig der Kerkermeister) »man das Herz der Menschen nicht so leicht erkennen kann, es sei denn Gott.« Darauf ließen der Bischof und der Inquisitor Menocchio auftreten.[3] Er weinte, flehte und bat auf der Erde ausgestreckt demütig um Vergebung: »Ich habe schwer gebüßt, um des willen, daß ich meinen Herrgott beleidigt habe, und will nicht die Narreteien gesagt haben, die ich gesagt habe, in die ich dummerweise hineingelaufen bin, verblendet vom Teufel und ohne selbst zu wissen, was er mir sagte ... Nicht nur hat es mich nicht verdrossen, die mir aufgegebene Buße zu tun und in diesem Gefängnis zu sein, sondern ich fühlte so große Freude, und Gott bestärkte mich so, daß ich immerdar seiner Göttlichen Majestät Gebete darbrachte, so daß mir schien, im Paradies zu sein.« Wäre es nicht wegen der Ehefrau und den Kindern gewesen, rief er, die Hände gefaltet und die Augen zum Himmel erhoben, aus, wäre er auch das ganze Leben lang im Gefängnis geblieben, um die Christus zugefügten Beleidigungen zu sühnen. Aber er war »sehr arm«: mit zwei Mühlen und zwei Feldern auf Pacht mußte er die Frau, sieben Kinder und die Enkel unterhalten. Das »sehr harte, irdene, dunkle und feuchte« Gefängnis hatte völlig seine Gesundheit ruiniert: »Ich lag vier Monate, um mich vom Bett zu erheben, und dieses Jahr hatte ich angeschwollene Füße, und ich bin auch aufgedunsen im Gesicht geblieben, wie ihr mich seht, und habe fast das Gehör verloren und bin ohne Geschmack und fast außer mir selbst.« »Und wirklich«, merkte der Notar des Inquisitionsgerichts an, »als er dies sagte, schien er dem Aussehen und der Sache selbst nach albern, körperlich versehrt und von Krankheit angegriffen.«

Der Bischof von Concordia und der Inquisitor von Friaul sahen in alledem die Zeichen einer echten Bekehrung.[4] Sie riefen sofort den Bürgermeister von Portogruaro und einige Adlige des Orts (darunter den künftigen Geschichtsschreiber von Friaul, Giovan Francesco Palladio degli Olivi) und änderten das Urteil ab. Als dauernder Haftort wurde Menocchio das Dorf Montereale zugewiesen und ihm verboten, sich zu entfernen. Es wurde ihm ausdrücklich untersagt, zu reden oder seine schlechten Ansichten zu erwähnen. Er mußte regelmäßig beichten und über den Kleidern »das Gewand« mit dem Kreuz tragen als Zeichen seiner Schande. Ein Freund, Daniele de Biasio, stellte sich als Bürge für ihn mit der Verpflichtung, 200 Dukaten im Fall der Zuwiderhandlung gegen das Urteil zu zahlen. An Körper und Geist gebrochen kehrte Menocchio nach Montereale zurück.

Er nahm seinen Platz in der Gemeinschaft wieder ein. Trotz der Unannehmlichkeiten, die er mit dem Inquisitionsgericht hatte, trotz des schändlichen Urteils und des Gefängnisses wurde er 1590 wieder zum Kämmerer der Kirche von Santa Maria von Montereale ernannt.[1] An dieser Berufung dürfte der neue Pfarrer von Montereale, Giovan Daniele Melchiori, der Menocchios Jugendfreund war, nicht unbeteiligt gewesen sein (wir werden weiter unten sehen, was mit dem vorigen Pfarrer, Odorico Vorai, geschehen ist, der Menocchio beim Inquisitionsgericht angezeigt hatte). Anscheinend nahm niemand Anstoß daran, daß ein Ketzer, ja sogar ein Erzketzer, die Güter der Pfarrei verwaltete: Und im übrigen hatte es auch der Pfarrer, wie man sich erinnern wird, mit der Inquisition zu tun bekommen.

Das Amt des Kämmerers wurde oft den Müllern anvertraut, wahrscheinlich weil sie in der Lage waren, das zur Verwaltung der Pfarrei nötige Geld vorzustrecken. Auf jeden Fall neigten die Kämmerer dazu, sich bei der Rückerstattung, die aus den Zehntabgaben floß, die von den Gläubigen entrichtet wurden, schadlos zu halten. Dann geschah es, daß 1593 der Bischof von Concordia, Matteo Sanudo, in Montereale im Verlauf einer Visitation in der ganzen Diözese die Konten der letzten sieben Jahre bei den Kämmerern prüfen wollte: Es ergab sich, daß sich unter den Schuldnern auch Domenico Scandella, d. h. Menocchio, mit 200 Lire befand - die höchste Schuld nach der von Bernardo Corneto. Es handelte sich um ein verbreitetes Phänomen, das regelmäßig bei den Pfarrvisitationen in Friaul zur gleichen Zeit beklagt wurde. Auch in jenem Fall versuchte der Bischof (der sicher den Namen Scandella nicht mit dem Mann zusammengebracht haben wird, der neun Jahre vorher verurteilt worden war), eine strengere und sorgfältigere Verwaltung einzuführen. Er rügte »die geringe Ordnung, die bei diesen Rechnungen eingehalten wird, obgleich bei der vorigen Besuchung gute Ordnungen gegeben wurden, wenn die eingehalten worden wären, wäre die Sache der Kirche ohne Zweifel besser abgelaufen«; er verordnete, ein »großes Buch« zu kaufen, wo der Pfarrer bei Strafe der Ausschließung von der Weihegewalt (suspensio *a divinis*) Jahr für Jahr die eingeflossenen Eingänge eintragen mußte, »Stück um Stück, auf der einen Seite die, die zahlen, auf der anderen die Austeilung des täglichen Getreides und die Ausgabe, die man für die Kirche macht, und dann die Rechnungsabschlüsse der Kämmerer«; letztere sollten die Eingänge in ein »Schmaderbuch« eintragen, »von dem man es dann in dieses Buch übertragen solle.« Den Kämmerern, die Schuldner waren, machte er die Auflage, die Konten zu begleichen »bei Strafe, vom Zutritt in die

Kirche ausgeschlossen zu sein und im Falle des Todes kein kirchliches Begräbnis zu bekommen«; innerhalb von sechs Monaten hätte der Pfarrer die Rechnungsabschlüsse von 1592 nach Portogruaro bringen müssen bei Strafe einer Geldbuße und - noch einmal - der Suspension *a divinis*. Ob Menocchio später tatsächlich mit der Bezahlung seiner Schuld fertig wurde, wissen wir nicht. Vielleicht doch, denn bei der nächsten Pfarrvisitation, die 1599-1600 vom selben Bischof Sanudo durchgeführt wurde, wurden in Montereale erst ab 1592 Kämmerer, die Schulden hatten, festgehalten.

Eine Quelle aus dem gleichen Zeitraum (1595) bestätigt das unverminderte Prestige Menocchios bei den Dorfgenossen.[2] Zwischen dem Baron Giovan Francesco Montereale und seinem Pächter Bastian de Martin war »ein wenig Schwierigkeit« wegen zweier Landstücke und eines Bauernhauses entstanden. Auf Ersuchen des Barons wurden zwei Schätzer ernannt, um den ganzen Umfang der Verbesserungsarbeiten, die von den vorhergehenden Pächtern am Haus durchgeführt worden waren, zu schätzen: Piero della Zuanna für den Baron, Menocchio für den Pächter. Die Sache war so schwierig angesichts der Tatsache, daß eine der beiden Seiten gerade der Herr des Ortes war: Menocchio vertraute man sich - wegen seiner Fähigkeit zu diskutieren und zu widerlegen - offensichtlich an.

Im gleichen Jahr pachtete Menocchio zusammen mit seinem Sohn Stefano eine neue Mühle, die in der Gegend mit dem Namen »de sotto le siege de sora« lag.[3] Die Pacht hatte eine Laufdauer von neun Jahren: Die Pächter verpflichteten sich, jedes Jahr 4 Scheffel Weizen, 10 Scheffel Roggen, 2 Scheffel Hafer, 2 Scheffel Hirse und 2 Scheffel Buchweizen, dazu ein Schwein mit dem Gewicht von 150 Pfund abzugeben. Eine Klausel gab den Geldbetrag an (6 Soldi pro Pfund) im Fall, daß das Gewicht des Schweins höher oder niedriger als festgesetzt war. Außerdem waren »Ehrengaben« vorgesehen: ein paar Masthühner und ein halbes Leinentuch. Letzteres war eine symbolische Abgabe, da es sich um eine Mühle handelte, die zum Walken von Tüchern verwendet wurde. Die zwei Pächter übernahmen sie, ausgestattet mit 2 »guten und tauglichen« Eseln, einer *Windhündin* und sechs Walkmaschinen, und sie verpflichteten sich, sie »eher in besserem als in schlechterem Zustand« den Besitzern zurückzugeben, die die Vormundschaft über die Erben des verstorbenen Pietro de Macris hatten. Ihnen versprach der vorhergehende Pächter, Florito de Benedetto, die rückständigen Pachten innerhalb von fünf Jahren zu bezahlen, da er sich als zahlungsunfähig herausstellte: Dafür erklärten sich Menocchio und Stefano auf seine Bitte hin zum Bürgen.

Das alles zeigt, daß die wirtschaftlichen Verhältnisse der zwei

Scandellas in diesem Augenblick ziemlich abgesichert sein mußten. Menocchio nahm vollwertig am Leben der Gemeinde teil. Noch im Jahr 1595 tritt er hervor als Überbringer einer Botschaft des Statthalters der Patria von Friaul an den Bürgermeister sowie als einer der Vertreter - im ganzen sind es, eingeschlossen der Bürgermeister, vierzehn Personen - der »vicinía« Montereales, die die Aufgabe hatte, die Verantwortlichen für die Niederschrift der Schätzung zu wählen.[4]

Einige Zeit später muß Menocchio dann infolge des Todes seines Sohnes (Ziannuto wahrscheinlich), der ihn unterhielt, in Schwierigkeiten gekommen sein.[5] Er suchte, sich selbst zu versorgen durch Ausüben anderer Berufe: als Schulmeister, als Gitarrenspieler auf den Festen. Dabei wurde es dringender als je, sich vom Stigma des »Gewandes« und des Verbots, sich aus Montereale zu entfernen, das ihm im Urteilsspruch auferlegt worden war, zu befreien. Daher begab er sich nach Udine zum neuen Inquisitor, Fra Giovan Battista da Perugia, und bat ihn, ihn von beiden Verpflichtungen zu entbinden. Zur Frage des »Gewandes« bekam er eine abschlägige Antwort, »dieweil«, erläuterte der Bischof von Concordia in einem Brief vom 26. Januar 1597, »man nicht so leicht zu diesem Dispens kommen darf«; es war ihm dagegen zugestanden worden, »frei ... an jedem Ort zu verkehren, außer an verdächtigen Orten, so daß er auf irgendwelche Weise seiner und seines Hausgesinds Armut aufhelfen könne.«

Die Nachwirkungen des alten Prozesses wurden mit der Zeit ausgetilgt. Aber unterdessen hatte das Inquisitionsgericht ohne Wissen Menocchios begonnen, sich wieder mit ihm zu beschäftigen.

49 *Denunziationen*

An Fastnacht des vorhergehenden Jahres hatte Menocchio in der Tat Montereale verlassen und hatte sich mit Erlaubnis des Inquisitors nach Udine begeben.[1] Auf dem Marktplatz hatte er zur Zeit der Vesper einen gewissen Lunardo Simon getroffen und hatte sich in einen Schwatz mit ihm eingelassen. Die zwei kannten sich, weil Lunardo auf den Festen herumzog und Violine spielte, während Menocchio, wie wir gesehen haben, dasselbe machte und Gitarre spielte. Einige Zeit später hatte Lunardo, da er von der jüngsten Bulle gegen die Ketzer erfahren hatte, an den Stellvertreter des Inquisitors, Fra Gerolamo Asteo, geschrieben, um ihm diese Unterhaltung zu berichten; mündlich hatte er ihm dann mit einigen Varianten den Kerngehalt des Briefs bestätigt. Das Gespräch auf dem Marktplatz hatte sich mehr oder weniger so abgewickelt: »Ich höre«, hatte Menocchio gesagt, »daß du Mönch werden willst: ist es wahr?« Und Lunardo: »Ist es nicht eine schöne Sache?« »Nein, dieweil das eine Sache für Einfaltspinsel ist.« In seiner Entgegnung drehte Lunardo die bissige Bemerkung um: »Darf ich nicht Mönch werden, um Einfaltspinsel zu sein?« »Von den vielen Heiligen, Einsiedlern und anderen, die ein heiliges Leben führten, weiß man nicht, wohin sie gegangen sind.« »Der Herrgott will nicht, daß wir jetzt diese Geheimnisse wissen.« »Wenn ich Türke wäre, wollte ich nicht Christ werden, aber dieweil ich Christ bin, will ich auch nicht Türke werden.« »*Selig, wer nicht sieht und doch glaubt.*«[2] »Ich glaube nicht, wenn ich nicht sehe. Ich glaube wohl, daß Gott Vater von der ganzen Welt ist und tun und lassen kann.« »Auch die Türken und Juden glauben, aber sie glauben nicht, er sei von der Jungfrau Maria geboren.« »Was soll bedeuten, daß wenn Gott am Kreuz war und die Juden ihm sagten: ›Wenn du Christus bist, steig vom Kreuz‹, er nicht herabstieg?« »Das geschah, um den Juden nicht gehorsam zu sein.« »Das geschah, dieweil Christus nicht konnte.« »Ihr glaubt demnach nicht an das Evangelium?« »Nein, ich glaube nicht. Wer, glaubst du, macht Evangelien, wenn nicht Priester und Mönche, die nichts anderes zu tun haben? Sie denken über diese Dinge nach und setzen eines hinter das andere.« »Die Evangelien machen weder Priester noch Mönche, sondern sie wurden vor der jetzigen Zeit gemacht«, hatte darauf Lunardo eingewandt. Und er war weggegangen und beurteilte seinen Gesprächspartner als »ketzerischen Menschen«.

Gott ein Vater und Herr, der »tun und lassen« kann; Christus ein Mensch; die Evangelien das Werk von faulen Priestern und Mönchen; die Gleichstellung der Religionen. Also hatte Menocchio trotz des Prozesses, der schmachvollen Abschwörung, des Kerkers und der schlagenden Beweise der Reue wieder begonnen, die alten Ansichten zu vertreten, die er in seinem Herzen offensichtlich niemals abgeleugnet hatte. Aber von ihm kannte Lunardo Simon nur den Vornamen (»ein Menocchio, Müller aus Montereale«): Und trotz des umlaufenden Gerüchts, daß es sich um einen vom Inquisitionsgericht bereits verurteilten Rückfälligen handle, wurde die Anzeige fallen gelassen. Erst zwei Jahre später, am 28. Oktober 1598, hatten die Inquisitoren durch Zufall oder infolge einer systematischen Durchsicht der vorhergehenden Verhandlungen den Verdacht, daß Menocchio und Domenico Scandella in Wirklichkeit die gleiche Person sind. Darauf setzte sich die Inquisitionsmaschinerie in Bewegung. Fra Gerolamo Asteo, der in der Zwischenzeit Generalinquisitor von Friaul geworden war, begann, neue Informationen über Menocchio zu sammeln. Es ergab sich, daß Don Odorico Vorai, der die Anzeige gestellt hatte, die viele Jahre vorher zur Inhaftierung

Menocchios geführt hatte, seine Denunziation teuer bezahlt hatte: »Er ward verfolgt von den Verwandten Menocchios und aus Montereal ausgetrieben.« Von Menocchio seinerseits »glaubte man und glaubt man, er habe die gleichen falschen Meinungen, die er zuvor hatte.«[3] Daraufhin begab sich der Inquisitor nach Montereale und befragte den neuen Pfarrer, Don Giovan Daniele Melchiori.[4] Der berichtete, daß Menocchio aufgehört hatte, das »Gewand« mit dem Kreuz zu tragen, die Markung des Dorfes verließ und somit die Auflagen des Inquisitionsgerichts übertrat (was, wie wir gesehen haben, nur zum Teil richtig war). Also beichtete und kommunizierte er mehrmals im Jahr: »Ich für meinen Teil halte ihn für christlich und für einen ehrbaren Mann«, schloß er. Er wußte nicht, welche Meinung die Einwohner des Dorfes von ihm hatten. Aber nachdem er diese Erklärungen gemacht und unterschrieben hatte, zog Melchiori zurück: Offensichtlich fürchtete er, sich zu viel Blöße gegeben zu haben. An den Satz »Ich halte ihn für christlich und für einen ehrbaren Mann«, ließ er folgenden anschließen: »soviel als man äußerlich sieht.« Don Curzio Cellina, Kaplan von San Rocco und Notar des Dorfes, war deutlicher: »Ich halte ihn für einen Christen, dieweil er beichtet und kommuniziert«, bestätigte er.[5] Aber hinter dieser anscheinenden Unterwerfung sah er auch die alte Unruhe durchschimmern: »Dieser Menocchio hat gewisse Grillen, so daß wenn er den Mond oder Sterne oder andere Planeten sieht und es donnern hört oder andere Dinge, er sogleich seine Ansicht über die geschehene Sache sagen will: und schließlich stellt er sich der Ansicht der Mehrheit anheim und sagt dazu, daß die ganze Welt mehr weiß denn er allein. Und ich glaube, daß diese Grille schlecht ist, aber daß er sich der Ansicht der anderen anheimstellt aus Furcht.« Demnach hatte die Verurteilung und der Kerker des Inquisitionsgerichts eine tiefe Spur hinterlassen. Anscheinend wagte Menocchio - zumindest im Dorf - nicht mehr, mit der gewohnten Freiheit von einst zu reden. Aber nicht einmal die Angst hatte seine intellektuelle Unabhängigkeit ersticken können: »sogleich will er seine Ansicht sagen.« Neu war dagegen das bitter erfahrene und mit Ironie getragene Wissen um die eigene Absonderung: »Er stellt sich der Ansicht der Mehrheit anheim und sagt dazu, daß die ganze Welt mehr weiß denn er allein.«

Es war vor allem eine innerliche Vereinsamung. Eben dieser Don Cellina bemerkte: »Ich sehe ihn mit vielen umgehen, und ich glaube, er ist aller Freund.« Er seinerseits erklärte, »weder eine eigentliche Freundschaft noch Feindschaft mit diesem Menocchio« zu halten, »aber ich lieb ihn als ein Christ, und ich bediene mich seiner, wie ich es mit anderen auch mache, wenn ich seiner bedarf zu irgendeiner Sache.« Von außen besehen war

Menocchio, wie wir gesehen haben, voll in die Dorfgemeinschaft integriert worden: Zum zweiten Mal war er zum Kämmerer der Pfarrei ernannt worden; zusammen mit seinem Sohn hatte er eine dritte Mühle gepachtet. Aber trotz alledem fühlte er sich ausgeschlossen - vielleicht auch als Folge der wirtschaftlichen Schwierigkeiten, die in den letzten Jahren auf ihn zugekommen waren. Handgreifliches Symbol dieser Absonderung war das »Gewand«. Menocchio wurde es zum Alptraum. »Ich weiß«, sagte Cellina, »daß er ein Kleid getragen hat mit einem Kreuz, das ihm von der Inquisition für lange Zeit gegeben ward, und er legte es heimlich unter seine Kleider an.« Und Menocchio hatte ihm erzählt, »daß er zur Inquisition gehen wolle, auf daß sie die Erlaubnis gebe, es nicht mehr zu tragen, dieweil er sagte, daß wenn er jenes Kleid mit dem Kreuz trüge, die Leute es mieden, mit ihm zu verkehren und mit ihm zu reden.« Sicher machte er sich etwas vor - natürlich verkehrte er mit allen und war Freund von allen im Dorf. Aber die Unmöglichkeit, die eigenen Ansichten wie in der Vergangenheit zu äußern, belastete ihn. »Wenn man ihn reden gehört hat vom Mond und den Sternen«, bemerkte Cellina, »hat man ihm gesagt, er solle schweigen.« Was er in dieser Beziehung genau behauptete, daran erinnerte sich Cellina nicht: auch nicht, als der Inquisitor ihm soufflierte, ob Menocchio vielleicht den Planeten die Fähigkeit zuschrieb, den freien Willen der Menschen zu beeinflussen. Darauf verneinte er entschieden, daß Menocchio »im Scherz« rede: »Ich glaube, daß er wahrhaftig redet und daß er eine üble Grill hat.« Noch einmal wurden die Untersuchungen des Inquisitionsgerichts unterbrochen. Es ist nicht schwer, den Grund dafür zu verstehen: Im Grunde war dieser erzketzerische Müller zum Schweigen, zur äußerlichen Anpassung verurteilt; er stellte nicht mehr eine Gefahr für den Glauben der Dorfgenossen dar. Im Januar 1594 beschloß ein Ausschuß der Inquisition von Friaul, den »Schuldigen«, d. h. Menocchio zu verhören. Aber auch dieses Vorhaben wurde fallen gelassen.

50 *Nächtliches Gespräch mit dem Juden*

Dennoch zeigt das Gespräch, das von Lunardo berichtet wurde, daß sich hinter der scheinbaren Hochachtung Menocchios vor den Riten und den Sakramenten der Kirche eine feste Treue den alten Gedanken gegenüber verbarg. Ungefähr zur gleichen Zeit kam zufällig ein gewisser Simon, ein jüdischer Konvertit, der um Almosen bettelnd herumzog, nach Montereale und wurde von Menocchio beherbergt.[1] Eine ganze Nacht redeten die beiden über religiöse Fragen. Menocchio sagte »sehr große Dinge um den Glauben«: daß die Evangelien von Priestern und Mönchen geschrieben worden waren, »dieweil sie faulenzen«, und daß die Mutter Gottes, ehe sie den heiligen Joseph heiratete, »zwei andere Geschöpfe geboren hatte und derhalben der heilige Josef sie nicht als seine Braut annehmen wollte.« Es waren im wesentlichen die gleichen Themen, über die er mit Lunardo auf dem Marktplatz von Udine ins Gespräch gekommen war: die Polemik gegen den Parasitismus des Klerus, die Ablehnung des Evangeliums, die Leugnung der Göttlichkeit Christi. Darüber hinaus hatte er in dieser Nacht von einem »sehr schönen Buch« gesprochen, das er leider verloren hatte und das Simon »für den *Koran* hielt.«

Vielleicht war es die Ablehnung der zentralen Dogmen des Christentums - an erster Stelle das Trinitätsdogma -, die Menocchio wie viele andere Häretiker der gleichen Zeit dazu gebracht hatte, sich mit Neugierde dem *Koran* zuzuwenden.[2] Leider ist die Angabe Simons nicht abgesichert: Und daher wissen wir nicht, was Menocchio jenem geheimnisvollen »sehr schönen Buch« entnommen hat. Zwar war er überzeugt, daß früher oder später seine Irrgläubigkeit entdeckt werden würde: »er wußte, daß er dafür sterben würde«, vertraute er Simon an. Aber er wollte nicht fliehen, weil ein Gefährte von ihm, Daniele de Biasio, fünfzehn Jahre vorher sich für ihn beim Inquisitionsgericht verbürgt hatte, »woanders er nach Genf geflohen wäre.« So hatte er beschlossen, in Montereale zu bleiben. Er dachte schon ans eigene Ende: »Wenn er sterbe, würden es die Lutheraner erfahren, so daß sie kommen werden, um seine Asche zu holen.«

Wer weiß, an welche »Lutheraner« Menocchio dachte. Vielleicht an eine Gruppe, mit der er heimlich Verbindungen aufrecht erhalten hatte - oder an irgendeine Person, die er vielleicht viele Jahre früher getroffen und dann aus den Augen verloren hatte? Menocchio sah seinen Tod im Lichte eines Martyriums, und dies läßt daran denken, es handle sich bei diesem ganzen Gespräch nur um die pathetischen Phantastereien eines alten Mannes. Schließlich blieb ihm nichts anderes übrig. Er war allein geblieben: Die Frau war tot, der liebste Sohn war tot. Mit den anderen Kindern mußte er wohl in Zwist leben: »Und wenn *meine* Kinder es auf seine Weise machen würden, wie glücklich wären sie«, erklärte er Simon mit Verachtung. Aber das mythische Genf, die Heimat der Religionsfreiheit (dachte er), war zu weit. Dies und die dauerhafte Solidarität mit dem Freund, der ihm in einem schwierigen Augenblick nahe geblieben war, hatten ihn von der Flucht abgehalten. Offensichtlich konnte er die leidenschaftliche Neugier für Glaubensfragen nicht in sich ersticken. So blieb er da und wartete seine Verfolger ab.

Einige Monate danach kam dem Inquisitor tatsächlich eine neue Anzeige gegen Menocchio zu. Anscheinend hatte er einen gotteslästerlichen Satz ausgesprochen, der von Mund zu Mund gegangen war - von Aviano nach Pordenone -, und hatte dabei entrüstete Reaktionen hervorgerufen. Es wurde ein Gastwirt aus Aviano, Michele del Turco, genannt Pignol verhört[1]: Sieben oder acht Jahre vorher (so hatte man ihm berichtet) hatte Menocchio ausgerufen: »Wenn Christus Gott gewesen wäre, wäre er einer gewesen ..., der sich ans Kreuz hätte schlagen lassen.« »Er äußerte sich nicht darüber, was Christus gewesen ist«, fügte der Wirt hinzu, »aber ich verstand, daß er sagen wollte, Christus sei ein Tollpatsch gewesen, um dies häßliche Wort zu sagen ... Als ich diese Worte hörte, sträubten sich mir die Haare, und ich wechselte sofort das Thema, um nicht diese Dinge zu hören, dieweil ich ihn schlimmer denn für einen Türken halte.« Menocchio, so schloß er, war »halsstarrig in seinen alten Meinungen.«[2]

Jetzt waren es nicht nur die Einwohner von Montereale, die einander die von Menocchio ausgesprochenen Sätze erzählten: Der Ruf dieses Müllers, den nicht einmal das Gefängnis der Inquisition auf den rechten Weg zurückbringen konnte, war über den eingeschränkten Horizont des Dorfes hinausgegangen. Seine provokatorischen Fragen, seine gotteslästerlichen Scherze wurden vielleicht über Jahre hinweg berichtet: »Oh, wie wollt ihr glauben, daß Christus oder Gott Sohn der Jungfrau Maria sei, wenn diese Jungfrau Maria eine Hure war?« »Wie willst du glauben, daß Christus vom Heiligen Geist empfangen ist, wenn er von einer Hure geboren wurde?« »Der Heilige Christofel ist mehr denn Gott in Anbetracht dessen, daß er die ganze Welt auf sich trug.« (Es ist seltsam, daß die gleiche spöttische Bemerkung in einem Buch wiederkehrt, das Menocchio sicher nie gesehen hatte: die Sinnbildersammlung des Humanisten Achille Bocchi aus Bologna, die voll von heterodoxen Hintergedanken war.[3]) »Ich glaube, daß er einen üblen Geist hatte und daß er sich nicht unterstand zu sprechen aus Angst«, sagte Zannuto Fasseta aus Montereale, der Menocchio »Musik machen« gehört hatte.[4] Aber der alte Antrieb drängte Menocchio von neuem dazu, über Fragen der Religion mit den Dorfgenossen zu sprechen. Eines Tages, als er von Menins nach Montereale zurückkehrte, hatte Daniel Jacomel gefragt: »Was denkst du, daß Gott sei?« »Ich weiß nicht«, hatte der andere verlegen oder verblüfft erwidert. »Er ist nichts anderes denn Luft.« Er grübelte über die alten Gedanken nach, er gab sich nicht geschlagen. »Was glaubst du, die Inquisitoren wollen nicht, daß wir wissen, was sie wissen.« Er fühlte sich in der Lage, ihnen die Stirn zu bieten: »Ich wollte vier Worte sagen aus dem *Paternoster* vor dem Pater Inquisitor und sehen, was er sagen und antworten würde.«

Dieses Mal mußte der Inquisitor denken, es sei zuviel. Gegen Ende Juni 1599 wurde Menocchio festgenommen und im Kerker von Aviano eingesperrt. Einige Zeit später wurde er nach Portogruaro überführt. Am 12. Juli erschien er vor dem Inquisitor, Fra Gerolamo Asteo, dem Stellvertreter des Bischofs von Concordia, Valerio Trapola, und dem Bürgermeister des Orts, Pietro Zane.

52 *»Phantastereien«*

»Es wurde aus den Kerkern ein Greis geführt ...«, schrieb der Notar.[1] Fünfzehn Jahre waren vergangen, sei Menocchio zum ersten Mal vom Inquisitionsgericht verhört worden war. Darunter fielen auch die drei Jahre Gefängnis. Jetzt war er ein alter Mann: mager, mit weißen Haaren, der graue Bart mit einem Stich ins Weiße, wie immer als Müller bekleidet mit einer Tracht und einer hellgrauen Mütze. Er war siebenundsechzig Jahre alt. Nach der Verurteilung hatte er viele Tätigkeiten ausgeübt: »Ich war Schreiner, Müller und Gastschenk, ich habe Kindern Schule im Rechnen und im Lesen und im Schreiben gehalten und spiele auch die Gitarre auf den Festen.«[2] Kurz: er hatte sich zu arrangieren gesucht, indem er seine Fähigkeiten verwertete - eingeschlossen die, wie Lesen und Schreiben, die dazu beigetragen hatten, ihn in Unannehmlichkeiten zu bringen. Dem Inquisitor, der ihn fragte, ob gegen ihn je ein Prozeß der Inquisition geführt worden sei, antwortete er nämlich: »Ich wurde hergeholt ... und verhört über das Credo und andere Phantastereien, die mir in den Kopf gekommen waren, dieweil ich die *Bibel* gelesen habe und einen scharfen Witz habe. Aber ich bin immerdar christlich gewesen und bin es.«

Im Tonfall war er nachgiebig - »Phantastereien« -, freilich mit dem üblichen Nebenton des sich der eigenen intellektuellen Fähigkeiten stolz bewußten Menschen. Eingehend erklärte er, die ihm auferlegten Bußen erfüllt, gebeichtet und kommuniziert, Montereale stets nur mit Zustimmung der Inquisitoren verlassen zu haben. Nur bezüglich des »Gewandes« entschuldigte er sich: »Ich schwöre bei meiner Treu, an den Festen habe ich es manches Mal angezogen und bisweilen nicht. Und an den Werktagen des Winters, wenn es kalt war, trage ich es immerdar, aber unten drunter«; denn wenn er es trug, »verlor ich viel Verdienst, wenn ich zu Schätzungen und Arbeiten gerufen wurde ...; dieweil die Menschen mich für im Kirchenbann hielten, wenn sie mich mit diesem Kleid sahen, trug ich es folglich nicht.« Ohne

Erfolg hatte er den Pater Inquisitor gebeten: »er wollte mir nicht Dispens geben, das Kleid auszulassen.«

Aber als man ihn fragte, ob er immer noch Zweifel in den Fragen habe, wegen der er verurteilt worden war, konnte Menocchio nicht heucheln. Statt strikt zu leugnen, gab er zu: »Mir sind viele Phantastereien in den Kopf gekommen, aber ich habe ihnen nie Glauben schenken wollen, noch habe ich irgend jemand Übles gelehrt.« Und dem Inquisitor, der ihm mit der Frage zusetzte, ob er je »mit jemand über die Glaubensartikel geredet« habe »und welche es sind, und wann, und wo?« antwortete er, er habe »im Scherz mit einigen über die Artikel des heiligen Glaubens geredet, aber bei meiner Treu, ich weiß nicht, mit wem, noch wo, noch wann.« Eine unvorsichtige Antwort. Der Inquisitor tadelte ihn streng: »Wie scherzet Ihr über Glaubensding? Ist's schicklich, über Glaubensding zu scherzen? Wie versteht Ihr dies Wort ›im Scherz‹?« »Wenn man einige Lügen sagt«, warf Menocchio schwach ein. »Welche Lügen sagtet Ihr? Sprecht darüber klar!« »Ich kann darüber nicht wahrhaftig reden.«

Aber der Inquisitor insistierte auf seinen Fragen: »Ich weiß nicht«, sagte Menocchio, »irgendeiner könnte es im schlechten ausgelegt haben, aber ich habe niemalen nicht im Gegensatz zum Glauben gefühlt.« Er versuchte Schlag um Schlag zurückzugeben. Er hatte nicht gesagt, daß Christus nicht in der Lage war, vom Kreuz herabzusteigen: »Ich glaube, daß Christus die Macht hatte, herabzusteigen.« Er hatte nicht gesagt, daß er nicht an die Evangelien glaubte: »Ich glaube, daß das Evangelium die Wahrheit ist.« Und hier tat er einen neuen Fehltritt. »Wohl habe ich gesagt, daß die Priester und Mönche, die studiert haben, die Evangelien gemacht haben durch den Mund des heiligen Geistes.« Der Inquisitor blitzartig: hatte er das wirklich gesagt? Wann, wo, zu wem? Und wer waren jene Mönche? Und Menocchio verzweifelt: »Was wollt Ihr, daß ich wisse, was ich bei meiner Treu nicht kenne.« »Warum habt Ihr es gesagt, wenn Ihr es nicht wisset?« »Der Teufel versucht einen manches Mal, daß man einige Worte sagt ...«

Noch einmal suchte Menocchio seine Zweifel und Plagen einer Versuchung des Teufels zuzuschreiben - um jedoch sofort den rationalen Grund dafür aufzudecken. Im *Supplementum* des Foresti hatte er gelesen, daß »verschiedene Evangelien gemacht haben, wie der heilige Petrus, der heilige Jacobus und andere, die die Gerechtigkeit zunichte gemacht hat.«[3] Noch einmal hatte in seinem Hirn die zersetzende Kraft der Analogie gewirkt. Wenn einige Evangelien apokryph sind, Werk von Menschen und nicht Gottes, weshalb nicht alle? So kam alles ans Licht, was in seinen Behauptungen fünf oder zehn Jahre zuvor impliziert war, nämlich, daß die Schrift auf »vier Worte« zurückgeführt werden könne. Offensichtlich war er in dieser Zeit weiterhin dem Faden seiner alten Ideen gefolgt. Und jetzt hatte er wieder die Möglichkeit, die dem gegenüber zu äußern (so dachte er), der in der Lage war, sie zu verstehen. Blindlings vergaß er jede Vorsicht und Umsicht. »Ich glaube, daß Gott alle Dinge gemacht hat, das heißt die Erde, das Wasser und die Luft.« »Aber wo laßt Ihr das Feuer«, warf der Stellvertreter des Bischofs von Concordia mit überlegener Ironie ein, »wer hat das gemacht?« »Es ist allenthalben wie Gott, aber die andern drei Elemente sind die drei Personen: der Vater ist die Luft, der Sohn die Erde und der Heilige Geist ist das Wasser.« Und er fügte hinzu: »Mir scheint es also, ich weiß nicht, ob es die Wahrheit ist, und ich glaube, daß die Geister, die in der Luft sind, sich bekämpfen und daß die Blitze die Ärgernisse sind.«

So hatte Menocchio auf seiner mühevollen Reise zurück, ohne es zu wissen, jenseits der christlichen Vorstellungen vom Kosmos die der alten griechischen Philosophen gefunden. Im Feuer als dem Beweglichsten und Unzerstörbaren hatte dieser Bauern-Heraklit das Ursprungselement erblickt. Die ganze Realität war für Menocchio davon durchdrungen (»ist allenthalben«); eine einheitliche Realität, auch wenn in ihren verschiedenartigen Erscheinungsweisen von Geistern durchzogen und von Göttlichkeit durchdrungen. Deshalb behauptete er, daß das Feuer Gott sei. Zwar hatte sich Menocchio auch eine eingängige und genaue Korrespondenz zwischen den andern drei Elementen und den Personen der Trinität ausgedacht: »Ich glaube, daß der Vater die Luft ist, dieweil die Luft das höhere Element ist denn das Wasser und die Erde. Ich sage nun, daß der Sohn die Erde ist, dieweil der Sohn vom Vater gezeugt wurde. Und wie das Wasser vom Himmel und aus der Erde kommt, also der Geist vom Vater und vom Sohn.« Aber hinter diesem Parallelismus, den er aus allzu später, zweckloser Vorsicht sofort ableugnete (»aber ich will diese Ding nicht aufrecht halten«), leuchtete die tiefgreifendste Überzeugung Menocchios auf: daß Gott einer sei und daß er die Welt sei. Und auf diesen Punkt lenkte der Inquisitor seinen Angriff: Glaubte er also, Gott habe einen Körper? »Ich weiß, daß Christus einen Körper hatte«, erwiderte Menocchio ausweichend. Recht zu haben bei so einem Gesprächspartner war nicht leicht. Aus seinem scholastischen Rüstzeug zog der Inquisitor eine Schlußkette hervor: »Ihr sagt, daß der heilige Geist Wasser ist. Das Wasser ist Körper, demnach würde folgen, daß der heilige Geist Körper war?« »Ich sage diese Dinge wegen der Ähnlichkeit«, erwiderte Menocchio. Vielleicht mit ein wenig Genugtuung: Auch er konnte diskutieren, konnte sich der Werkzeuge der Logik und Rhetorik bedienen.

Danach kehrte der Inquisitor zu seinem Angriff zurück: »Es

erscheint im Prozeß, daß Ihr gesagt habt, Gott sei nichts anderes denn Luft.« »Ich weiß nicht, ob ich dies gesagt habe, aber ich habe wohl gesagt, daß Gott alle Dinge sei.« »Glaubt Ihr, daß Gott alle Dinge ist?« »Jawohl, Herren, bei meiner Treu glaube ich das.« Aber in welchem Sinn? Der Inquisitor begriff nicht. »Ich glaube, daß Gott all das ist, was er sein will«, erläuterte Menocchio. »Kann Gott ein Stein, Schlange, Teufel oder ein ähnliches Ding sein?« »Gott kann all das sein, was gut ist.« »Demnach könnte Gott ein Geschöpf sein, angesichts dessen, daß die Geschöpfe gut sind?«

»Ich weiß nicht, was sagen«, antwortete Menocchio.

53 *»Eitle Dinge und Träume«*

Tatsächlich war ihm die Unterscheidung zwischen Schöpfer und Geschöpf und selbst der Gedanke eines Schöpfergottes völlig fremd. Er war sich im Kopf ganz klar darüber, daß seine Ideen von denen des Inquisitors verschieden waren: Aber es fehlten ihm bis zu einem gewissen Grade die Worte, um diese Unterschiede auszudrücken. Zwar konnten ihn die logischen Fallen Fra Gerolamo Asteos nicht überzeugen, daß er unrecht hatte, ebensowenig wie es die Richter konnten, die fünfzehn Jahre vorher den Prozeß gegen ihn geführt hatten. Im übrigen suchte er sofort wieder die Oberhand zu bekommen, indem er sogar den Mechanismus des Verhörs umkehrte: »Hört mich in Gnaden an, Herr ...« Mit der Darlegung der Legende der drei Ringe bekräftigte Menocchio, wie wir gesehen haben, die Lehre von der Toleranz, die er schon im ersten Prozeß formuliert hatte. Damals jedoch war seine Gedankenführung religiös: Alle Glaubensrichtungen gleichen sich (eingeschlossen die Ketzereien), da »Gott den heiligen Geist allen gegeben hat.« Jetzt dagegen setzte er den Akzent eher auf die Gleichheit der verschiedenen Kirchen, insofern sie sich mit dem sozialen Leben verbinden: »Jawohl, Herr, ich glaube, daß jeder glaubt, sein Glaube sei gut, aber man weiß nicht, welches der gute sei: aber dieweil mein Ahnherr, mein Vater und die meinigen Christen gewesen sind, will ich Christ bleiben, und glaube, daß dieser der gute sei.« Die Aufforderung, im Umkreis der herkömmlichen Religionen zu bleiben, wurde mit dem Hinweis auf die Legende von den drei Ringen gerechtfertigt: Aber es ist schwierig, in diesen Worten nicht die bittere Frucht der Erfahrung zu sehen, die Menocchio nach der Verurteilung durch das Inquisitionsgericht erlebt hatte. Besser, die Riten, die er innerlich als »Kaufmannswaren« empfand, zu simulieren und ihnen äußerlich nachzukommen.[1] Dieser Rückzug brachte Menocchio dazu, das Thema der Ketzerei, die offene und bewußte Loslösung von der Religion, hintanzusetzen. Gleichzeitig jedoch kam er, stärker als in der Vergangenheit, zu dem Ergebnis, die Religion als eine rein weltliche Wirklichkeit zu begreifen. Die Behauptung, daß man Christ nur aus Zufall und aus Herkommen sei, setzte eine sehr große kritische Distanz voraus - die gleiche Distanz, die zur selben Zeit Montaigne dazu brachte zu schreiben: »Wir sind Christen in gleicher Eigenschaft wie wir Perigordiner oder Deutsche sind.«[2] Aber wie wir gesehen haben, hatte Montaigne so sehr wie Menocchio, jeder auf seine Weise, die umwälzende Erfahrung der Relativität der Glaubensrichtungen und Institutionen durchgemacht.

Dieses bewußte, nicht passive Festhalten an der Religion der Vorväter war freilich nicht nur äußerlich. Menocchio ging zur Messe, beichtete und kommunizierte. Aber innerlich grübelte er über alte und neue Gedanken. Dem Inquisitor erklärte er, er denke, »Philosoph, Astrologe und Prophet zu sein«, um zur eigenen Rechtfertigung demütig hinzuzufügen, daß »auch die Propheten sich täuschten.«[3] Und er erklärte: »Ich dachte, Prophet zu sein, dieweil der üble Geist mich eitle Dinge und Träume sehen ließ, und er redete mir ein, die Natur der Himmel zu kennen, und ähnliche Dinge: und ich glaube, daß die Propheten redeten, was ihnen die Engel eingaben.«

Im ersten Prozeß hatte sich Menocchio, wie man sich erinnern wird, niemals auf übernatürliche Offenbarungen berufen. Jetzt dagegen bezog er sich auf Erfahrungen mystischer Prägung, auch wenn er sie in doppeldeutiger Weise leugnete - »eitle Dinge«, »Träume«. Vielleicht hatte in ihm die Lektüre des *Koran* (mit dem der jüdische Konvertit Simon »das schönste Buch« gemeint hatte) gewirkt, den der Erzengel Gabriel dem Propheten Mohammed eingegeben hatte. Vielleicht hatte er geglaubt, in dem apokryphen Zwiegespräch zwischen dem Rabbiner Abdallah ibn Sallam und Mohammed, das in das erste Buch der italienischen Übersetzung des *Koran* eingefügt worden war, »die Natur der Himmel« zu entdecken: »Er sagte: Fahre fürderhin fort und sag mir, warum der Himmel Himmel heißt. Er antwortete: Dieweil er aus Rauch geschaffen ward und der Rauch aus dem Dunst des Meeres. Er sagte: Wovon hat der das Grüne? Er antwortete: Vom Berge Caf, und der Berg Caf, der den Umkreis der Erde umgebend den Himmel trägt, hat es von den Smaragden des Paradieses. Er sagte: Der Himmel hat eine Pforte? Er antwortete: Er hat hängende Pforten. Er sagte: Und die Pforten haben Schlüssel? Er antwortete: Sie haben Schlüssel, die aus dem Schatz Gottes sind. Er sagte: Woraus sind die Pforten? Er antwortete: Aus Gold. Er sagte: Du sagtest das Wahre, aber sage mir, woraus ist dieser unser Himmel geschaffen? Er antwortete: Der erste aus grünem Wasser, der zweite aus hellem Wasser, der dritte aus Smaragden, der vierte aus reinstem Gold, der fünfte aus Hyazinth, der sechste aus einer ganz lichten Wolke, der siebente aus des Feuers Glanz. Er sagte: Und darüber sagtest du die Wahrheit. Aber über diesen sieben Himmeln, was ist da? Er antwortete: Ein lebendigmachendes Meer, und darüber ein wolkiges Meer, und also der Reihe nach fortschreitend gibt es das Luftmeer und darüber das Meer der Pein und darüber das finstere Meer und darüber das Meer der Kurzweil und darüber den Mond und darüber die Sonne und darüber den Namen Gottes und darüber die flehentliche Bitte ...« und so weiter.[4]

Es sind dies schlicht Vermutungen. Wir haben nicht den Beweis, daß das »schönste Buch«, von dem Menocchio begeistert gesprochen hatte, wirklich der *Koran* war; und auch wenn wir ihn hätten, könnten wir noch nicht Menocchios Lektüre rekonstruieren. Ein Text, der so völlig außerhalb seiner Erfahrung und Kultur war, mußte ihm als nicht entschlüsselbar erscheinen - und ihn gerade deshalb dazu bringen, auf das Papier Gedanken und Phantasien zu projizieren. Aber über diese Projektionen (wenn es sie gab) wissen wir nichts. Und generell können wir nur sehr geringen Einblick in diese letzte Phase des Intellektuellen Lebens Menocchios haben. Anders als vor fünfzehn Jahren veranlaßte ihn die Angst, Stück um Stück beinahe alles, was ihm vom Inquisitor vorgeworfen worden war, abzuleugnen. Aber noch einmal kostete es ihn Mühe zu lügen: Erst nachdem er »ein Weilchen nachdenklich war«, bestätigte er, er habe niemals daran »gezweifelt, daß Christus Gott sei.«[5] Anschließend widersprach er sich, als er sagte, »daß Christus nicht das Vermögen des Vaters hatte, da er menschlicher Körper war.«[6] »Dies ist ein Mischmasch«, entgegnete man ihm. Und Menocchio: »Ich weiß nicht, ob ich es gesagt habe, und ich bin ein unwissender Mensch.« Bescheiden behauptete er, daß er, als er gesagt hatte, die Evangelien seien von »Priestern und Mönchen, die studiert hatten«, geschrieben worden, die Evangelisten meinte, »die alle studiert haben.« Er versuchte, alles zu sagen, was man von ihm wollte: »Es ist wahr, daß die Inquisitoren und andere unserer Oberen nicht wollen, daß wir wissen, was sie wissen, und darum müssen wir schweigen.«[7]

Aber ab und an konnte er nicht an sich halten: »Ich glaubte nicht, daß es das Paradies gibt, weil ich nicht wußte, wo es ist.«

Am Ende des ersten Verhörs überreichte Menocchio ein Blatt, das er zu den Worten des Vaterunsers »und führe uns nicht in Versuchung, sondern erlöse uns von dem Übel« geschrieben hatte, indem er hinzufügte »Und also wollte ich um diese Gnade bitten, daß ich erlöst sei von diesen meinen Qualen.« Dann unterschrieb er es mit zitternder Greisenhand, bevor er ins Gefängnis zurückgebracht wurde.

Folgendes hatte er geschrieben[1]:

»Im Namen unseres Herrn Jesus Christus und seiner Mutter, der Jungfrau Maria, und aller Heiligen des Paradieses rufe ich um Hilfe und Rat.

O großer, allmächtiger und heiliger Gott, Schöpfer Himmels und der Erden, ich bitte dich durch deine heiligste Güte und unendliche Barmherzigkeit, daß du meinen Geist, meine Seele und meinen Leib erleuchten wollest, zu denken, zu sagen und zu tun alles, was deiner göttlichen Majestät angenehm ist: und also sei es im Namen der Dreifaltigkeit des Vaters, Sohns und heiligen Geistes, Amen. Ich unglückseliger Menego Scandela bin in Ungnade der Welt und meiner Obrigkeit gefallen zur Verderbnis meines Hauses, meines Lebens und meines ganzen armen Hausgesindes, so daß ich nicht mehr zu sagen oder zu tun weiß, denn diese wenigen Worte zu sagen: Erstens: ›Und erlöse uns von dem Übel und führe uns nicht in Versuchung und vergib uns unsere Schuld, wie auch wir vergeben unseren Schuldigern, unser täglich Brot gib uns heute‹: und also bitte ich unsern Herrn Jesus Christus und meine Obrigkeit, daß sie mir aus ihrer Barmherzigkeit Hilfe geben wolle zu ihrem geringen Nachteil. Und ich, Menego Scandela, wohin ich auch gehen werde, werde alle gläubigen Christen bitten, alles zu halten, was sie die heilige römisch-katholische Mutter Kirche und ihre Obrigkeit heißen, als da sind die Inquisitoren, Bischöfe, Vikare, Pfarrherrn, Kaplane und Seelsorger ihrer Diözese, und daß meine Erfahrung sie schmerzt. Ich, Menego, dachte doch, daß der Tod mich aus diesen Ängsten hinwegnehmen würde, daß ich niemandem zum Überdruß gereichen würde; aber er hat alles umgekehrt gemacht, er hat einen Sohn von mir genommen, der mich aus allem Überdruß und Qualen herausziehen konnte; sodann hat er mir die Frau nehmen wollen, die meine Stütze war. Und diese Söhne und Töchter, die mir geblieben sind, hielten mich für einen Narren, weil ich ihr Verderbnis war, und also ist die Wahrheit, wenn ich also mit fünfzehn Jahren tot gewesen wäre, sie ohne Überdruß an mir Armem, Unglückseligem gewesen wären.

Und wenn ich irgendeinen schlechten Gedanken gehabt oder irgendein unnützes Wort gesagt habe, habe ich dem niemals nicht geglaubt noch gegen die Heilige Kirche gewirkt, dieweil der Herrgott mich glauben ließ, daß alles, was ich dachte und sagte, unnütze Dinge und nicht Weisheit waren.

Und also glaube ich, ist die Wahrheit, denn ich will nichts denken noch glauben, denn was die Heilige Kirche glaubt, und das tun, was mich meine Seelsorger und Obrigkeit heißen werden.«

55 *»Wäre ich also tot gewesen mit fünfzehn Jahren«*

Dieser »Schrift« waren am unteren Rand einige Zeilen des Pfarrers von Montereale, Giovan Daniele Melchiori, beigefügt, die er auf Bitte Menocchios geschrieben und am 22. Januar 1597 datiert hatte. Darin erklärte er, daß »wenn man von den äußeren Dingen her dem Innern glauben dürfe«, Menocchio ein »christliches und rechtgläubiges« Leben führte. Diese Vorsicht war, wie wir wissen (und wie vielleicht auch der Pfarrer wußte), sehr angebracht. Aber der Wille, sich zu beugen, wie er in der »Schrift« geäußert wurde, war sicher aufrichtig. Nachdem er von den Kindern abgewiesen worden war, die ihn als Last, als eine Schande vor dem Dorf, als Verderben für die Familie betrachteten, versuchte Menocchio krampfhaft, sich wieder in die Kirche einzugliedern, die ihn einmal von sich verstoßen hatte und ihn sogar sichtbar als Verworfenen gekennzeichnet hatte. Deshalb machte er eine pathetische Unterwerfungsgeste »der Obrigkeit« gegenüber: den »Inquisitoren« (an erster Stelle, verständlicherweise) und dann weiter hinab »Bischöfen, Vikaren, Pfarrherrn, Kaplanen und Seelsorgern«. Eine zwecklose Unterwerfungsgeste in gewissem Sinn, weil im Augenblick, in dem sie geschrieben worden war, die Untersuchungen der Inquisitoren über Menocchio noch nicht wieder begonnen hatten. Aber der unzügelbare Drang, »die hohen Dinge zu erforschen«, quälte Menocchio, erfüllte ihn mit »Pein« und ließ ihn, der »in Ungnade der Welt gefallen ist«, sich vor der Welt schuldig fühlen. Und daher flehte er verzweifelt den Tod herbei. Aber der Tod hatte ihn übersehen: »Er hat alles umgekehrt gemacht, er hat einen Sohn von mir genommen ... dann hat er meine Frau nehmen wollen.«[1] Darauf verfluchte er sich: »wäre ich also mit fünfzehn Jahren tot gewesen« - ehe er herangewachsen war und der Mann geworden war, der sein eigenes und seiner Kinder Unglück war.

56 *Zweites Urteil*

Nach einem neuerlichen Verhör (19. Juli) wurde Menocchio gefragt, ob er einen Rechtsbeistand wolle. Er antwortete: »Ich will keine weiteren Verteidigungsreden halten, sondern nur um Barmherzigkeit bitten. Wenn man jedoch einen Advokat haben könnte, würde ich ihn nehmen, aber ich bin arm.«[1] Zur Zeit des ersten Prozesses hatte Ziannuto für seinen Vater gekämpft, hatte ihm einen Rechtsanwalt besorgt: Aber Ziannuto war tot, und die anderen Kinder rührten keinen Finger. Menocchio wurde ein Pflichtverteidiger, Agostino Pisensi, beigeordnet, der am 22. Juli eine lange Verteidigungsschrift »für den allerärmsten Domenicus Scandella« einreichte. Darin behauptete er, daß die gesammelten Zeugenaussagen aus zweiter Hand stammten, daß sie untereinander unstimmig oder aus offenkundiger Feindseligkeit fehlerhaft seien und daß aus ihnen »die schlichte Einfalt und Unkenntnis« des Angeschuldigten hervorgehe, für den man deshalb den Freispruch forderte.

Am 2. August versammelte sich die Kongregation der Inquisition: Menocchio wurde einmütig als »nachlässig«, d. h. rückfällig eingestuft. Der Prozeß war beendet. Man beschloß dennoch, den Schuldigen der Folter zu unterziehen, um ihm die Namen der Komplizen abzupressen. Das geschah am 5. August; tags zuvor war eine Durchsuchung im Hause Menocchios durchgeführt worden, wo in Anwesenheit von Zeugen alle Kästen geöffnet und »alle Bücher und Schriften« eingezogen worden waren. Um welche »Schriften« es sich handelte, wissen wir leider nicht.

57 *Folter*

Man verlangte von ihm ein Geständnis, wer seine Komplizen seien, wenn er nicht auf die Folter kommen wolle.[1] Er antwortete: »Herr, ich erinnere mich nicht, geredet zu haben.« Man ließ ihn sich entkleiden und untersuchen, um zu sehen - wie es die Bestimmungen der Inquisition vorschrieben -, ob er für die Folter tauge. Unterdessen wurden ihm fortlaufend Fragen gestellt. Er antwortete: »Ich hab mit so vielen geredet, daß ich mich nicht erinnere.« Dann ließ man ihn fesseln, und man forderte ihn wieder auf, die Wahrheit über seine Komplizen zu sagen. Wieder antwortete er: »Ich erinnere mich nicht.« Man brachte ihn in die Folterkammer, während ständig die übliche Frage wiederholt wurde: »Ich habe gedacht und nachgedacht«, sagte er, »um mich zu erinnern, mit wem ich geredet habe, aber ich habe mich niemals erinnern können.« Man bereitete ihn auf die Folter mit dem Strick vor: »O Herr Jesus Christus, Erbarmung, Jesus, Erbarmung, ich kenne keinen, mit dem ich geredet hätte, ich könnte sterben, wenn ich Schüler oder Mitstreiter habe, aber ich habe nach meinem Willen gelesen, o Jesus, Erbarmen.« Es wurde zum ersten Mal an ihm gezogen: »O Jesus, o Jesus, ich Armer, ich Armer.« »Mit wem Ihr geredet habt?« fragte man ihn. Er antwortete: »Jesus, Jesus, ich weiß nichts.« Man drang in ihn, die Wahrheit zu sagen: »Ich würde sie gern sagen, lasset mich los, daß ich gut nachdenke.«

Dann ließ man ihn herab. Er blieb ein wenig in Gedanken versunken, dann: »Ich weiß nicht, mit irgend jemand geredet zu haben, auch weiß ich nicht, daß irgendeiner meine Meinungen hätte, und ich weiß sicher nichts.« Sie ordneten an, daß er ein weiteres Mal gezogen werden sollte. Während sie ihn in die Luft hoben, sagte er: »Oje, oje, Märtyrer, o Herr Jesus Christus.« Dann: »Herr, lasset ab von mir, auf daß ich etwas sage.« Auf dem Boden zurück sagte er: »Ich habe dem Herrn Zuan Francesco Montereale erzählt und ihm gesagt, daß man nicht wisse, welches der gute Glaube sei.« (Tags darauf sagte er genauer: »Der vormals genannte Herr Gio Francesco tadelte mich ob meiner Narreteien«). Man konnte aus ihm nichts weiter herausbringen. Dann wurde er losgebunden und ins Gefängnis zurückgebracht. Der Notar bemerkte, daß die Folter »mit Mäßigung« durchgeführt worden war. Sie hatte eine halbe Stunde gedauert.

Die Gemütsverfassung der Richter bei der eintönigen Wiederholung der gleichen Frage kann man bloß ahnen. Vielleicht war sie so - eine Mischung aus Überdruß und Ekel -, wie sie vom Nuntius Bolognetti zur selben Zeit bezeugt wurde, als er bezüglich des Inquisitionsgerichts »den Ekel, dazustehen, um die Torheiten vieler zu hören, während man Wort für Wort aufschreibt: eine Form von Folter für den, der nicht ganz mit Geduld gewappnet ist«, beklagt hatte.[2] Das beharrliche Schweigen des Alten mußte ihnen unbegreifbar erscheinen.

So hatte nicht einmal der physische Schmerz Menocchio brechen können. Er hatte keine Namen genannt - oder vielmehr hatte er einen fallen gelassen, den des Herrn von Montereale, der so hingeworfen zu sein schien, um die Richter von einer zu gründlichen Untersuchung abzubringen. Zweifelsohne hatte er etwas zu verbergen: Aber als er behauptete, »nach *seinem* Willen gelesen« zu haben, war er von der Wahrheit wohl nicht weit entfernt.

58 *Scolio*

Mit seinem Schweigen wollte Menocchio bis zuletzt den Richtern gegenüber unterstreichen, daß seine Gedanken in der Abgeschiedenheit, nur aus der Berührung mit den Büchern entstanden waren. Aber wie wir gesehen haben, projizierte er Elemente, die er der mündlichen Tradition entnommen hatte, auf das bedruckte Papier.

Es ist diese tief in den ländlichen Bezirken Europas verwurzelte Tradition, die das zähe Fortleben einer bäuerlichen Religion erklärt, der Dogmen und Zeremonien unerträglich sind, die mit dem Rhythmus der Natur verbunden und wesentlich vorchristlich ist. Oft war dabei eine wirkliche Fremdheit dem

Christentum gegenüber vorhanden, wie im Falle der Viehhirten auf den Feldern von Eboli, die um die Mitte des 17. Jahrhunderts den bestürzten Jesuitenpatres als Menschen erschienen, »die von einem Menschen nichts denn die Gestalt haben, an Fertigkeit und Gelehrsamkeit wenig unterschieden von den unvernünftigen Tieren sind, die sie hüteten: gänzlich ohne Wissen sowohl über die Gebete als auch über andere Geheimnisse des Heiligen Glaubens, selbst auch ohne Kenntnis Gottes.«[1] Aber auch in geographisch und kulturell weniger abgelegenen Gegenden kann man die Spuren dieser bäuerlichen Religion entdecken, die die fremden Zusätze - an erster Stelle die christlichen - in sich aufgenommen und umgestaltet hatte. Der alte englische Bauer, der von Gott als einem »guten Alten«, von Christus als einem »schönen Jüngling«, der Seele als »einem groben Knochen, der im Leibe angeheftet ist« und vom Jenseits als einer »schönen grünen Wiese« dachte, wohin er gelangen würde, wenn er gut handeln würde, kannte sicher ganz gut die Dogmen des Christentums: er übersetzte sie einfach in Bilder zurück, die seiner Erfahrung, seinen Wünschen und Träumen angehörten.[2]

Bei den Geständnissen Menocchios haben wir es mit einer ähnlichen Übersetzung zu tun. Zwar liegt bei ihm der Fall viel komplizierter: einmal, weil bei ihm die Vermittlung durch den gedruckten Text eingeschlossen ist, und zum anderen, weil sein Fall voraussetzt, daß weite Teile der traditionellen Religion unter den Schlägen der radikaleren Bestrebungen der Reformation zerstoben waren. Aber das Verfahren ist das gleiche. Und insofern handelt es sich nicht um einen Ausnahmefall.

Etwa zwanzig Jahre vor dem Prozeß gegen Menocchio sprach ein unbekannter Mann aus dem Volk, der aus der Umgebung von Lucca kam und sich hinter dem Pseudonym Scolio[3] verbarg, in einem langen Gedicht mit religiöser und ethischer Thematik von seinen Visionen: dem *Settennario*. Es war Manuskript geblieben und war hier und da von Anklängen an Dante durchsetzt.[4] Das ständig variierte Hauptthema ist, daß die verschiedenen Religionen einen gemeinsamen Kern haben, die zehn Gebote. In einer goldenen Wolke erscheinend erklärt Gott dem Scolio:

»... Verschiedene Propheten schickte ich schon,
weil es verschiedene waren, denen
ich meine Propheten entsandte
und ich gab ihnen auch ihr Gesetz verschieden,
wie ich verschiedene Sitten fand,
wie der Arzt verschiedene Reinigungsbäder
gibt entsprechend den verschiedenen Beschwerden.
Schickt der Herrscher drei Hauptleute
nach Afrika, nach Asien und Europa:

den Juden, den Türken und den Christen,
macht jedem eine Abschrift seines Gesetzes
und gibt nach verschiedenen und fremden
Sitten jedem sein eigen Gesetz:
gibt aber jedem zehn Gebote gleich,
doch sie machen dann ihre Auslegungen verschieden.
Aber Gott ist einer und einer ist der Glaube an ihn ...«[5]

Unter den »Anführern«, die vom »Herrscher« gesandt werden, befindet sich auch Mohammed, »der, obwohl er von den Königen als Böser unter Guten geachtet wurde, Prophet und großer Kämpfer für Gott wurde.«[6] Er wird ans Ende einer Aufzählung gestellt, die Moses, Elias, David, Salomon, Christus, Josua, Abraham und Noah umfaßt. Türken und Christen sollen aufhören, sich zu bekämpfen, und zu einer Versöhnung gelangen:

»Du Türke und du Christ, nach meinem Ratschluß
geht nicht mehr vor wie ihr früher vorgegangen seid:
der Türke mache einen Schritt voran
und du, Christ, tue einen zurück.«[7]

Das ist möglich, insofern die zehn Gebote die Grundlage nicht nur der drei großen Religionen der Mittelmeerländer bilden (man merkt die Tradierung der Legende von den drei Ringen), sondern auch der Religionen, die kamen und kommen werden: die vierte, die nicht näher bestimmt ist, die fünfte, die »uns Gott an unsern Tagen gibt«[8] und die durch die Prophetie Scolios vertreten wird, und die zwei künftigen, die die Schicksalszahl sieben voll machen werden.

Der religiöse Gehalt der Prophetie Scolios ist, wie man sieht, ganz einfach. Es genügt, die zehn Gebote, die »großen Naturgesetze«, zu halten.[9] Die Dogmen werden geleugnet, angefangen beim Trinitätsdogma:

»Anbeten und glauben soll man nur einen Gott,
der keinen Mitstreiter, Freund noch Sohn hat:
Jeder ist sein Sohn, Diener und Freund,
der seine Gebote tut und was er gesagt hat und sagt.
Betet keinen andern an, auch nicht den heiligen Geist:
auch wenn sie Gott sind, Gott ist dies alles.«[10]

Die einzigen Sakramente, die erwähnt werden, sind die Taufe und die Eucharistie. Das erste wird den Erwachsenen vorbehalten:

»Man beschneide jeden am achten Tag
und taufe ihn später um die dreißig,
wie es Gott und die Propheten gebieten
und wie es der heilige Johannes an Christus tat.«[11]

Das zweite ist im wesentlichen abgewertet: »Und wenn ich euch sage«, behauptet Christus,

»daß das gesegnete Brot
mein Leib sei und der Wein mein Blut,
sage ich es euch, weil es mir genehm war
und eine Speise und frommes Opfer,
doch ich befahl es auch nicht wie ein Gebot,
sondern weil Brot und Wein Gott gleichen.
Was aber jetzt wichtig ist, worauf ihr beharren sollt,
ist, die zehn Gebote zu tun.«[12]

Es geht dabei nicht nur darum, daß theologische Diskussionen über die Realpräsenz für unerträglich gehalten werden; durch den Mund Christi spricht Scolio schließlich der Taufe und dem Abendmahl jegliche sakramentale Wirksamkeit ab:

»Meine Taufe mit dem Opfer
mein Tod, die Hostie und mein Abendmahl
waren nicht Gebot, sondern eine Feier,
die von Zeit zu Zeit zu meinem Gedächtnis gehalten werden soll.«[13]

Was für die Erlösung zählt, ist noch einmal das wortwörtliche Einhalten der zehn Gebote, ohne »Glosse noch irgendeine Auslegung«, ohne Interpretationen, die von »Syllogismus oder besonderer Logik« diktiert sind.[14] Die religiösen Zeremonien sind nutzlos; der Kult soll ganz einfach sein:

»Es soll keine Säulen, keine Bildnisse geben,
keine Orgeln, keine Musik noch Geläut,
keinen Kirchturm, Glocke noch Bilder,
keine Reliefs, noch Friese, noch Ornamente:
alle Dinge sollen einfach und klar sein
und hören soll man nur auf die zehn Gebote ...«[15]

Sehr einfach ist das Wort Gottes, welches wollte, daß Scolio sein Buch nicht in einer »schwülstigen, dunklen, gelehrten oder gestelzten, sondern in einer offenen und klaren« Sprache schreibe.[16]

Trotz gewisser Verwandtschaften mit den Lehren der Wiedertäufer (die wahrscheinlich unabhängig sind von unmittelbaren, jedenfalls nicht belegten Verbindungen) scheinen die Aussagen Scolios eher aus jener unterirdischen Strömung von bäuerlichem Radikalismus herzurühren, auf die wir auch Menocchio zurückgeführt haben. Für Scolio ist der Papst nicht der Antichrist (auch wenn, wie wir gleich sehen werden, sein Amt dazu verurteilt ist, in Zukunft zu verschwinden); die Ausübung der Amtsgewalt ist nicht (wie für die Wiedertäufer) in Grund und Boden zu verdammen. Gewiß müssen die Machthaber in väterlicher Weise regieren:

»Wenn mein Herr dich zu seinem Verwalter machte
und dir die Verwaltung gäbe,
oder dich zum Herzog, Papst oder Kaiser machte,
dir Menschenliebe und rücksichtsvolles Benehmen,
Kraft, Verstand, Gnade und Ruhm gäbe,
mußt du Vater und Beschützer sein,
weil nicht dein ist, was du hast, es gehört anderen und mir,
was du Gutes nach außen tust, ist auch von Gott.«[17]

Die Gesellschaft, die von Scolio erträumt wird, ist in der Tat die fromme und strenge der bäuerlichen Utopien; sie ist entrümpelt von nutzlosen Berufen (»es soll keine Werkstätten noch Handwerke geben außer den wichtigsten und vorrangigsten; für unnütz haltet die Kunst, kommt ohne Ärzte, ohne Doktoren aus«[18]), stützt sich auf Ackerbauern und Krieger und wird von einem einzigen Herrscher regiert, der schließlich Scolio selbst sein wird.

»... Denn das Spiel, die Huren und das Wirtshaus,
der Trinker und der Possenreißer sollen weg,
und wer den Beruf des Landmanns betreibt,
gehe an Nutzen und Ruhm jeder Kunst voran;
und die für den Glauben kämpfen
sollen großes Lob und großen Lohn verdienen;
Hochmut, Pracht, Schwelgen im Stolz,
Aberglaube und Ruhmsucht sollen weg.
... Verboten sollen sein große Mittags- und Abendessen,
weil dort Besäufnis und Schlemmerei herrscht;
denn Musik und Tänze, Düfte, Bäder und Spiele,
Bekleidung und Beschuhung seien dürftig und wenig;
einen Monarchen, einen fleischlichen Menschen soll es geben,
im Weltlichen und im Geistlichen,
ein Mensch sei einziger Monarch und einziger Herr
und es sei eine einzige Herde und ein einziger Hirte.«[19]

In dieser zukünftigen Gesellschaft werden die Ungerechtigkeiten verschwinden: Es wird das »goldene Zeitalter« wiederkommen.[20] Das Gesetz, das »kurz, klar und allgemein« sein wird, wird »in aller Hände«[21] sein,

»damit man deshalb gute Früchte hervorbringe;
und es sei in der Sprache des Volkes, damit es jeder gut verstehe,
auf daß man das Böse fliehe, das Gute befolge.«

Ein strenger Egalitarismus wird die wirtschaftlichen Unterschiede beseitigen:

»Ob Mann oder Frau, sei's eben ein Mund,
und um zu leben, braucht er sein Teil.
Und es ist keinem erlaubt, mehr zu haben,
als das Ehrliche an Kost und Kleidung,
um besser zu speisen oder sich besser zu kleiden;
denn wer befehlen will, muß gehorchen.
Gottlos und unmenschlich ist, daß du Vorteil hast,
während andere und ich leiden sollen für dich.
Gott hat uns reich gemacht und nicht zu Dienern:
weshalb willst du, daß ich dich mäste und dir diene?
... Und wird einer in Stadt, Dorf oder Schloß geboren
und spreche die Hoch- oder die Volkssprache,
so gebe es keinen Unterschied zwischen diesem und jenem,
und keiner habe den geringsten Vorteil.«[22]

Aber diese nüchterne und fromme Gesellschaft ist nur das eine Gesicht der Bauernutopie Scolios, nämlich das irdische. Das andere, jenseitige ist ganz anders: »Nur im Himmel, nicht auf dieser Welt ist's erlaubt, ganz in Überfluß und Wonne zu leben.«[23] Das kommende Jenseits, das Scolio in einer seiner ersten Visionen offenbart wird, ist wirklich ein Reich des Überflusses und des Genusses:

»Gott führte mich am folgenden Samstag
zu einem Berg, den alle Welt sieht,
wo ein Paradies war, und der so schöne Ort
war mit einer Mauer, Eis und Feuer umgeben.
Sehr schöne Paläste und gute Gärten
und Obsthaine, Wälder und Wiesen, Flüsse und Teiche,
himmlische Speisen und köstliche Weine
gab es da, Essen des Mittags und Abends und große Verdienste;
die Zimmer aus Gold, Seide und Leinen,
erlesene Mädchen und Pagen und Betten und große
Bäume, Gräser und Tiere, und zehn Mal
des Tags trugen sie erneut Früchte.«[24]

Man vernimmt hier das Echo des Paradieses aus dem *Koran,* der hier einem bäuerlichen Traum vom materiellen Wohlstand einverleibt ist. Bezeichnenderweise wird er gleich darauf mit Wesenszügen charakterisiert, die an einen bereits erwähnten Mythos anklingen. Der Gott, der Scolio erscheint, ist eine zwittrige Gottheit, eine »Mannfrau« mit »geöffneten Händen und erhobenen Fingern«. Jedem der Finger, die jeweils eines der zehn Gebote symbolisieren, entquillt ein Strom, an dem sich die Lebewesen laben:

»Der erste Fluß ist voll süßen Honigs,
der zweite voll harten und flüssigen Zuckers,

der dritte voll Ambrosia und der vierte hat Nektar,
der fünfte Manna, der sechste Brot, das es auf der Welt
nie weißer und lockerer gab,
so daß es jeden verblichenen Menschen fröhlich zurückkehren läßt.
Wohl sagte ein Mann die Wahrheit über den frommen Ort,
daß das Aussehen des Brots Gott darstellt.
Der siebte sind die köstlichen Wasser,
der achte ist frische und glänzende Butter,
der neunte fette und glänzende Rebhühner,
wenn sie so sind, werden sie aus dem Paradies kommen.
Milch der zehnte, und köstliche Edelsteine
sind ihre Betten, wonach ich mich immer sehne,
die Ufer Lilien und Rosen, Gold und Veilchen,
Silber und Blumen und Sonnenglanz.«[25]

Dieses Paradies (und Scolio wußte es wohl) ähnelte stark dem Schlaraffenland.[26]

59 *Pellegrino Baroni*

Die Analogien zwischen den Prophetien Scolios und den Reden Menocchios sind offenkundig. Sie erklären sich offensichtlich nicht aus dem Vorhandensein gemeinsamer Quellen - der *Göttlichen Komödie,* dem *Koran* -, die Scolio sicher und Menocchio wahrscheinlich bekannt waren. Das entscheidende Element liefert vielmehr eine gemeinsame Schicht von Traditionen, Mythen und Hoffnungen, die mündlich seit Generationen weitergegeben wurden. In beiden Fällen war es die durch die Schule zustande gekommene Berührung mit der schriftlichen Kultur, die diese tiefliegende Schicht mündlicher Kultur aufleuchten ließ. Menocchio dürfte eine Rechenschule besucht haben; Scolio schrieb von sich:

»Ich war Hirte und dann Schüler
und dann Handwerker und dann Hirte
aller Arten von Tieren und dann Schüler
und dann Handwerker und wurde wieder Hirte
und lernte sieben Handwerke
und wurde wieder Hirte und dann Schüler.«[1]

»Philosoph, Astrolog und Prophet« nannte sich Menocchio; »Astrolog, Philosoph und Dichter« sowie »Prophet der Propheten« nannte sich Scolio.[2] Und dennoch sind einige Unterschiede offenkundig. Scolio erscheint eingebunden in eine bäuerliche

Umwelt, die ohne oder beinahe ohne Berührung mit der Stadt ist; Menocchio reist, begibt sich mehrere Male nach Venedig. Scolio streitet den Büchern jeden Wert ab außer den vier heiligen Büchern, d. h. dem alten und dem neuen Testament, dem *Koran* und seinem *Settennario*:

»Mit dem Gehorsam gegen Gott kannst du gelehrt werden,
und nicht mit Büchern und Studieren.
Und verboten und abgeschafft sei jeder Doktor,
damit er nicht setzen oder studieren kann.
Lektor, Setzer und Drucker,
damit sie nicht Bücher schreiben oder drucken können,
Denker, Disputant und Prediger,
damit sie nicht darlegen und predigen können,
außer die drei heiligen Bücher, von denen ich gesprochen habe,
und dies mein Buch, das auch von Gott ist.«[3]

Menocchio kauft den *Fioretto della Bibbia*, leiht sich aber auch das *Dekameron* und die *Reisen* Mandevilles aus; er behauptet, daß die Schrift in vier Worte zusammengefaßt werden könnte, fühlt aber auch das Bedürfnis, sich den Schatz an Kenntnissen seiner Gegner, der Inquisitoren, anzueignen. Insgesamt erblickt man im Falle Menocchios eine freie und angriffslustige Haltung, die mit der Kultur der herrschenden Klassen abzurechnen entschlossen ist; im Fall Scolios eine abgeschlossene Position, deren polemischer Angriff sich darin erschöpft, die städtische Kultur moralisch zu verurteilen und für eine egalitäre und patriarchalische Gesellschaft zu schwärmen.[4] Auch wenn die Umrisse der »neuen Welt«, die Menocchio ersehnt, uns entschwinden, sind wir versucht, sie uns wenigstens zum Teil anders als die in der hoffnungslos anachronistischen Utopie Scolios verkörperte Welt vorzustellen.

Der Gestalt Menocchios näher erscheint die eines anderen Müllers, Pellegrino Baroni, genannt Pighino, »der Dicke«, der in einem Dorf des Appenin bei Modena, Savignano am Panaro, wohnte.[5] Im Jahre 1570 wurde ihm von der Inquisition von Ferrara der Prozeß gemacht; aber schon neun Jahre zuvor hatte er gewissen Irrtümern im Glauben abschwören müssen.[6] Die Dorfgenossen hielten ihn für einen »schlechten Christen«, »Ketzer«, »Lutheraner«; einer bezeichnete ihn als »einen Phantasten und Dummkopf« oder sogar als »eine ... närrische Person denn sonst was.« In Wirklichkeit war Pighino alles andere als ein Dummkopf: Im Verlauf des Prozesses wußte er den Inquisitoren die Stirn zu bieten und zeigte außer einer großen Seelenstärke eine scharfe und beinahe verfängliche Intelligenz. Aber die Verwirrung der Einwohner des Dorfes und die Verachtung des Pfarrers angesichts der Reden Pighinos sind nicht schwer zu verstehen. Er lehnte die Fürbitte der Heiligen, die Beichte, die von der Kirche vorgeschriebenen Fastenzeiten ab - bis hierher befinden wir uns im Umfeld eines oberflächlichen »Luthertums«. Aber dann behauptete er, daß alle Sakramente, einschließlich der Eucharistie (anscheinend nicht der Taufe) von der Kirche und nicht von Christus eingesetzt seien und daß man auch ohne sie Erlösung finden könne. Außerdem, daß im Paradies »wir alle gleich sein werden, so daß wie der Große so der Kleine Gnade haben wird«, daß die Jungfrau Maria »von einer Magd geboren ward«; daß »es keine Hölle noch Fegefeuer gebe und daß sie Erfindung von Priestern und Mönchen seien, um zu verdienen«; daß »wenn Christus ein ehrbarer Mann gewesen wäre, er nicht gekreuzigt worden wäre«; daß wenn »der Körper tot ist, die Seele tot ist«, und daß »alle Glaubensarten gut seien dem, der sie unverletzlich hält.« Obwohl er mehrere Male gefoltert wurde, bestritt Pighino hartnäckig, Komplizen zu haben, wobei er hinzufügte, daß seine Ansichten das Ergebnis einer Erleuchtung seien, die er erhalten habe, als er die Evangelien in Volgare las - eines der vier Bücher, die er gelesen hatte. Die andern drei waren der Psalter, die Grammatik von Donato und der *Fioretto della Bibbia*.

Pighino hatte ein anderes Schicksal als Menocchio. Wegen des Urteils, lebenslänglich im Dorf Savignano ansässig zu bleiben, floh er, um der Feindschaft der Dorfgenossen zu entgehen; kurz darauf meldete er sich beim Inquisitionsgericht von Ferrara, bei seinen Folterern, und bat um Vergebung. Jetzt war er ein erledigter Mann. Der Inquisitor besorgte ihm schließlich aus Mitleid eine Stelle als Hausknecht beim Bischof von Modena.

Diese beiden Müller endeten also ungleich; aber die Analogien zwischen ihren Leben sind überraschend. Wahrscheinlich handelt es sich hier um mehr als einen außergewöhnlichen Zufall.

Im vorindustriellen Europa führte die dürftige Entwicklung der Verkehrsverbindungen dazu, daß auch sehr kleine Ortschaften zumindest eine, entweder wasser- oder windgetriebene, Mühle hatten. Der Müllerberuf war also einer der am meisten verbreiteten. Die Häufigkeit von Müllern in den Ketzersekten des Mittelalters und noch mehr unter den Wiedertäufern ist also nicht verwunderlich.[7] Wenn jedoch um die Mitte des 16. Jahrhunderts ein satirischer Dichter wie der bereits erwähnte Andrea da Bergamo behauptete, daß »ein wahrer Müller ein halber Lutheraner ist«, schien er auf einen spezifischeren Zusammenhang anzuspielen.[8]

Die jahrhundertealte Feindschaft zwischen Bauern und Müllern hatte sich zu einem Bild des schlauen, schelmischen und betrügerischen Müllers verdichtet, der von vornherein für die

Höllenqualen bestimmt ist.[9] Es ist ein stereotypes Negativbild, das weithin von Volksüberlieferungen, Legenden, Sprichwörtern, Fabeln und Novellen belegt ist. »Ich ging zur Hölle und sah den Antichrist«, sagt ein Volkslied aus der Toskana,

»und als Bart hatte er einen Müller
und unter den Füßen da hatte er einen Deutschen,
auf der einen Seite einen Wirt und auf der andern einen Metzger:
ich fragte ihn, wer der größte Schurke sei,
und er sagte mir: ›Paß auf, ich bring dir's gleich bei.
Schau mal, wer mit den Händen klaut:
es ist der Müller vom weißen Mehl.
Schau mal, wer mit den Händen krallt,
es ist der Müller vom weißen Mehl.
Vom Viertel geht's bis zum Scheffel,
der größte Räuber von allen ist der Müller.‹«[10]

Mit diesem Stereotyp vertrug sich sehr gut der Vorwurf der Ketzerei. Ihn zu nähren trug die Tatsache bei, daß die Mühle ein Treffpunkt, ein Ort sozialer Beziehungen in einer weitgehend abgeschlossenen und immobilen Welt war. Auch ein Ort, wo wie im Wirtshaus und im Laden die verschiedensten Ideen umgingen. Sicher wird bei den Bauern, die sich an der Tür der Mühle (auf »weichem Boden und im Kot, dreckig von der Pisse der Mauleselinnen des Dorfs« - auch das sagt Andrea da Bergamo[11]) drängten, um ihr Korn mahlen zu lassen, über viele Dinge geredet worden sein. Und der Müller wird das Seine gesagt haben. Es ist nicht schwierig, sich Szenen vorzustellen wie jene, die sich eines Tages vor der Mühle Pighinos zutrug. Der hatte sich, indem er sich an eine Gruppe von Bauern wandte, angeschickt, über »Priester und Mönche« zu murren[12], bis ein Dorfgenosse, Domenico de Masafiis, sich abwandte und alle überzeugte, wegzugehen, wobei er sagte: »O Kinder, ihr tut wohl daran, das Amt von Priestern und Mönchen halten zu lassen und nichts Übles von ihnen zu reden und Pelegrino di Grassi [d. h. Pighino] gehen zu lassen.« Die gleichen Arbeitsbedingungen machten die Müller - ähnlich wie die Gastwirte, Schankwirte und die Wanderhandwerker - zu einer tendenziell für die neuen Ideen offenen und zu deren Verbreitung geneigten Berufsgruppe.[13] Außerdem waren die Mühlen, da sie im allgemeinen außerhalb der Ortschaft und weit weg von zudringlichen Blicken waren, gut geeignet für heimliche Zusammenkünfte. Das Beispiel Modenas, wo im Jahre 1192 die gegen die Katharer gerichtete Verfolgung zum Abriß der *molendina paterinorum* (Mühlen der Patarener, d. h. Katharer) führte, dürfte nicht außergewöhnlich gewesen sein.[14]

Die besondere soziale Stellung der Müller war schließlich dazu angetan, sie von der Gemeinschaft abzusondern, in der sie lebten. Auf die Feindschaft der Bauern haben wir schon hingewiesen. Dazu kommt die Beziehung unmittelbarer Abhängigkeit, die traditionell die Müller, die jahrhundertelang Inhaber des Mahlprivilegs geblieben waren, mit den Feudalherrn verband.[15] Wir wissen nicht, ob dies auch für Montereale zutraf: Die Mühle für das Walken der Tücher, die Menocchio und sein Sohn gepachtet hatten, war zum Beispiel Eigentum von Privatleuten. Ein Versuch wie der, den Herrn des Dorfes, Giovan Francesco dei conti di Montereale davon zu überzeugen, daß »man nicht wisse, welches der wahre Glaube sei«, war dennoch gerade wegen der atypischen sozialen Rolle Menocchios möglich geworden. Sein Beruf als Müller unterschied ihn sofort von der namenlosen Masse der Bauern, mit der Giovan Francesco von Montereale nicht im Traum religiöse Fragen diskutiert hätte. Aber Menocchio war auch ein Bauer, der die Erde bearbeitete - »ein Bauer gekleidet in Weiß«, wie ihn der ehemalige Rechtsanwalt Alessandro Policreto beschrieb, der ihm vor dem ersten Prozeß kurz begegnet war. Das alles hilft vielleicht zum Verständnis der verwickelten Beziehung zwischen Menocchio und der Dorfgemeinschaft von Montereale. Auch wenn keiner außer Melchiorre Gerbas seinen Ideen zugestimmt hatte (aber es ist schwierig, einzuschätzen, ob die Zeugen bei ihren Aussagen vor dem Inquisitionsgericht nicht möglicherweise hinter dem Berg hielten), war viel Zeit vergangen, vielleicht sogar dreißig Jahre, ohne daß Menocchio den kirchlichen Obrigkeiten angezeigt wurde. Und der ihn schließlich angezeigt hatte, war der Pfarrer des Dorfes, der angestachelt wurde von einem anderen Priester. Trotz ihrer Eigentümlichkeit dürften die Behauptungen Menocchios den Bauern Montereales ihren Lebensformen, ihren Glaubensformen und ihren Hoffnungen nicht fremd erschienen sein.

60 *Zwei Müller*

Im Fall des Müllers aus Savignano am Panaro waren die Beziehungen zu gebildeten und sozial höheren Kreisen noch enger. 1565 begegnete Fra Gerolamo da Montalcino, der im Auftrage des Bischofs von Modena eine Visitation in der Diözese durchführte, Pighino, der ihm als »lutherischer Hurenhälter« gemeldet worden war.[1] Im Visitationsbericht bezeichnete ihn der Mönch als »einen armen, kranken, sehr häßlichen Bauern von niedriger Gestalt« und fügte hinzu: »Als ich mit ihm sprach, machte er mich stutzen, denn er sagte einige falsche, aber kluge Dinge, weshalb ich dafür hielt, er habe sie im Hause irgendeines Edelmannes gelernt.« Fünf Jahre später bestätigte Pighino, als ihm der Prozeß vom Inquisitionsgericht von Ferrara gemacht wurde, Diener im Hause einiger Bologneser Adligen gewesen zu sein: bei Natale Cavazzani, Giacomo Mondino, Antonio Bonasone, Vincenzo Bolognetti, Giovanni d'Avolio.[2] Als er gefragt wurde, ob im Hause eines von ihnen Gespräche religiösen Inhalts stattfänden, verneinte er entschieden, obwohl ihm mit Folterung gedroht wurde. Darauf wurde er dem Mönch gegenübergestellt, der ihm Jahre zuvor in Savignano begegnet war. Fra Gerolamo erklärte, daß bei diesem Umstand Pighino gesagt hatte, jene »falschen, aber klugen« Dinge im Hause eines Bologneser Adligen von einer Person gelernt zu haben, die dort nicht näher bezeichnete »Lesungen« hielt. Der Mönch erinnerte sich nicht gut: Es war zuviel Zeit vergangen. Er hatte den Namen sowohl des in Frage stehenden Adligen als auch desjenigen - ein Priester dachte er -, der die »Lesungen« vorgetragen hatte, vergessen. Aber Pighino bestritt alles: »Pater, ich erinnere mich in keiner Weise.«[3] Nicht einmal die Folter mit dem Feuer, der er unterzogen wurde (die mit dem Strick wurde ihm erspart, weil er ein Bruchleiden hatte), brachte ihn zu einem Geständnis.

Aber es bestehen keine Zweifel, daß er hinter dem Berg hielt. Vielleicht ist es möglich, etwas an seiner Verschwiegenheit zu kratzen. Am Tag nach der Gegenüberstellung mit dem Mönch (11. September 1570) fragten die Inquisitoren Pighino erneut nach den Namen der Bologneser Adligen, in deren Haus er Dienst versehen hatte. Er wiederholte die Aufzählung mit einer Variante, die unbemerkt blieb[4]: An Stelle von Vincenzo Bolognetti nannte er Vincenzo Bonini. Man könnte sich fragen, ob nicht gerade Bolognetti der Adlige war, den Pighino mit seinem Schweigen zu decken suchte. Wenn es so war (worüber wir keine Gewißheit haben), wer hatte dann die »Lesungen« vorgetragen, die Pighino so sehr beeindruckt hatten?

Es könnte sich um den berühmten Ketzer Paolo Ricci, bekannter unter dem Namen Camillo Renato, handeln. Ricci, der 1538 nach Bologna gekommen war (und sich mit dem Humanistennamen Lisia Fileno nennen ließ), blieb dort zwei Jahre als Hauslehrer der Kinder einiger städtischer Adliger: der Danesi, der Lambertini, der Manzoli, der Bolognetti.[5] Gerade auf die Bolognetti spielte er in einem Abschnitt der *Apologia* an, die 1540 geschrieben wurde, um sich gegen die Anklagen der Inquisition zu verteidigen.[6] Fileno nahm darin die naiv anthropomorphen Glaubensformen der Bauern und des einfachen Volks zum Ausgangspunkt, die der Gottesmutter eine gleiche oder höhere Macht wie Christus beimaßen, um eine christozentrische Religion vorzustellen, in der der Aberglaube ausgeräumt ist: »Wiederum glauben beinahe alle Bauern und das ganze Volk fest - und ich höre es mit meinen eigenen Ohren -, daß die Macht der göttlichen Maria bei der Austeilung der Gnade gleich sei der Jesu Christi, andere glauben sogar, sie sei größer. Der Grund, weshalb sie es sagen, ist: die irdische Mutter kann den Sohn nicht nur bitten, sondern auch dazu zwingen, ihr etwas zu tun; denn so fordert es das Mutterrecht, daß die Mutter größer ist als der Sohn. Deshalb, sagen sie, glauben wir, daß im Himmel die Macht zwischen der seligen Jungfrau Maria und dem Sohn Jesus Christus geteilt ist.« Am Rande merkte er an: »Im Jahre 1540 in Bologna im Hause des Adligen Bolognetti gehört.«[7] Es ist dies, wie man sieht, eine genaue Erinnerung. Ob einer der »Bauern«, die Fileno im Hause Bolognettis traf, Pighino war? Wenn das zutrifft, könnten wir aus den zurückhaltenden Geständnissen, die der Müller aus Savignano den Inquisitoren von Ferrara gegenüber machte, ein Echo der Reden heraushören, die Fileno dreißig Jahre zuvor vernommen hatte. Zwar ließ Pighino seine ketzerischen Meinungen auf ein weniger entferntes Datum - zuerst elf, dann zwanzig oder zweiundzwanzig Jahre - zurückgehen, das mit der ersten Lektüre der Evangelien in Volgare zusammenfällt.[8] Aber gerade hinter der Unsicherheit hinsichtlich dieses Datums könnte sich die Absicht verbergen, den Inquisitoren den Kopf zu verwirren. Die Tatsache, daß Paolo Ricci-Lisia Fileno eher ein entkutteter Mönch als ein Priester war, wie Fra Gerolamo da Montalcino behauptet hatte, stellt kein Problem dar in Anbetracht dessen, daß letzteres eine bloße Unterstellung war.

Sicher stellt auch die Möglichkeit, daß es zwischen dem gebildeten Humanisten Lisia Fileno und dem Müller Pellegrino Baroni, genannt »der Dicke«, zu einer Begegnung und einem Gespräch kam, nur eine, wenn auch faszinierende, Annahme dar. Sicher ist, daß Fileno im Oktober 1540 »in der Gegend von Modena« festgenommen wurde, »weil er die Bauersleute aufwühlte«, wie Giovanni Domenico Sigibaldi dem Kardinal Morone schrieb.[9] Zusammen mit Fileno war eine andere Person, die »dieselbige lutherische Arbeit verrichtete«: »der Name war Türklein, Sohn eines Türken oder einer Türkin.«[10] Mit aller Wahrscheinlichkeit handelt es sich um Giorgio Filaletto, genannt Turca, den Autor der unauffindbaren italienischen Übersetzung der Schrift *De Trinitatis erroribus* von Serveto, die Menocchio vielleicht in Händen hatte. Auf jeden Fall stößt man hier auf die hauchdünnen Fäden, die in dieser Periode humanistisch gebildete Häretiker und solche der bäuerlichen Welt verbanden.

Aber nach allem, was wir bis jetzt gesagt haben, ist es ganz klar, daß diese Phänomene bäuerlichen religiösen Radikalismus unmöglich auf einen Einfluß zurückgeführt werden können, der von außen - und von oben - kam. Auch die Reden Pighinos belegen, daß die Themen, die damals in häretischen Kreisen umgingen, nicht passiv aufgenommen wurden. Seine originelleren Behauptungen - die über die Abstammung Marias von einer Magd und die über die Gleichheit der »Großen« und der »Kleinen« im Paradies - spiegeln klar den bäuerlichen Egalitarismus wider, wie er sich in denselben Jahren im *Settennario* Scolios äußert. So tritt, inspiriert von einem gefühlsmäßigen bäuerlichen Materialismus, die Überzeugung zutage, daß »wenn der Körper tot ist, die Seele tot ist.« In diesem Fall war also der Weg, der von Pighino zurückgelegt wurde, verwickelter. Vor allem schien der These von der Sterblichkeit der Seelen die andere These von der Gleichheit der Seligen im Paradies zu widersprechen. Dem Inquisitor, der ihn auf diesen Widerspruch aufmerksam machte, erklärte Pighino: »Ich glaubte, daß die seligen Seelen eine lange Zeit im Paradies sein müssen, aber daß sie dessenthalben einmal, wenn es Gott gefällt, nicht zu seufzen, um nichts Kummer zu haben brauchen.« Kurz zuvor hatte er zugegeben, geglaubt zu haben, »daß die Seele einmal ein Ende haben und sich in Nichts auflösen müsse: und dies wegen des Wortes des Herrn, der sagt: ›Himmel und Erde vergehen, aber mein Wort vergeht nicht‹, woraus ich schloß, daß wenn der Himmel einmal enden müsse, unsere Seele es um so mehr müsse.«[11] Das alles verweist auf die These vom Schlaf der Seelen nach dem Tod, die in Bologneser Kreisen von Fileno behauptet wurde, wie es aus der *Apologia* von 1540 hervorgeht.[12] Es würde sich also um einen weiteren Hinweis darauf handeln, daß der unbekannte »Meister« des Pighino möglicherweise Fileno war. Aber es ist bemerkenswert, daß die Formulierung Pighinos viel radikaler materialistisch ist als die, die in Häretikerkreisen der Zeit kursierte, denn er behauptete, daß die Seelen der Seligen für nichtig erklärt würden - und nicht die der Verdammten, wie es die venezianischen Wiedertäufer vertraten, die den Seelen der Gerechten die Auferstehung am Tage des Gerichts vorbehielten.[13] Es kann sein, daß Pighino vor allem wegen der so großen Zeitspanne den Sinn der Reden, die er in Bologna hörte, verzerrte, die vielleicht voll von verworrener philosophischer Begrifflichkeit waren. Aber in jedem Fall war es eine signifikante Verzerrung, wie auch der Schriftbeweis, den er anwandte. Fileno schrieb in der *Apologia*, mit eigenen Augen Hinweise auf die These vom Schlaf der Seelen nicht nur in der Patristik, sondern auch in der Schrift selbst gesehen zu haben, ohne jedoch näher anzugeben, wo. Aber Pighino ging, anstatt sich etwa auf den Abschnitt zu beziehen, in dem der hl. Paulus die Brüder der Kirche von Thessaloniki bestärkt, indem er von der schließlichen Auferstehung der Schlafenden in Christus spricht, auf einen viel weniger klaren Abschnitt zurück, in dem die Seele nicht einmal erwähnt wird. Weshalb die schließliche Vernichtung der Seele aus der Vernichtung der Welt ableiten?[14] Sehr wahrscheinlich hatte Pighino über eine Reihe von Abschnitten des *Fioretto della Bibbia* nachgedacht - eines der wenigen Bücher, die er gelesen hatte, wie man sich erinnern wird (auch wenn er zuerst, vielleicht aus Vorsicht, behauptet hatte, daß er es besaß, aber »nicht las«).[15]

»Und alle Dinge, die Gott aus Nichts schuf«, behauptete der *Fioretto,* »sind ewiglich und werden immerdar währen: und dies sind die, die ewig sind: die Engel, Licht, Welt, Mensch, Seele.«[16] Etwas weiter wurde jedoch eine andere These aufgestellt: »... Es gibt Dinge, die Anfang und Ende haben: und das sind die Welt und die geschaffenen Dinge, die sichtbar sind. Es gibt andere, die einen Anfang haben und kein Ende, und dies sind die Engel und die Seelen, die nie ein Ende haben werden.«[17] Im folgenden wurde, wie wir schon gesehen haben, unter den »starken Irrtümern«, die von »vielen Philosophen« über die Schöpfung der Seelen verfochten wurden, folgendes erwähnt: »... daß alle Seelen eine seien und daß es fünf Elemente gibt, die vier, von denen oben gesprochen worden ist, und oberhalb ein anderes, das *Erdkreis* genannt ist: und sie sagen, daß Gott aus diesem *Erdkreis* die Seele in Adam und allen anderen geschaffen hat. Und derhalben sagen sie, daß die Welt nie enden wird, dieweil der Mensch in seine Elemente zurückkehrt, wenn er stirbt.«[18] Wenn die Seele unsterblich ist, ist die Welt ewig, behaupteten die (averroistischen) Philosophen, die vom *Fioretto* widerlegt werden; wenn die Welt vergänglich ist (wie bis zu einem gewissen Punkt der *Fioretto* behauptete), ist die Seele sterblich, »schloß« Pighino. Diese radikale Umkehrung setzte eine Lektüre des *Fioretto* voraus, die zumindest teilweise derjenigen ähnelte, die Menocchio angestellt hatte. »Ich glaube, daß die ganze Welt, als da sind' Luft, Erde und alle Schönheiten dieser Welt, Gott sind ...: dieweil man sagt, daß der Mensch nach dem Bild und Ebenbild Gottes geformt ist und im Menschen Luft, Feuer, Erde und Wasser sind; und daraus folgt, daß Luft, Erde, Feuer und Wasser Gott sind.« Aus der Identität zwischen Mensch und Welt, die durch die vier Elemente gegeben ist, hatte Menocchio die Identität zwischen Welt und Gott hergeleitet (»und daraus folgt«). Pighinos Herleitung (»ich schloß«) der schließlichen Sterblichkeit der Seele, die davon ausgeht, daß die Welt nicht ewig sei, implizierte die Identität von Mensch und Welt. Von der Beziehung von Gott und Welt sprach Pighino, der zurückhaltender als Menocchio war, nicht.

Für Pighino eine analoge Lektüre des *Fioretto* wie die Menocchios in Anspruch zu nehmen, könnte willkürlich erscheinen. Aber es ist bezeichnend, daß beide in denselben Widerspruch gerieten, der sofort von den Inquisitoren, in Friaul wie in Ferrara, aufgedeckt wurde: Welchen Sinn hat es, vom Paradies zu sprechen, wenn man die Unsterblichkeit der Seele leugnet? Wir haben gesehen, wie dieser Einwand Menocchio in ein unlösbares Gewirr weiterer Widersprüche hineinstürzte. Pighino schnitt den Knoten entzwei, indem er von einem zeitweiligen Paradies sprach, dem die endliche Vernichtung der Seelen folgen würde.

Tatsächlich redeten diese beiden Müller, die Hunderte von Kilometern voneinander entfernt lebten und starben, ohne sich je gesehen zu haben, die gleiche Sprache, atmeten die gleiche Kultur. »... Ich habe keine anderen Bücher gelesen denn die, so ich oben gesagt habe, noch habe ich diese Irrtümer von irgendeiner Person gelernt, sondern ich phantasierte für mich, oder der Teufel hat mir diese Dinge in den Geist gegeben, wie ich glaube: denn mehrmals hat er mich verfolgt, und ich habe mit einigen Erscheinungen und Gesichten gekämpft, sowohl bei Nacht wie am Tage, und ich kämpfte gegen ihn, als wäre er ein Mensch. Schließlich ward ich gewahr, daß es ein Geist war«, sagte Pighino.[19] Und Menocchio: »Ich bin niemals nicht mit einem verkehrt, der ein Ketzer gewesen ist, sondern ich habe ein subtiles Hirn, und ich habe die hohen Dinge und was ich nicht wußte erforschen wollen ... diese von mir vormals gesagten Worte sagte ich in Versuchung ... es war der böse Geist, der mich also jene Dinge glauben ließ ... der Teufel oder irgendwas versuchte mich ... Der falsche Geist belästigte mich immerdar, mich das Falsche denken zu lassen und nicht die Wahrheit ... Ich dachte, Prophet zu sein, dieweil der üble Geist mich eitle Dinge und Träume sehen ließ ... ich will sterben, wenn ich Schüler oder Mitstreiter hab, sondern ich habe nach meinem Willen gelesen ...«[20] Pighino nochmals: »... Ich wollte beweisen, daß jeder Mensch verpflichtet ist, in seinem Glauben zu bleiben, als ich von der hebräischen, von der türkischen und allen anderen Glaubensarten hörte ...«[21] Und Menocchio: »Wie wenn vier Söldner zusammen kämpften, zwei je Rotte, und einer von einer Rotte sich mit der anderen verbände, wäre er nicht ein Verräter? Also habe ich geglaubt, daß wenn ein Türke sein Gesetz aufgäbe und Christ würde, würde er übel tun, und so glaubte ich auch, daß ein Jude übel täte, Türke oder Christ zu werden, und ein jeder sein Gesetz verließe ...«[22] Einem Zeugen zufolge hatte Pighino behauptet, daß »es keine Hölle noch Fegefeuer gebe und daß sie Erfindung von Priestern und Mönchen seien, um zu verdienen ...«[23] Den Inquisitoren erklärte er: »Ich habe nie das Paradies geleugnet, wohl habe ich gesagt: ›O Gott, wo kann die Hölle und das Fegefeuer sein?‹ denn es schien mir, daß es unter der Erde voller Erdreich und Wasser sei und dort weder Hölle noch Fegefeuer sein könne, sondern daß das eine und das andere hier auf Erden sei, solange wir leben ...« Menocchio: »Zu predigen, daß die Menschen in Frieden leben sollen, gefällt mir;

aber die Hölle zu predigen, da sagt Paulus dies, Petrus jenes, ich glaube, es ist eine Kaufmannsware, Erfindung der Menschen, die mehr wissen denn die anderen ... Ich glaubte nicht, daß es das Paradies gäbe, dieweil ich nicht wußte, wo es ist.«[24]

61 *Herrschende Kultur und Kultur der Unterschichten*

Mehrere Male haben wir unterhalb der tiefgreifenden sprachlichen Differenzen überraschende Analogien zwischen den Grundtendenzen der bäuerlichen Kultur, die wir zu rekonstruieren suchten, und denen der fortgeschritteneren Bereiche der Hochkultur des 16. Jahrhunderts aufscheinen sehen. Erklärt man diese Analogien damit, daß schlicht eine Ausbreitung von oben nach unten stattgefunden habe, so hieße das, die unhaltbare These zu vertreten, die Ideen würden ausschließlich im Umfeld der herrschenden Klassen entstehen. Lehnt man andererseits diese vereinfachende These ab, so muß man eine viel komplexere Hypothese über die Beziehungen aufstellen, die in dieser Zeit zwischen der Kultur der herrschenden Klassen und der Kultur der Unterschichten bestanden.

Eine komplexere und eine zum Teil unbeweisbare. Die Quellenlage spiegelt natürlich die Kräfteverhältnisse zwischen den Klassen wider. Eine beinahe ausschließlich mündliche Kultur wie die der Unterschichten im vorindustriellen Europa ist darauf angelegt, keine Spuren oder entstellte Spuren von sich zu hinterlassen. Daher der symptomatische Wert eines Grenzfalls wie jenes von Menocchio. Mit aller Deutlichkeit weist er auf ein Problem hin, dessen Umfang man erst jetzt zu ahnen beginnt: die Frage nach den volkstümlichen Wurzeln eines großen Teils der mittelalterlichen und nachmittelalterlichen europäischen Hochkultur.[1] Gestalten wie Rabelais und Bruegel waren wahrscheinlich keine hervorragenden Ausnahmen. Sie schlossen vielmehr ein Zeitalter ab, das durch einen fruchtbaren unterirdischen Austausch in beiden Richtungen zwischen Hochkultur und Volkskultur charakterisiert war. Der darauf folgende Zeitabschnitt dagegen wurde gekennzeichnet durch eine immer strengere Unterscheidung zwischen der Kultur der herrschenden Klassen und der handwerklichen und bäuerlichen Kultur sowie durch eine einseitige Indoktrinierung der Volksmassen.[2] Wir können den zeitlichen Einschnitt zwischen beiden Perioden in der zweiten Hälfte des 16. Jahrhunderts ansetzen, in der es bezeichnenderweise unter dem Anstoß der Preisrevolution auch zur Verschärfung der sozialen Differenzierungen kommt. Aber die entscheidende Krise trat einige Jahrzehnte früher mit dem

Bauernkrieg und dem Täuferreich von Münster ein.[3] Damals standen die herrschenden Klassen vor der dringenden Notwendigkeit, auch ideologisch die Volksmassen wieder zu gewinnen, die sich jeder Form von Kontrolle von oben zu entziehen drohten; das versuchten sie, indem sie die sozialen Unterschiede aufrecht erhielten, ja sogar betonten.

Diese erneute machtpolitische Anstrengung nahm in den verschiedenen Teilen Europas unterschiedliche Formen an: Aber die Missionierung des flachen Landes durch die Jesuiten und die feinmaschige religiöse Organisierung auf der Grundlage der Familien, die von den protestantischen Kirchen durchgeführt wurde, lassen sich auf eine einzige Bestrebung zurückführen.[4] Dem entsprach auf der Seite der repressiven Maßnahmen, daß verstärkt Hexenprozesse durchgeführt und Randgruppen wie die Vagabunden und die Zigeuner scharfer Kontrolle ausgesetzt wurden.[5] In diesen Hintergrund von Repression und Vernichtung der Volkskultur fügt sich der Fall Menocchios ein.

62 *Briefe aus Rom*

Trotz des Abschlusses des Prozesses war die Angelegenheit noch nicht beendet; der in gewissem Sinn außergewöhnliche Teil begann erst jetzt. Als der Inquisitor von Aquileia und Concordia gesehen hatte, wie sich die Aussagen gegen Menocchio zum zweiten Mal anhäuften, hatte er nach Rom an die Kongregation der Inquisition geschrieben, um sie über den Vorfall zu informieren. In seiner Antwort am 5. Juni 1599 bestand der Kardinal von Santa Severina, eines der einflußreichsten Mitglieder der Kongregation, darauf, möglichst schnell »denjenigen aus der Diözese von Concordia« gefangenzusetzen, »der die Göttlichkeit Christi unseres Herrn geleugnet *hatte*«, »dieweil sein Fall sehr schwer und gewichtig ist, denn er wurde schon andere Male als Ketzer verurteilt«.[1] Außerdem ordnete er an, seine Bücher und seine »Schriften« einzuziehen. Die Konfiszierung erfolgte; man fand, wie wir gesehen hatten, auch »Schriften« - wir wissen nicht, welcher Art. Nachdem der Inquisitor von Friaul das Interesse Roms gesehen hatte, schickte er der Kongregation von drei Anzeigen gegen Menocchio eine Abschrift. 14. August: ein neuer Brief des Kardinals von Santa Severina: »Jener Rückfällige ... erweist sich bei seinen Überprüfungen als Atheist«, also ist es nötig, »mit gehörigen Rechtsmitteln auch die Kumpane zu finden«; der Fall ist »sehr schwerwiegend«, deshalb möge »Euer Ehren eine Abschrift seines Prozesses oder zumindest einen

Auszug schicken.«[2] Im darauffolgenden Monat kam in Rom die Nachricht an, daß Menocchio zum Tode verurteilt worden war; aber das Urteil war noch nicht vollstreckt worden. Wahrscheinlich aus spät aufkommender Mildherzigkeit zögerte der Inquisitor von Friaul. Am 5. September schrieb er an die Kongregation der Inquisition einen Brief (der nicht erhalten geblieben ist), um seine Zweifel mitzuteilen. Die Antwort, die der Kardinal von Santa Severina am 30. Oktober im Namen der ganzen Kongregation schickte, war sehr scharf: »Ich sage Euch auf Anordnung der Heiligkeit unseres Herrn, daß Ihr nicht fehlgehet, mit der Sorgfalt vorzugehen, die die Schwere des Falles erfordert, auf daß er nicht ungestraft ausgehe von wegen seiner schrecklichen und abscheulichen Missetaten, sondern mit gehöriger und strenger Züchtigung Beispiel den anderen in denselbigen Landen gebe: derohalben entrate man nicht, es ins Werk zu setzen in aller Sorgfalt und Strenge des Herzens, denn also erfordert es die Wichtigkeit des Falles, und dies ist der ausdrückliche Wille seiner Heiligkeit.«

Das Oberhaupt der katholischen Welt, der Papst Clemens VIII. in Person, wandte sich zu Menocchio hinab, der ein krankes Glied am Leibe Christi geworden war, um seinen Tod zu fordern. In den gleichen Monaten ging in Rom der Prozeß gegen den ehemaligen Mönch Giordano Bruno zu Ende. Es ist ein Zusammentreffen, das den zweifachen Kampf gegen oben und unten zu symbolisieren vermag, der von der katholischen Hierarchie in diesen Jahren geführt wurde, um die Lehren durchzusetzen, die vom Konzil von Trient angenommen worden waren. Daher das sonst unverständlich erbarmungslose Vorgehen gegen den alten Müller. Kurze Zeit später (am 13. November) ging der Kardinal erneut zum Angriff über: »Euer Ehren entrate nicht, im Falle dieses Bauern der Diözese von Concordia fortzufahren, nachdem angezeigt ist, er habe die Jungfrauschaft der allzeit allerheiligsten Jungfrau Maria, die Göttlichkeit Christi unseres Herrn und die Vorsehung Gottes geleugnet, gleichwie ich es schon schrieb auf Anordnung Seiner Heiligkeit: dieweil die Kenntnis von Fällen von so großer Wichtigkeit nicht in irgendeinen Zweifel ziehen kann, daß er ein Fall der Inquisition ist. Derohalben setzet mannhaftiglich alles ins Werk, was sich nach Maßstab der Gerechtigkeit gebührt.«

Widerstand gegen so starke Pressionen zu leisten war unmöglich: Und kurz danach wurde Menocchio getötet.[3] Wir wissen es mit Sicherheit aus der Aussage eines gewissen Donato Serotino, der am 6. Juli 1601 dem Kommissar des Inquisitors von Friaul sagte, er habe sich in Pordenone befunden, kurz nachdem »durch das Inquisitionsgericht ... Scandella hingerichtet worden« war[4]; und er habe dort eine Wirtin getroffen, von der er erfahren habe, daß »in genanntem Dorf ... ein gewisser Mensch mit Namen Marcato oder Marco war, der dafür hielt, daß wenn der Körper tot ist, auch die Seele tot sei.«

Von Menocchio wissen wir viel. Von diesem Marcato oder Marco - und von vielen anderen wie ihm, die lebten und starben, ohne Spuren zu hinterlassen - wissen wir nichts.

Anmerkungen

Abkürzungen

ACAU Archivio della Curia Arcivescovile di Udine (Archiv der Erzbischöflichen Kurie von Udine)
ACVP Archivio della Curia Vescovile di Pordenone (Archiv der Bischöflichen Kurie von Pordenone)
ASM Archivio di Stato di Modena (Staatsarchiv von Modena)
ASP Archivio di Stato di Pordenone (Staatsarchiv von Pordenone)
ASVen Archivio di Stato di Venezia (Staatsarchiv von Venedig)
ASVat Archivio Segreto Vaticano (Geheimarchiv des Vatikan)
BCU Biblioteca Communale di Udine (Stadtbibliothek von Udine)
BGL Biblioteca Governativa di Lucca (Staatsbibliothek von Lucca)

Einleitung

1. Der gemeine Mann, schrieb Vicens Vives, »hat sich in den Helden der Geschichte verwandelt« (zit. von P. Chaunu, *Une histoire religieuse sérielle*, in: »Revue d'histoire moderne et contemporaire«, XII, 1965, S. 9, Anm. 2).
Das Zitat von Brecht ist den *Fragen eines lesenden Arbeiters*, in: *Hundert Gedichte 1918-1950*, Berlin 1951, S. 107-108, entnommen. Ich sehe eben, daß dasselbe Gedicht von J. Kaplow als Motto von *The Names of Kings: the Parisian Laboring Poor in the Eighteenth Century*, New York 1973, verwendet wird. Vgl. auch H. M. Enzensberger, *Letteratura come storiografia*, in: »Il Menabò«, Nr. 9, 1966, S. 13. Ich gebrauche den Ausdruck Gramscis »classi subalterne« (Unterschichten), weil er eine hinreichend umfassende Wirklichkeit bezeichnet, ohne die mehr oder weniger absichtlich herablassenden Nebenbedeutungen von »classi inferiori« (die niederen Volksklassen) zu besitzen. Zu den bei der Herausgabe der Notizen Gramscis über Volkskultur und Unterschichten seinerzeit angeschnittenen Themen vgl. die Diskussion zwischen E. De Martino, C. Luporini, F. Fortini u.a. (vgl. das Verzeichnis der Beiträge in: L. M. Lombardi Satriani, *Antropologia culturale e analisi della cultura subalterna*, Rimini 1974, S. 74, Anm. 34). Den heutigen Diskussionsstand in dieser Frage hat zum großen Teil E. J. Hobsbawm, *Per lo studio delle classi subalterne*, in: »Società«, XVI, 1960, S. 436-449, eindrucksvoll vorweggenommen; vgl. unten.
2. Die Akten des Prozesses gegen Menocchio befinden sich im Archiv der erzbischöflichen Kurie von Udine (zit. als ACAU), Sant'Uffizio, *Anno integro 1583 a n. 107 usque ad 128 incl.*, proc. n. 126, und *Anno integro 1596 a n. 181 usque ad 306 incl.*, proc. n. 285. Der einzige Forscher, der sie erwähnt (ohne sie gesehen zu haben) ist A. Battistella, *Il S. Officio e la riforma religiosa in Friuli. Appunti storici documentati*, Udine 1895, S. 65; er nimmt irrtümlich an, Menocchio sei der Hinrichtung entgangen.
3. Die Bibliographie zu diesen Themen ist natürlich sehr umfangreich. Zur ersten und bequemsten Orientierung vgl. A. M. Cirese, *Alterità e dislivelli interni di cultura nelle società superiori*, in: *Folklore e antropologia tra storicismo e marxismo*, hrsg. von Cirese, Palermo 1972, S. 11-42; Lombardi Satriani, *Antropologia culturale*, op. cit.; *Il concetto di cultura. I fondamenti teorici della scienza antropologica*, hrsg. von P. Rossi, Turin 1970. Die Auffassung der Volkskultur als »zusammengewürfelter Haufen von Ideen usw.« wurde mit einigen Abweichungen auch von Gramsci geteilt: vgl. *Letteratura e vita nazionale*, Turin 1950, S. 215 ff. (vgl. auch Lombardi Satriani, *Antropologia culturale*, op. cit. S. 16 ff.).
4. Siehe hierzu C. Bermani, *Dieci anni di lavoro con le fonti orali*, in: »Primo Maggio«, 5. Frühjahr 1975, S. 35-50. R. Mandrou, *De la culture populaire aux 17e et 18e siècles: la Bibliothèque bleue de Troyes*, Paris 1964, bemerkt vor allem, daß »Volkskultur« und »Massenkultur« nicht synonym sind. (Man darf anmerken, daß der Begriff »culture de masse« und sein italienisches Äquivalent am ehesten dem anglo-amerikanischen Ausdruck »popular culture« gleichkommt - Quelle vieler Mißverständnisse). Der ältere Ausdruck

»culture populaire« bezeichnet - innerhalb eines »populistischen« Ansatzes - »la culture qui est l'oeuvre du peuple«. Mandrou schlägt denselben Terminus mit »erweiterter« Bedeutung (in Wirklichkeit: mit einer anderen) vor: »la culture des milieux populaires dans la France de l'Ancien Régime, nous l'entendons ..., ici, comme la culture acceptée, digérée, assimilée, par ces milieux pendant des siècles« (S. 9-10). Auf diese Weise wird schließlich die Volkskultur fast mit der Massenkultur gleichgesetzt, was anachronistisch ist. Denn die Massenkultur im modernen Sinn setzt die Kulturindustrie voraus, die im Frankreich des Ancien Régime sicher nicht vorhanden war (vgl. auch S. 174). Auch der Gebrauch des Ausdrucks »superstructure« (S. 11) ist nicht klar: Besser wäre bei Mandrous Ansatz gewesen, von falschem Bewußtsein zu sprechen. Zur Kolportageliteratur als Unterhaltungsliteratur und als Reflex des Weltbildes der Volksklassen zur damaligen Zeit vgl. S. 162-163. Auf jeden Fall ist sich Mandrou der Grenzen einer wissenschaftlichen Pionierarbeit wohl bewußt (S. 11) und insoweit ist seine Arbeit zweifellos verdienstvoll. Von G. Bollème vgl. *Littérature populaire et littérature de colportage au XVIIIe siècle*, in: *Livre et société dans la France du XVIIIe siècle*, I, Paris, 's Gravenhage 1965, S. 61-92; *Les Almanachs populaires aux XVIIe* et XVIIIe *siècle, essai d'histoire sociale*, Paris, 's Gravenhage 1969; die Sammlung *La Bibliothèque Bleue: la littérature populaire en France du XVIe* au XIXe *siècle*, Paris 1971; *Représentation religieuse et thèmes d'espérance dans la »Bibliothèque Bleue«. Littérature populaire en France du XVIIe au XIXe siecle*, in: *La società religiosa nell' età moderna*, Atti del convegno di studi di storia sociale e religiosa, Capaccio-Phaestum, 18.-20. Mai 1972, Neapel 1973, S. 219-243. Es sind Studien von unterschiedlichem Niveau. Die beste ist jene, die der Sammlung der *Bibliothèque Bleue* vorangeschickt wird (auf S. 22-23 die Bemerkung über die Art der Lektüre, die diesen Texten wahrscheinlich widerfahren ist), die trotzdem Behauptungen wie jene enthält: »à la limite, l'histoire qu'entend ou lit le lecteur n'est que celle qu'il veut qu'on lui raconte ... En ce sens on peut dire que l'écriture, au même titre que la lecture, est collective, faite Par et pour tous, diffuse, diffusée, sue, dite, échangée, non gardée, et qu'elle est en quelque sorte spontané ...« (ebd.). Die unannehmbaren Fehldeutungen in folkloristisch-christlichem Sinn, die z.B. der Aufsatz *Représentation religieuse* enthält, beruhen auf derartigen Trugschlüssen. - Unfaßbar scheint die Kritik A. Duponts, Bollème habe das Historische zu charakterisieren versucht »dans ce qui est peut-être l'anhistorique, manière de fonds commun quasi ›indatable‹ de traditions ...« (*Livre et culture dans la société Française du 18e siècle*, in: *Livre et société*, op. cit., I, S. 203-204).
Über die »Volksliteratur« siehe jetzt den wichtigen Aufsatz von N. Zemon Davis, *Buchdruck und Volk*, in: ds., *Humanismus, Narrenherrschaft und die Riten der Gewalt*, Frankfurt/M. 1987, S. 210-249, die von teilweise ähnlichen Annahmen wie dieses Buch ausgeht.
Auf eine Zeit nach der Industriellen Revolution beziehen sich Arbeiten wie die von L. James, *Fiction for the Working Man, 1830-1850*, London 1974 (1. Aufl. Oxford 1963); R. Schenda, *Volk ohne Buch. Studien zur Sozialgeschichte der populären Lesestoffe (1770-1910)*, Frankfurt/M. 1970 (aus einer Reihe, die sich mit *Trivialliteratur* beschäftigt); J. J. Darmon, *Le colportage de librairie en France sous le second Empire. Grands colporteurs et culture populaire*, Paris 1972.
5. Von Bachtins Buch ist mir die französische Übersetzung bekannt: *L'oeuvre de François Rabelais et la culture populaire au Moyen Age et sous la Renaissance*, Paris 1970 (dt.: *Rabelais und seine Welt*, Frankfurt/M. 1987). In die gleiche Richtung geht auch der Beitrag von A. Berelovič, in ders. u.a., *Niveaux de culture et groupes sociaux*, Paris, La Haye 1967, S. 144-145.
6. Vgl. E. Le Roy Ladurie, *Les Paysans de Languedoc*, I, Paris 1966, S. 394 ff.; N. Zemon Davis, *Die Narrenherrschaft*, in: *Humanismus, Narrenherrschaft und Riten der Gewalt*, op. cit., 1987, S. 106-135; E. P. Thompson, *Plebeische Kultur und moralische Ökonomie*, Frankfurt/M. /Berlin/ Wien 1980, S. 131-168 (und neuerdings zum gleichen Thema: Cl. Gauvard und A. Gokalp, *Les conduites de bruit et leur signification à la fin du Moyen Age: le Charivari*, ebd., Nr. 29, 1974, S. 693-704). Die genannten Studien sollten als Beispiele verstanden werden. Zu dem etwas anders gelagerten Problem des Überdauerns vorindustrieller kultureller Muster innerhalb des Industrieproletariats vgl. den schon oben zitierten Thompson, *Zeit, Arbeitsdisziplin und Industriekapitalismus*, in: Braun, u.a. (Hrsg.), *Gesellschaft in der industriellen Revolution*, Köln 1973, S. 81-112 und *Die Entstehung der*

englischen Arbeiterklasse, Frankfurt/M. 1987; von E.J. Hobsbawm, vor allem *Primitive Rebels. Studies in Archaic Forms of Social Movement in the 19th and 20th Centuries*, Manchester 1959 (dt. *Sozialrebellen*, Neuwied/Berlin 1971) und *Les classes ouvrières anglaises et la culture depuis les débuts de la révolution industrielle*, in: ders. u.a., *Niveaux de culture*, op. cit. S. 189-199.
7. Vgl. M. de Certeau, D. Julia und J. Revel, *La beauté du mort: le concept de »culture populaire«*, in: »Politique aujourd'hui«, Dezember 1970, S. 3-23 (der zitierte Satz steht auf S. 21).
8. In *Folie et déraison. Histoire de la folie à l'age classique*, Paris 1971 (dt.: *Wahnsinn und Gesellschaft*, Frankfurt/M. 1973) behauptet Foucault, daß »die Geschichte des Wahnsinns zu schreiben also heißen wird: eine Strukturuntersuchung der historischen Gesamtheit - Vorstellungen, Institutionen, juristische und polizeiliche Maßnahmen, wissenschaftliche Begriffe - zu leisten, die einen Wahnsinn gefangenhält, dessen ungebändigter Zustand in sich selbst nie wiederhergestellt werden kann. Da uns jene unzugängliche, ursprüngliche Reinheit fehlt, muß die Strukturuntersuchung zu jener Entscheidung zurückgreifen, die Vernunft und Wahnsinn gleichzeitig trennt und verbindet« (S. 13). Das alles erklärt, weshalb in diesem Buch die Wahnsinnigen nicht vorkommen - nicht vornehmlich deshalb, weil entsprechende Quellen schwierig aufzufinden wären. Die Delirien eines Lakaien - auf Tausenden von Seiten niedergeschrieben und in der Bibliothèque de l'Arsenal verwahrt -, der am Ende des 17. Jahrhunderts als »tobsüchtiger Dementer« und halber Analphabet lebte, haben nach Foucault keinen Platz »im Universum unserer Reden« (*Wahnsinn und Gesellschaft*, S. 11). Es ist schwer zu sagen, ob Zeugnisse wie diese irgendwie Licht auf die »ursprüngliche Reinheit« des Wahnsinns werfen könnten - der vielleicht doch nicht völlig »unzugänglich« ist. Jedenfalls besteht an der Konsistenz der Gedanken Foucaults in diesem nicht selten irritierenden, aber genialen Buch kein Zweifel (trotz einiger gelegentlicher Widersprüche: vgl. z.B. die Seiten 405-406). Zur Beurteilung des Rückschritts Foucaults von *Wahnsinn und Gesellschaft* zu *Les mots et les choses* (1966) (dt.: *Die Ordnung der Dinge*, Frankfurt/M. 1974) und *L'archéologie du savoir* (1969) (dt.: *Archäologie des Wissens*, Frankfurt/M. 1973) vgl. P. Vilar, *Histoire marxiste, histoire en construction*, in: *Faire de l'histoire*, herausgegeben von J. Le Goff und P. Nora, I, Paris 1974, S. 188-189. Zu den Einwänden J. Derridas vgl. D. Julia, *La religion - Histoire religieuse*, ebd. II, S. 145-146. Vgl. jetzt auch: *Moi, Pierre Rivière, ayant égorgé ma mère, ma soeur et mon frère*, hrsg. von M. Foucault u.a., Paris 1973 (dt. *Der Fall Rivière, Materialien zum Verhältnis von Psychiatrie und Strafjustiz*, herausgegeben von M. Foucault, Frankfurt 1975). Zu den Ausdrücken »Erstaunen«, »Schweigen« und der Ablehnung einer Interpretation vgl. S. 9, 12, 207, 295, 316 Anm. 25. Bezüglich der Lektüre Rivières vgl. S. 33, 35, 107. Das Zitat über die Irrwanderung in den Wäldern steht auf S. 221 f., der Hinweis auf den Kannibalismus auf S. 212 f. Hinsichtlich der populistischen Verkehrung siehe vor allem Foucaults Beitrag *Der Mord, den man erzählt*, S. 231-241. Vgl. allgemein dazu jetzt G. Huppert, *Divinatio et Eruditio: Thoughts on Foucault*, in: »History and Theory«, XIII, 1974, S. 191-207.
9. Von J. Le Goff vgl. *Culture cléricale et traditions folkloriques dans la civilisation mérovingienne*, in: »Annales ESC«, XXII, 1967, S. 780-791; *Civilisation ecclésiastique et culture folklorique au Moyen Age: Saint Marcel de Paris et le dragon*, in: *Ricerche storiche ed economiche in memoria di Corrado Barbagallo*, hrsg. von L. De Rosa, II, Neapel 1970, S. 53-94.
10. Vgl. jetzt V. Lanternari, *Antropologia e imperialismo*, Turin 1974, S. 5 ff. und N. Wachtel, *L'acculturation*, in *Faire de l'histoire*, op. cit., I, S. 124-146.
11. Vgl. C. Ginzburg, *Die Benandanti. Feldkulte und Hexenwesen im 16. und 17. Jahrhundert*, Frankfurt/M. 1980.
12. Vgl. zur »quantifizierenden« Ideengeschichte: *Livre et société*, op. cit.; zur »seriellen« Religionsgeschichte P. Chaunu. *Une histoire religieuse*, op. cit. und jetzt M. Vovelle, *Piété baroque et déchristianisation en Provence au XVIIIe siècle*, Paris 1973. Allgemein dazu F. Furet, *L'histoire quantitative et la construction du fait historique*, in: »Annales ESC«, XXVI, 1971, S. 63-75. U.a. weist er zu Recht auf die ideologischen Implikationen einer Methode hin, die dazu neigt, die Umbrüche (und die Revolutionen) in lange Zeitreihen und ins Gleichgewicht des Systems aufzulösen. Vgl. in diesem Sinn die Forschungen von Chaunu sowie den Beitrag von A. Dupront in der zitierten Sammlung *Livre et société* (I, S. 185 ff.), wo nach vielen nebelhaften Auslassungen über die »Kollektivseele« schließlich die

erheiternden Vorzüge einer Methode hervorgehoben werden, die das 18. Jahrhundert in Frankreich erforscht, ohne seinen revolutionären Ausgang zu beachten; damit würde man sich angeblich von »einem eschatologischen Geschichtsbild« (S. 231) befreien.

13. Vgl. *Pour une définition des classes inférieures à l'epoque moderne*, in: »Annales ESC«, XVIII, 1963, S. 459-474, besonders S. 459.

14. Vgl. R. Romano, *A propos de l'édition italienne du livre de F. Braudel...*, in: »Cahier Vilfredo Pareto«, 15, 1968, S. 104-106.

15. Ich spiele an auf O. Brunner, *Adeliges Landleben und europäischer Geist*, Salzburg 1949 (vgl. auch C. Schorske, *New Trends in History*, in: »Daedalus«, Nr. 98, 1969, S. 963), und auf A. Macfarlane, *The Family Life of Ralph Josselin, a Seventeenth Century Clergyman. An Essay in Historical Anthropology*, Cambridge 1970 (vgl. dagegen die Bemerkungen von E.P. Thompson, *Anthropology and the Discipline of Historical Context*, in: »Midland History«, 1, Nr. 3, 1972, S. 41-45).

16. Vgl. die Bemerkungen von P. Bogatyrëv und R. Jakobson, *Die Folklore als besondere Form des Schaffens*, in: R. Jakobson, *Poetik*. Ausgewählte Aufsätze 1921-1971, Frankfurt/M. 1979, S. 140-157. In gleicher Richtung können die berühmten Seiten von G. Lukács über das »mögliche Bewußtsein« (d.h. das »Bewußtsein der objektiven Möglichkeiten«) in *Geschichte und Klassenbewußtsein, Werke* Bd. 2, Neuwied, Berlin 1968, S. 218 ff., die freilich in einem ganz anderen Zusammenhang entstanden sind, beansprucht werden.

17. Vgl. D. Cantimori, *Prospettive di storia ereticale italiana del Cinquecento*, Bari 1960, S. 14.

18. Vgl. D. Julia, *La religion - Histoire religieuse*, in: *Faire de l'histoire*, op. cit., II, S. 147. Über die Beziehung zwischen quantifizierenden und qualifizierenden Untersuchungen vgl. die Bemerkungen von E. Le Roy Ladurie, *La révolution quantitative et les historiens français: bilan d'une génération (1932-1968)*, in: *Le territoire de l'historien*, Paris 1973, S. 22. Von den »bahnbrechenden und vielversprechenden« Disziplinen, die zu Recht betont qualifizierend geblieben sind, nennt Le Roy Ladurie, die »psychologie historique«. Das Zitat von E.P. Thompson findet sich in *Anthropology*, op. cit., S. 50.

19. Vgl. F. Diaz, *Le stanchezze di Clio*, in: »Rivista storica italiana«, LXXXIV, 1972, besonders S. 733-734, sowie vom gleichen Autor, *Metodo quantitativo e storia delle idee*, ebd. LXXVIII, 1966, S. 9-47 (über die Untersuchungen von Bollème, S. 939-941). Siehe auch die kritischen Einwände von F. Venturi, *Utopia e riforma nell'illuminismo*, Turin 1970, S. 24-25. Zur Frage der Lektüre vgl. die Bibliographie in Kap. 15, Anm. 1.

20. Zur Geschichte der Mentalität vgl. jetzt J. Le Goff, *Les mentalités: une histoire ambiguë*, in: *Faire de l'histoire*, op. cit., III, S. 76-94. Der zitierte Satz befindet sich auf S. 80. Zur Kennzeichnung des Problems bemerkt Le Goff: »Eminemment collective, la mentalité semble soustraite aux vicissitudes des luttes sociales. Ce serait pourtant une grossière erreur que de la détacher des structures et de la dynamique sociale ... Il y a des mentalités de classes, à côté de mentalités communes. Leur jeu reste à étudier« (S. 89-90).

21. Vgl. L. Febvre, *Le problème de l'incroyance au XVIe siècle. La réligion de Rabelais*, Paris 1968 (1. Aufl. 1942). Bekanntlich weitet Febvre den Gegenstand der Untersuchung, ausgehend von einem beschränkten Problem - der Widerlegung der von A. Lefranc vorgebrachten These, derzufolge Rabelais im *Pantagruel* (1532) ein Vorkämpfer des Atheismus gewesen sei - nach und nach in immer umfassenderen Themenkreisen aus. Der dritte Teil über die Grenzen der Ungläubigkeit im 17. Jahrhundert ist zwar unter methodischen Gesichtspunkten der neuartigste, aber auch der unklarste und vagste, wie Febvre vielleicht selbst ahnt (S. 19). Die ungerechtfertigte Extrapolation auf die kollektive Mentalität der »Menschen des 16. Jahrhunderts« ist zu sehr beeinflußt von den Theorien Levy-Bruhls (»notre maître«, S. 17) über die primitive Mentalität. (Seltsam ist, daß Febvre den Ausdruck »les gens du Moyen Age« lächerlich macht, um dann, schon nach wenigen Seiten, von »hommes du XVIe siècle« und von »hommes de la Renaissance« zu sprechen, wenngleich er im letzteren Fall hinzufügt, daß es sich um eine Formel »clichée, mais commode« handelt: vgl. S. 153-154, 142, 382, 244.) Der Hinweis auf die Bauern steht auf S. 253; schon Bachtin, *Rabelais und seine Welt*, op. cit., S. 177, bemerkte, daß die Analyse Febvres sich einzig und allein auf die Kreise der etablierten Kultur bezieht. Zur Auseinandersetzung mit Descartes vgl. S. 393, 425, *passim*. Vgl. dazu auch G. Schneider, *Der Libertin. Zur Geistes- und Sozialgeschichte des Bürgertums im 16. und 17. Jahrhundert*, Stuttgart 1970, und die Bemerkungen (die nicht alle akzeptabel sind) auf

S. 9 ff. Zu der Gefahr von Febvres Geschichtsschreibung, subtilen Tautologien zu verfallen, vgl. D. Cantimori, *Storici e storia*, Turin 1971, S. 223-225.
22. Vgl. B. Geremek, *Il pauperismo nell' età preindustriale (secoli XIV-XVIII), in: Storia d'Italia*, vol. V, Teil I, Turin 1973, S. 669-698; P. Camporesi (Hrsg.), *Il libro dei vagabondi*, Turin 1973.
23. Es sei hier auf eine wichtige Studie von Valerio Marchetti über die in Siena seßhafte Bevölkerung im 16. Jahrhundert, die in Kürze erscheinen wird, hingewiesen.
24. Zu den Ausführungen dieses Abschnitts vgl. unten S. 93f.
25. Das sollte selbstverständlich weder mit einer reaktionären Sehnsucht nach der Vergangenheit noch mit der noch reaktionäreren Phrase von der angeblich unbeweglichen und ungeschichtlichen »Bauernkultur« verwechselt werden.
26. Der Satz von Benjamin ist den Thesen *Über den Begriff der Geschichte*, in: *Illuminationen*, Frankfurt/M. 1977, S. 252, entnommen.

1.

1. Es ist der Name, der in den Inquisitionsakten vorkommt. An anderer Stelle wird er auch »Menoch« oder »Menochi« genannt.
2. Vgl. ACAU, Proz. Nr. 126, Bl. 15*r*.
3. Heute ist Montereale Cellina ein Bergdorf (317 m ü.d.M.), das am Ausgang des Val Cellina liegt. 1584 machte die Pfarrgemeinde sechshundertundfünfzig Seelen aus. Vgl. AVP, *Sacrarum Visitationum Nores ab anno 1582 usque ad annum 1584*, Bl. 168*v*.
4. Vgl. ACAU, Proz. Nr. 126, Bl. 20*r*
5. »Indutus vestena quadam et desuper tabaro ac pileo aliisque vestimentis de lana omnibus albo colore« (ebd., Bl. 15*r*). Diese Art der Kleidung war bei den italienischen Müllern noch im 19. Jh. in Gebrauch: vgl. C. Cantú, *Portafolio d'un operajo*. Mailand 1871, S. 68.
6. Vgl. ACAU, *Senteniarum contra reos S. Officii liber II*, Bl. 16*v*.
7. Über die Pachtverträge in dieser Zeit vgl. G. Giorgetti. *Contadini e proprietari nell'Italia moderna. Rapporti di produzione e contratti agrari dal secolo XVI a oggi*, Turin 1974, S. 97ff. Wir wissen nicht, ob es sich um »Dauer«-Pachten handelte oder um Pachten von kürzerer Dauer (z.B. neunundzwanzig oder, wie es wahrscheinlicher ist, neun Jahre). Über die Ungenauigkeit in der Terminologie der Verträge in dieser Zeit, die es manchmal unmöglich macht, zwischen Erbpachten, Erbzinsen und Pachten zu unterscheiden, vgl. die Bemerkungen von G. Chittolini, *Un problema aperto: la crisi della proprietà ecclesiastica fra Quattro e Cinquecento*, in: »Rivista storica italiana«, LXXXV, 1973, S. 370. Wo diese beiden Felder wahrscheinlich lagen, geht aus einem späteren Aktenstück hervor, nämlich einer im Jahre 1596 auf Ersuchen des venezianischen Statthalters abgefaßten Schätzung (vgl. ASP, Notariatsschriftstücke R. 488, Nr. 3785, Bl. 17*r*-22*r*). Unter den 255 Parzellen, die in Montereale und Grizzo (einem Nachbardorf) liegen, befinden sich folgende (Bl. 18*r*): »9. Aliam petiam terre arative positam in pertinentis Monteregalis in loco dicto alla via del'homo dictam la Longona, unius iug. in circa, tentam per Bartholomeum Andreae: a mane dicta via, a meridie terrenum ser Dominici Scandelle, a sero via de sotto et a montibus terrenum tentum per heredes q. Stephani de Lombarda«; (Bl. 19*v*): »Aliam petiam terrae unius iug. in circa in loco dicto ... il campo del legno: a mane dicta laguna, a meridie terenum M. d. Horatii Montis Regalis tentum per ser Jaconum Margnanum, a sero terrenum tentum per ser Dominicum Scandelle et a montibus suprascriptus ser Daniel Capola.« Es ist nicht möglich gewesen, die Ortsangaben genau nachzuprüfen. Diese beiden Parzellen sind nicht mit völliger Sicherheit mit den »zwei Feldern auf Zins«, die von Menocchio zwölf Jahre früher (1584) erwähnt werden, gleichzusetzen: Unter anderem wird nur von der zweiten Parzelle ausdrücklich als »terrenum tentum«, d.h. vermutlich als verpachteter, gesprochen. Man beachte, daß in einer Schätzung von 1578 (ASP, Notariatsschriftstück R. 40, Nr. 332, Bl. 115*r*ff.) der Name Domenico Scandella im Unterschied zu dem eines gewissen Bernardo Scandella (wir wissen nicht, ob es ein Verwandter war: Menocchios Vater hieß Giovanni), der mehrmals

erwähnt wird, nicht erscheint. Der Nachname Scandella ist nebenbei bemerkt noch heute in Montereale verbreitet.
8. Vgl. A. Tagliaferri, *Struttura e politica sociale in una comunità veneta del'500(Udine)*, Mailand 1969, S. 78 (Pacht für eine Mühle mit Wohnung in Udine: 1571 belief sie sich zum Beispiel auf 61 Scheffel Getreide plus zwei Schinken). Vgl. auch den Pachtvertrag für eine neue Mühle, den Menocchio 1596 abschloß (vgl. weiter S. 138f.).
9. Vgl. ACAU, Proz. Nr. 126, Vernehmung vom 28. April 1584 (nicht numerierte Blätter).
10. Vgl. ASP, Notariatsschriftstücke R. 488, Nr. 3786, Bl. *27r* - *27v*, 26. Januar 1600. Der Bräutigam hieß Daniele Colussi. Für einen Vergleich mit anderen Aussteuern vgl. ebd. R. 40, Nr. 331, Bl. *2v* ff.: 390 Lire und 10 Soldi; ebd. Bl. *9r* ff.: ungefähr 340 Lire; ebd. R. 488, Nr. 3786, Bl. *11r-v*: 300 Lire; ebd., Bl. *20v-21v*: 247 Lire und 2 Soldi; ebd., Bl. *23v-24r*: 182 Lire und 15 Soldi. Die geringe Höhe der letzten Aussteuer verdankte sich sicher der Tatsache, daß die Braut, Maddalena Gastaldione aus Grizzo, sich wieder verheiratete. Leider haben wir keine Angaben über die soziale Stellung oder den Beruf der Personen, die in diesen Verträgen genannt werden. - Die Aussteuer Giovanna Scandellas bestand aus folgenden Gegenständen:

»Ein Bett mit einem neuen Strohsack und ein Paar Bettücher aus Halbleinen mit neuen Bezügen, Kissen und Kopfkissen; mit einer Kolter, die besagter Ser Stefano neu zu kaufen verspricht	69 L.	4 S.
Ein neues Hemd aus Leder	5	10
Ein gewirktes Schulterkleid mit Ausschnitten	4	-
Ein Kleid in Grau	11	-
Ein durchwirktes Halbwollenes mit dem Bruststück aus scheckigem Tuch	12	-
Noch ein Halbwollenes, ähnlich dem ebengenannten	12	-
Ein Kleid in Grau aus Halbgarn	10	-
Ein weißes Halbwollenes, umrandet mit weißem Barchent, mit Fransen um den Fuß	12	10
Ein halbwollenes Hemd	8	10
Ein Paar Schutzärmel aus hellorangenem Tuch mit Seidenbändern	4	10
Ein Paar Schutzärmel aus silberhellem Tuch	1	10
Ein Paar Schutzärmel aus Baumwolle mit Linnen gefüttert	1	-
3 neue Leintücher aus Werg	15	-
Ein feines Bettuch aus Halbgarn	5	-
3 neue Bezüge	6	-
6 Schulterkleider	4	-
4 Schulterkleider	6	-
3 neue Tücher	4	10
4 Tücher aus Halbgarn	3	-
Eine gewirkte Schürze	4	-
3 Schulterkleider	5	10
Ein Kleid aus Baumwolle	1	10
Eine alte Schürze, ein Schulterkleid und eines aus Baumwolle	3	-
Ein neues gewirktes Kopftuch	3	10
5 Nasentücher	6	-
Ein Kopftuch aus Halbgarn	3	-
2 neue Hauben	1	10
5 neue Hemden aus Leder	15	-
3 Hemden aus Halbgarn	6	-
9 Seidenbänder in allen Farben	4	10

4 Lappen in verschiedenen Farben	2	-
Eine neue Schürze aus grober Leinwand	-	15
Eine Truhe ohne Schloß	5	-
	256	9

Ich konnte nicht L. D'Orlandi und G. Perusini, *Antichi costumi friulani - Zona di Manigao*, Udine 1940 zu Rate ziehen.

11. Man vergegenwärtige sich die Bemerkungen in bezug auf das Gebiet bei Lucca von M. Berengo (*Nobili e mercanti nella Lucca del Cinquecento*, Turin 1965): In den kleineren Gemeinden »verwischt sich jeder wirkliche soziale Unterschied, da alle ihren Unterhalt aus der Ausnutzung gemeinsamer Landstücke ziehen. Und auch wenn man hier, wie sonst überall, weiterhin von Reichen und Armen spricht ..., so wird es doch sicher keinen geben, der nicht zweckmäßigerweise als Landmann oder eben Bauer gekennzeichnet werden könnte«; einen Sonderfall bilden dennoch die Müller, »die in allen halbwegs bedeutsamen Ortschaften ... ziemlich häufig als Gläubiger der Gemeinde und der Privatleute da sind; sie nehmen nicht an der Bebauung des Landes teil und sind reicher als die anderen Leute.« (ebd. S. 322, 327) - Zur sozialen Rolle der Müller vgl. S. 164f.

12. Vgl. ASP, Notariatsschriftstücke, R. 40, Nr. 333, Bl. 89*v*: Anordnung von Andrea Cossio, einem Adligen aus Udine, »potestati, iuratis, communi, hominibus Montisregalis«, ihm die Pachtschulden für gewisse Landstücke zu zahlen. Am 1. Juni wurde die Anordnung »Domenico Scandellae vocato Menocchio de Monteregali ... potestati ipsius villae« übergeben. In einem Brief Ziannutos, eines Sohnes Menocchios (vgl. oben S. 31), ist davon die Rede, daß dieser »Schultheiß und Regierer von fünf Dörfern« (bezüglich ihrer Namen vgl. *Leggi per la Patria, e Contadinanza del Friuli*, Udine 1686, Einleitung, Bl. d 2*r*) und »Kämmerer« der Pfarrei gewesen war.

13. Vgl. G. Perusini, *Gli statuti di una vicinia rurale friulana del Cinquecento*, in: »Memorie storiche forogiuliesi«, XLIII, 1958-1959, S. 213-219. Es handelt sich um die »vicinia«, d.h. die Versammlung der Familienoberhäupter, von Bueris, einem sehr kleinen Dorf bei Tricesimo; es waren sechs Familienoberhäupter, die ihr 1578 angehörten.

14. Vgl. ACAU, Sant'Uffizio, Proz. Nr. 126, Bl. 15*v*.

15. Vgl. G. Marchetti, *I quaderni dei camerari di s. Michele a Gemona*, in: »Ce fastu?«, 38, 1962, S. 11-38. Marchetti bemerkt (S. 13), daß die Kämmerer nicht dem Klerus oder dem Notariat, d.h. der »gebildeten« Schicht angehörten; sie waren meistens »Bürger oder Leute aus dem Volk, die die öffentliche Schule der Gemeinde hatten besuchen können«; und er zitiert den wahrscheinlich außergewöhnlichen Fall eines schreib- und leseunkundigen Schmieds, der 1489 Kämmerer war (S. 14).

16. Vgl. G. Chiuppani, *Storia di una scuola di grammatica dal Medio Evo fino al Seicento (Bassano)*, in: »Nuovo archivio veneto«, XXIX, 1915, S. 79. In Aviano soll der Humanist Leonardo Fosco gelehrt haben, der ursprünglich in Montereale war: F. Fattorello, *La cultura del Friuli nel Rinascimento*, in: »Atti dell'Academia di Udine«, 6. Reihe, I, 1934-1935, S. 160. Die Angabe steht jedoch nicht in dem biographischen Abriß, der von A. Benedetti, in: »Il Popolo«, Wochenzeitschrift der Diözese Concordia-Pordenone, 8. Juni 1974, gezeichnet wurde. - Eine Untersuchung über die Gemeindeschulen in dieser Zeit wäre sehr nützlich. Es handelt sich oft um sehr kleine Gemeinden: vgl. z.B. A. Rustici, *Una scuola rurale della fine del secolo XVI*, in: »La Romagna«, n.s. I, 1927, S. 334-338. Über die Verbreitung des Unterrichts in der Gegend von Lucca vgl. Berengo, *Nobili e mercanti*, op. cit., S. 322.

17. Vgl. ACAU, Proz. Nr. 126, nicht numeriertes Blatt: »fama publica deferente insinuatione producente, non quidem a malevolis orta sed a probis et honestis viris catolicaeque fidei zelatoribus, ac fere per modum notorii devenerit quod quidam Dominicus Scandella ...« (es ist die rituelle Formel).

18. Ebd., Bl. 2*r*.

19. Ebd., Bl. 10*r*.

20. Ebd., Bl. 2*r*.

21. Ebd., Bl. 13*v*, 12*r*.

22. Ebd., Bl. 6*v*, 7*v*, nicht numeriertes Blatt (Vernehmung Domenico Melchioris), Bl. 11*r*, usw.
23. Ebd., Bl. 8*r*.

2.

1. Ebd., Bl. 10*r*.
2. Ebd., Bl. 8*r*.
3. Ebd., Bl. 11*v*.
4. Ebd., Bl. 5*r*. Bekanntlich hatte in jener Periode der Ausdruck »lutherisch« in Italien eine ziemlich ungenaue Bedeutung.
5. Ebd., Bl. 4*v* (Giovanni Povoledo); Bl. 6*v* (Giovanni Antonio Melchiori, nicht zu verwechseln mit Giovanni Daniele Melchiori, Vikar von Polcenigo); Bl. 2*v* (Francesco Fasseta).
6. Ebd., Bl. 3*r*.
7. Ebd., Bl. 13*r* (Antonio Fasseta); Bl. 5*v* (Giovanni Povoledo, der zuerst sagte, er kenne Menocchio seit vierzig Jahren und dann seit fünfundzwanzig oder dreißig Jahren). Die einzige genau datierbare Angabe aus dem Gedächtnis war folgende von Antonio Fasseta (Bl. 13*r*): »Als ich einmal mit Menocchio vom Gebirge kam zur Zeit, da die Kaiserin kam, und mit ihm von ihr redete, sagte er: ›Die Kaiserin ist mehr denn die Jungfrau Maria.‹« Die Kaiserin Maria von Österreich kam 1581 nach Friaul (vgl. G.F. Palladio degli Olivi, *Historie della Provincia del Friuli*, Udine 1660, II, S. 208).
8. Vgl. ACAU, Proz. Nr. 126, Bl. 6*r*, usw.
9. Ebd., Proz. Nr. 285, Vernehmung von Pre Curzio Cellina, 17. Dez. 1598, nicht numeriertes Blatt.
10. Ebd., Proz. Nr. 126, Bl. 18*v*.
11. Ebd., Bl. 14*r*.
12. Daran erinnerte er sich selbst bei der Inquisition in der Vernehmung vom 1. Juni 1584 (vgl. ebd., Proz. Nr. 136) und bedauerte, daß er es nicht früher getan hatte.
13. Ebd., Proz. Nr. 284, nicht numeriertes Blatt (Vernehmung vom 11. November 1598).
14. Ebd., Proz. Nr. 126, Bl. 10*r*.
15. Vgl. einen analogen Fall in Friaul, zitiert von G. Miccoli, *La storia religiosa*, in: *Storia d'Italia*, Bd. II, Buch I, Turin 1974, S. 994.
16. Vgl. ACAU, Proz. Nr. 126, Bl. 10*r*.
17. Vgl. ACAU, Proz. Nr. 126, Bl. 3*r* (Daniele Fasseta); Bl. 8*r* (Giuliano Stefanut); Bl. 2*r* (Francesco Faseta); Bl. 5*r* (Giovanni Povoledo); Bl. 3*v* (Daniele Fasseta).
18. Ebd., Bl. 11*v* (Pre Andrea Bionima).
19. Vgl. Proz. Nr. 134, Vernehmung vom 7. Mai 1584. Über den Prozeß, der vorher gegen Melchiori stattfand, und seine Beziehungen zu Menocchio vgl. oben S. 106. Sowohl gegen Melchiori wie Policreto wurde der Prozeß vom Inquisitionsgericht (im März bzw. im Mai 1584) unter der Anklage geführt, sie hätten mit ihren Ratschlägen den Prozeß gegen Menocchio zu beeinflussen versucht: vgl. ACAU, Proz. Nr. 134 und Proz. Nr. 137. Beide erklärten sich für unschuldig. Melchiori wurde zur Auflage gemacht, dem Gericht zur Verfügung zu stehen, und der Fall hatte damit sein Ende; Policreto wurde einer Reinigung nach dem Kirchenrecht unterzogen. Zugunsten Policretos sagten der Bürgermeister von Pordenone, Gerolamo de'Gregori und Persönlichkeiten des örtlichen Adels, wie Gerolamo Popaiti, als Zeugen aus. Es ist bekannt, daß Policreto der Familie Mantica-Montereale, der auch die Herren von Montereale angehörten, verpflichtet war: 1583 wurde er zum Schiedsmann (als Nachfolger seines Vaters Antonio in dieser Funktion) in einem Rechtsstreit zwischen Giacomo und Giovan Battista Mantica auf der einen Seite und Antonio Mantica auf der anderen Seite (vgl. BCU, ms. 1042) ernannt.
20. Vgl. ACAU, Proz. Nr. 126, Bl. 15*v*.

3.

1. Ebd., Bl. 16*r-v.*
2. Ebd., Bl. 17*r-v.*
3. Ebd., Bl. 6*r* (Giovanni Povoledo)

4.

1. Ebd., Bl. 2*v*-3*r*. Die Äußerungen religiöser Heterodoxie von Seiten des ungebildeten Volks wurden oft als Ergebnis von Wahnsinn betrachtet: vgl. z.B. Miccoli, *La vita religiosa*, op. cit., S. 994-995.
2. Vgl. ACAU, Proz. Nr. 126, Bl. 6*v*.
3. Ebd., Proz. Nr. 136, Vernehmung vom 14. Mai 1584, nicht numerierte Blätter.
4. Vgl. Foucault, *Folie et déraison. Histoire de la folie à l'âge classique*, Paris 1961, S. 121f. (Fall Bonaventure Forcroy), ders., *Wahnsinn und Gesellschaft*, op. cit., S. 399 (1733 wurde ein Mann als Wahnsinniger im Krankenhaus Saint-Lazare eingesperrt gehalten, weil er von »außerordentlichen Gefühlen« befallen sei).

5.

1. Ziannutos Brief an den Rechtsanwalt Trappola und der, den faktisch der Pfarrer auf Anregung Ziannutos hin geschrieben hatte, sind beide in die Akten des ersten Prozesses gegen Menocchio (ACAU, Proz. Nr. 126) eingefügt. Die Versionen (wie vorherzusehen verschieden, aber nicht einander widersprechend), die von Ziannuto und dem Pfarrer über die Umstände, unter denen der Brief an Menocchio geschrieben wurde, abgegeben wurden, sind dagegen Teil des Prozesses gegen den Pfarrer selbst (Prozeß Nr. 136). Die Vorai vorgehaltenen Straftaten waren außer der Tatsache, daß er Menocchio geschrieben hatte, um ihm Ratschläge zu seiner Verteidigung zu geben: daß er zehn Jahre gewartet hatte, bis er Menocchio bei der Inquisition anzeigte, obwohl er ihn für häretisch hielt; daß er im Gespräch mit den Grafen von Montereale, Nicolò und Sebastiano, behauptet hatte, die streitende Kirche könne unrecht haben, so sehr sie auch vom Heiligen Geist regiert werde. Der sehr kurze Prozeß wurde mit einer Reinigung des Schuldigen nach dem Kirchenrecht abgeschlossen. In der Vernehmung vom 19. Mai 1584 hatte der Pfarrer unter anderem erklärt: »Ich habe mich daran gemacht, diesen Brief zu schreiben aus Furcht die ich um mein Leben hatte, dieweil die Söhne des Scandella zu mir kamen und sich verändert zeigten, mich nicht mehr wie gewöhnlich grüßten; aber ich ward von meinen Freunden gewarnt, daß ich mich vorsähe, dieweil die Meinung war, daß ich vormals genannten Ser Domenego angezeigt hätte und dieweil sie mir einige Widerwärtigkeiten hätten tun können ...« Unter denen, die Vorai der Denunziation beschuldigt hatten, befand sich Sebastiano Sebenico, der Ziannuto geraten hatte, das Gerücht zu verbreiten, Menocchio sei verrückt oder besessen (vgl. oben S. 31).
2. Dazu hatte, wie es scheint, Ziannuto Anlaß gegeben: vgl. ACAU Proz. Nr. 126, Bl. 38*v*.
3. Ebd., Bl. 19*r*.
4. Ebd.
5. Ebd., Bl. 8*r*.
6. Ebd., Bl. 19*r*.
7. Ebd., Proz. Nr. 134, Vernehmung vom 7. Mai 1584.
8. Vgl. Ginzburg, *Die Benandanti*, op. cit., Index.
9. Vgl. P. Paschini, *Venezia e l'Inquisizione Romana da Giulio III a Pio IV*, Padua 1959, S. 51ff.; A. Stella, *Chiesa e Stato nelle relazione dei nunzi pontifici a Venezia*, Vatikanstadt 1964, vor allem S. 290-291.
10. Vgl. ACAU, Proz. Nr. 126, Bl. 3*r*.

11. Ebd., Bl. 4*r*.
12. Ebd., Bl. 27*v*.

6.

1. Ebd., Bl. 27*v*-28*v*.
2. Vgl. Psalm 82,6.
3. Hier zeigt Menocchio, wie unerträglich für ihn die Reglementierung der Ehe, die vom Konzil von Trient eingeführt wurde, war: vgl. A.C. Jemolo, *Riforma tridentina nell'ambito matrimoniale*, in: AA. VV. *Contributi alla storia del Concilio di Trento e della Contoriforma*, »Quaderni di Belfagor«, 1, 1948, S. 45ff.
4. Vgl. ACAU, Proz. Nr. 126, Bl. 11*v*.
5. Ebd., Bl. 38*r*.
6. Vgl. ebd. Bl. 6*v*.
7. Ebd., Bl. 11*v*.
8. Ebd., Bl. 18*r*.
9. Ebd., Bl. 28*r-v*.
10. Ebd., Bl. 28*v*-29*r*.
11. Vgl. ebd., Bl. 2*v*.
12. Vgl. ebd., Bl. 29*r*.
13. Vgl. ebd., Bl. 33*r* (ich verbessere ein Versehen: »Christus«, anstatt »Gott«).
14. Vgl. ebd., Bl. 17*v*.
15. Vgl. ebd., Bl. 33*r*.
16. Vgl. ebd., Bl. 4*r*.
17. Vgl. ebd., Bl. 26*v*-27*r*.
18. Vgl. ebd., Bl. 3*r*.
19. Vgl. ebd., Bl. 29*v*-30*r*.
20. Vgl. ebd., Bl. 30*r*.

7.

1. Über Friaul in dieser Epoche vgl. abgesehen von Paschini, *Storia del Friuli*, II, Udine 1954, der sich ausschließlich mit den politischen Geschehnissen beschäftigt, vor allem die zahlreichen Studien von P.S. Leicht: *Un programma di parte democratica in Friuli nel Cinquecento*, in: *Studi e frammenti*, Udine 1903, S. 107-121; *La rappresentanza dei contadini presso il veneto Luogotenente della Patria del Friuli*, ebd., S. 125-144; *Un movimento agrario nel Cinquecento*, in: *Scritti vari di storia del diritto italiano*, I, Mailand 1943, S. 73-91; *Il parlamento friulano nel primo secolo della dominazione veneziana*, in: »Rivista di storia del diritto italiano«, XXI, 1948, S. 5-50; *I contadini ed i Parlamenti dell'età intermedia*, in: IXe *Congrès International des Sciences Historiques ... Etudes présentées à la Commission Internationale pour l'histoire des assemblées d'états*, Louvain 1952, S. 125-128. Von den neueren Arbeiten vgl. an erster Stelle A. Ventura, *Nobilità e popolo nella società veneta del'400 e '500*, Bari 1964, vor allem S. 187-214, vgl. auch A. Tagliaferri, *Struttura*, op. cit.
2. Vgl. A. Battistella, *La servitú di masnada in Friuli*, in: »Nuovo archivio veneto«, XI, 1906, S. II, 5-62; XII, 1906, S. I, S. 169-191, S. II, 320-331; XIII, 1907, S. I, S. 171-184, S. II, S. 142-157; XIV, 1907, S. I, S. 193-208; XV, 1908, S. 225-237. Die letzten Spuren dieser Institution verschwanden gegen 1460: Aber in den friulanischen Statuten aus dem Jahrhundert danach blieben Abschnitte wie *De nato ex libero ventre pro libero reputando* (mit der entsprechenden Feststellung: »Quicumque vero natus ex muliere serva censeatur et sit servus cuius est mulier ex qua natus est, etiam si pater eius sit liber«) oder *De servo communi manumissio*. Vgl. auch G. Sassoli de Bianchi, *La scomparsa della servitú di mastnada in Friuli*, in: »Ce Fastu?«, 32, 1956, S. 145-150.
3. Vgl. jetzt *Relazioni dei rettori veneti in Terraferma*, I: *La Patria del Friuli (luogotenenza di*

Udine), Mailand 1973 (vgl. aber über diese Ausgabe die Rezension von M. Berengo, in: »Rivista storica italiana«, LXXXVI, 1974, S. 586-590).
4. Vgl. G. Perusini, *Vita di popolo in Friuli. Patti agrari e consuetudini tradizionali*, Florenz 1961 (Biblioteca di »Lares«, VIII), S. XXI-XXII.
5. Über die Vorgänge von 1511 vgl. Leicht, *Un movimento agrario*, op. cit. und Ventura, *Nobili e popolo*, op. cit.
6. Über die Contadinanza vgl. immer noch Leicht, *La rappresentanza dei contadini*, op. cit. Es sei darauf hingewiesen, daß zu diesem Thema eine moderne Untersuchung fehlt.
7. Vgl. *Constitutiones Patrie Foriiulii cum additionibus noviter impresse*, Venetiis 1524, Bl. LX*v*, LXVIII*v*. Die gleichen Abschnitte kehren in der Ausgabe von 1565 wieder.
8. Vgl. Leicht, *I contadini ed i Parlamenti*, op. cit., der die Außergewöhnlichkeit des friulanischen Falles unterstreicht: In keinem anderen Teil Europas ist die Vertretung der Bauern dem Parlament oder der Ständeversammlung zur Seite gestellt.
9. Vgl. *Leggi per la Patria*, op. cit., S. 538ff., 642ff., 207ff.
10. Vgl. Perusini, *Vita di popolo*, op. cit., S. XXVI und allgemein Giorgetti, *Contadini e proprietari*, op. cit., S. 97ff.
11. Vgl. Tagliaferri, *Struttura*, op. cit., S. 25ff. (mit Bibliographie).
12. Vgl. Relazioni, op. cit., S. 84, 108, 115.
13. Vgl. *Aspetti e cause della decadenza economica veneziana nel secolo XVII*, Venedig/Rom 1961; *Crisis and Change in the Venetian Economy in the Sixteenth and Seventeenth Centuries*, hrsg. von B. Pullan, London 1968.

8.

1. Vgl. das sehr schöne Buch von S. Ossowski, *Klassenstruktur im sozialen Bewußtsein*, Neuwied/Berlin 1962, S. 33ff.
2. Vgl. ebd., Bl. 27*v*.
3. Vgl. ACAU, Proz. Nr. 126, Bl. 27*v*-28*r*.
4. Vgl. ASP, Notariatsschriftstücke, R. 488, Nr. 3785, Bl 17 *r* ff. und besonders Bl. 19*v*. Leider haben wir für diesen Zeitabschnitt keine Bestandsaufnahme der Kirchengüter in Friaul, wie z.B. die stark gegliederte, die 1530 im Auftrag des Statthalters Giovanni Basadona (vgl. BCU, ms. 995) abgefaßt wurde: Auf den Bl. 62*v*-64*v* ist ein Pächterverzeichnis der Kirche von Santa Maria in Montereale, in dem kein Scandella vorkommt.
5. Vgl. A. Stella, *La proprietà ecclesiastica nella Repubblica di Venezia dal secolo XV al XVII*, in: »Nuova Rivista storica«, XLII, 1958, S. 50-77; A. Ventura, *Considerazioni sull'agricoltura veneta e sull'accumulazione originaria del capitale nei secoli XVI e XVII*, in: »Studi storici«, IX, 1968, S. 674-722; und jetzt allgemein den wichtigen Aufsatz von Chittolini, *Un problema aperto*, op. cit., S. 353-393.

9.

1. Vgl. ACAU, Proz. Nr. 126, Bl. 27*r*. Hinsichtlich des Freundes Menocchios, der sich als Bürge anbot, vgl. oben S. 144.
2. Vgl. ebd., Proz. Nr. 285, nicht numerierte Blätter.
3. Die Bibliographie ist natürlich uferlos. Über die radikalen Strömungen im Allgemeinen vgl. G.H. Williams, *The Radical Reformation*, Philadelphia 1962, über das Wiedertäufertum vgl. jetzt C.-P. Clasen, *Anabaptism, A Social History (1525-1618): Switzerland, Austria, Moravia and Central Germany*, Ithaca/London 1972. Zu Italien siehe die reiche Quellensammlung bei A. Stella, *Dall'anabattismo al socinianesimo nel Cinquecento veneto*, Padua 1967, und ders., *Anabattismo e antitrinitarismo in Italia nel XVI secolo*, Padua 1969.
4. Vgl. ACAU, Proz. Nr. 126, Bl. 28*v*.
5. Vgl. Stella, *Dall' anabattismo*, op. cit., S. 87ff.; ders.: *Anabattismo e antitrinitarismo*, op.

cit., S. 64ff. Und vgl. auch C. Ginzburg, *I costituti di don Pietro Manelfi*, Florenz/Chicago 1970 (»Biblioteca dell ›Corpus Reformatorum Italicorum‹«).
6. Über die religiöse Situation in Friaul im 16. Jh. vgl. P. Paschini, *Eresia e Riforma cattolica al confine orientale d'Italia*, in: »Lateranum«, neue Reihe, XVII, Nr. 1-4, Rom 1951; L. de Biasio, *L'eresia protestante in Friuli nella seconda metà del secolo XVI*, in: »Memorie storiche Forogiuliesi«, LII, 1972, S. 71-154. Über die Handwerker von Porcía vgl. Stella, *Anabattismo e antitrinitarismo*, op. cit., S. 153-154.
7. Vgl. z.B., was 1552 der Färber Marco, ein reuiger Wiedertäufer, schrieb: »Und sie [die Wiedertäufer] predigten mir, daß man nicht glauben solle an die Vergebung, die der Papst gibt, dieweil sie sagen, es seien eitle Dinge ...« (ASVen, Sant'Uffizio, R. 10).
8. Vgl. ACAU, Proz. Nr. 126, Bl. 29*r*.
9. Vgl. Stella, *Anabattismo e antitrinitarismo*, op. cit., S. 154. Vgl. auch, was der Lumpensammler Ventura Bonicello aus Bergamo sagte, dem der Prozeß als Wiedertäufer gemacht wurde: »andere Bücher neben der Heiligen Schrift sind mir zum Greuel« (ASVen, Sant'Uffizio, R. 158, ›zweites Buch‹, Bl. 81*r*).
10. Vgl. ACAU, Proz. Nr. 126, Bl. 37*v*-38*r*.
11. Vgl. Andrea da Bergamo [P. Nelli], *Il primo libro delle satire alla carlona*, in: Vinegia, 1566, Bl. 31*r*.
12. Vgl. P. Tacchi Venturi, *Storia della Compagnia di Gesú in Italia*, I, Rom 1938, S. 455-456.
13. Vgl. F. Chabod, *Per la storia religiosa dello Stato di Milano ...*, jetzt in: ders., *Lo stato e la vita religiosa a Milano nell' epoca di Carlo V*, Turin 1971, S. 335-336.
14. Zeugnisse wie das folgende, das in einem Brief des venezianischen Botschafters in Rom, M. Dandolo (14. Juni 1550), enthalten ist, sind ziemlich selten: »... einige Mönche von der Inquisition ... berichteten hier große Dinge von Brescia und vielleicht noch größere von Bergamo, unter denen einige Handwerker sind, die am Festtag durch die Dörfer gehen und auf die Bäume steigen, um die lutherische Sekte dem einfachen Volk und den Bauern zu predigen ...« (vgl. Paschini, *Venezia*, op. cit. S. 42).
15. Ich nehme hier ein Thema wieder auf, das ich in einem früheren Aufsatz (*Folklore, magia, religione*, in: *Storia d'Italia* I, Turin 1972, S. 645ff., 656ff. dt. in: R. Romano u.a., *Die Gleichzeitigkeit des Ungleichzeitigen. Fünf Studien zur Geschichte Italiens*, Frankfurt/M. 1979) gestreift habe und das ich an anderer Stelle zu entwickeln beabsichtige.
16. Im folgenden suche ich zu präzisieren und teilweise zu verbessern, was ich in *Folklore*, op. cit. S. 645 geschrieben habe.
17. Obwohl ich breiten terminologischen Darlegungen mißtraue, halte ich eine genauere Bestimmung für angebracht, weil ich diesen Ausdruck dem des »volkstümlichen Rationalismus« (»razionalismo popolare«), »Volksreformation« und »Wiedertäufertum« vorziehe. 1. Der Ausdruck »volkstümlicher Rationalismus« ist von Berengo (*Nobili e mercanti*, op. cit., S. 435ff.) benutzt worden, um Phänomene zu bezeichnen, die im wesentlichen mit den hier untersuchten zusammenfallen. Jedoch erscheint er wenig angemessen für Haltungen, die nur teilweise auf unseren Begriff von »Vernunft« zurückzuführen sind - angefangen bei den Visionen Scolios (vgl. S. 156ff.). 2. Der bäuerliche Radikalismus, den ich nachzuzeichnen suche, ist sicher eine der grundlegenden Komponenten der Volksreformation, wie sie Macek bestimmt (»*autonome* Bewegungen, die die europäische Geschichte des 16. und des 17. Jhs. begleiten und die als Volks- oder radikale Reformation begriffen werden können«: J. Macek, *La Riforma popolare*, Florenz 1973, S. 2; kursiv von mir). Man halte sich freilich vor Augen, daß dieser Radikalismus älter als das 16. Jh. (vgl. folgende Anmerkung) ist und daß er nicht auf eine volkstümliche Entsprechung zur offiziellen Reformation reduziert werden kann. 3. Der Ausdruck »Wiedertäufertum« wurde als Oberbegriff für alle Phänomene von religiösem Radikalismus im 16. Jh. von Cantimori (*Italienische Häretiker der Spätrenaissance*, Basel 1949, S. 25ff.) vorgeschlagen; später gab er ihn auf und billigte die Kritik Ritters. Neuerdings wurde er von Rotondò wieder vorgeschlagen, um die »Mischung aus Prophetismus, antikirchlichem Radikalismus, Antitrinitarismus und sozialem Egalitarismus« zu bezeichnen, »... die bei Notaren, Ärzten und Lateinlehrern, bei Mönchen und Händlern, bei Handwerkern in den Städten und Bauern auf dem Land im Italien des 16. Jhs. verbreitet war« (vgl. *I movimenti ereticali nell'Europa del Cinquecento*, in: »Rivista storica italiana«, LXXVIII, 1966, S. 138-139). Diese Ausweitung erscheint unangebracht,

weil sie dazu führt, die tiefen Differenzen unterzubewerten, die sowohl zwischen Volks- und Hochreligion als auch zwischen ländlichem und städtischem Radikalismus bestanden. Sicher helfen nebelhafte »Typologien« und »Empfindungen«, auf die von A. Olivieri (*Sensibilità religiosa urbana e sensibilità religiosa contadina nel Cinquecento veneto: suggestioni e problemi*, in: »Critica storica«, neue Reihe, IX, 1972, S. 631-650) hingewiesen wird, nicht viel, auch deshalb nicht, weil sie unter dem Banner des Wiedertäufertums Phänomene zusammenbringen, die ihm völlig fremd sind - eingeschlossen die Prozessionen zu Ehren der Gottesmutter. Aufgabe der Forschung wird vielmehr sein, die noch unbekannten Verbindungen zwischen den verschiedenen Komponenten der »Volksreformation« zu rekonstruieren und vor allem dem religiösen und kulturellen Untergrund auf dem flachen Land nicht nur im Italien, sondern auch im Europa des 16. Jahrhunderts das rechte Gewicht zu geben - jenem Untergrund, der in den Geständnissen Menocchios durchscheint. Zu seiner Kennzeichnung habe ich von »bäuerlichem Radikalismus« gesprochen, wobei ich nicht so sehr an die *Radical Reformation* Williams (vgl. darüber die Bemerkungen Maceks), als vielmehr an den Satz von Marx dachte, dem zufolge der Radikalismus »die Dinge an der Wurzel faßt« - ein Bild, das schließlich ausgezeichnet zum Kontext paßt.

18. Vgl. den gedrängten Aufsatz von W.L. Wakefield, *Some Unorthodox Popular Ideas of the Thirteenth Century*, in: »Medievalia et Humanistica«, neue Reihe, Nr. 4, 1973, S. 25-35, der auf Quellen der Inquisition aus der Gegend von Toulouse beruht. Darin werden »statements« mitgeteilt »often tinged with rationalism, skepticism, and revealing something of a materialistic attitude. There are assertions about a terrestrial paradise for souls after death and about the salvation of unbaptized children; the denial that God made human faculties; the derisory quip about the consumption of the host; the identification of the soul as blood; and the attribution of natural growth to the qualities of seed and soil alone.« (S. 29-30) Diese Behauptungen lassen sich überzeugender auf einen Strang autonomer Ideen und Glaubenshaltungen als auf einen direkten Einfluß der Propaganda der Katharer zurückführen (Das Katharertum wird allenfalls dazu beigetragen haben, sie entweder direkt oder indirekt ans Licht zu bringen und damit die Nachforschungen der Inquisitoren ausgelöst haben). Bezeichnend ist z.B., daß die These, die einem Katharer, einem Notar, der am Ende des 14. Jhs. lebte, zum Vorwurf gemacht wurde, »quod Deus de celo non facit crescere fructus, fruges et herbas et alia, quae de terra nascuntur, sed solummodo humor terre«, beinahe wortwörtlich bei einem friaulischen Bauern drei Jahrhunderte später wieder anklang: »daß die Segnungen der Priester, die sie auf den Feldern tun, und das gesegnete Wasser, das man darüber am Erscheinungstage vergießt, in keiner Weise den Weinreben und Bäumen nutzt, um sie die Frucht hervorbringen zu lassen, sondern nur der Dung und der Fleiß des Menschen.« (Vgl. A. Serena, *Fra gli eretici trevigiani*, in: »Archivio veneto-tridentino«, III, 1923, S. 173 bzw. Ginzburg, *Die Benandanti*, op. cit. S. 44, was im besagten Sinne zu korrigieren ist). Natürlich kommt hier das Katharertum nicht herein. Vielmehr handelt es sich um Behauptungen, die »may well have arisen spontaneously from the cogitations of men and women searching for explanations that accorded with realities of the life in which they were enmeshed.« (Wakefield, *Some Unorthodox*, op. cit., S. 33.) Zu den zitierten analoge Beispiele könnten leicht vermehrt werden. Auf diese kulturelle Tradition, die Jahrhunderte später wieder aufblüht, soll mit dem Ausdruck »bäuerlicher« (oder »volkstümlicher«) »Radikalismus« angespielt werden. Den von Wakefield aufgezählten Komponenten - Rationalismus, Skeptizismus und Materialismus - wird man den egalitär ausgerichteten Utopismus und den religiösen Naturalismus hinzufügen müssen. Die Verbindung aller oder beinahe aller dieser Elemente führt zu den immer wiederkehrenden Phänomenen von bäuerlichem »Synkretismus« - die man genauer als Grundlagenphänomene bezeichnen sollte: vgl. z.B. das archäologische Material, das von J. Bordenave und M. Vialelle, *Aux racines du mouvement cathare: la mentalité religieuse des paysans de l'Albigeois médiéval*, Toulouse 1973.

10.

1. ACAU, Proz. Nr. 126, Bl. *2v-3r*.
2. Ebd., Bl. 21*v*.
3. Ebd., Proz. Nr. 285, nicht numerierte Blätter (11. November 1598).
4. Ebd., Proz. Nr. 126, Bl. 23*v*. In den mir bekannten Forschungen über die friulanische Malerei des 16. Jhs. wird kein Nicola aus Porcía erwähnt. Antonio Forniz, der eine Reihe von Untersuchungen über die friulanischen Maler durchführt, teilte mir freundlicherweise in einem Brief vom 5. Juni 1972 mit, er habe weder Spuren eines »Nicola da Porcía« noch eines »Nicola de Melchiori« (vgl. weiter unten) gefunden. - Man beachte, daß die Begegnung zwischen dem Maler und dem Müller nicht nur an religiöse, sondern auch an berufliche Beziehungen gebunden sein konnte. In den Verzeichnissen der venezianischen Patente kommt es in der Tat nicht selten vor, daß Maler, Bildhauer und Architekten um das Privileg zum Bau von Mühlen bitten. Manchmal sind es bekannte Namen wie der des Bildhauers Antonio Riccio und des Architekten Giorgio Amadeo oder Jacopo Bassano, die vom venezianischen Senat 1492 (die beiden ersten) bzw. 1544 (der dritte) ein Privileg für bestimmte Mühlen erhielten: vgl. G. Mandich, *Le privative industriali veneziane (1450-1550)*, in: »Rivista del diritto commerciale«, XXXIV, 1936, S. 1, 538, 545; aber auch S. 541. Analoge Fälle konnte ich für einen späteren Zeitraum aufgrund der Fotokopien des Bestands des Staatsarchivs in Venedig, Senato Terra, die mir freundlicherweise von Carlo Poni zur Verfügung gestellt wurden, ausfindig machen.
5. Vgl. ACAU, Proz. Nr. 285, nicht numerierte Blätter (Vernehmung vom 19. Juli 1599).
6. Vgl. ebd., nicht numerierte Blätter (Vernehmung vom 5. August 1599).
7. In dem Prozeß gegen die Gruppe von Porcía (vgl. ASVen, Sant'Uffizio, R. 13 und R. 14, H. *Antonio Deloio*) taucht kein Nicola auf.
8. Vgl. ASVen, Sant'Uffizio, R. 34, H. *Alessandro Mantica*, Vernehmung vom 17. Oktober 1571. Nicola war zu Rorario gegangen, »um einige Malerscheiben zu holen, um zu malen.«
9. Vgl. ACAU, Sant'Uffizio, Proz. Nr. 126, Bl. 23*v*.
10. Der Kolophon lautet: »In Vinegia, nelle case di Giovann'Antonio di Nicolini da Sabbio, ne gli anni del Signore, MDXLI, dil mese di maggio.« Es fehlt eine spezielle Untersuchung über dieses Werk: vgl. aber V. Rossi, *Un aneddoto della Riforma a Venezia*, in: *Scritti di critica letteraria, III: Dal Rinascimento al Risorgimento*, Florenz 1930, S. 191-222 und die vorausgeschickte Einleitung zu *Novelle dell'altro mondo, Poemetto buffonesco del 1513*, Bologna 1929 (»Nuova scelta di curiosità letterarie inedite o rare«, 2), die in exemplarischer Weise die Gestalt Caravias und die literarische Strömung erhellen, in die sich der *Sogno* teilweise einfügt. Über die Reisen zur Hölle von Possenreißern und anderen volkstümlichen komischen Gestalten vgl. Bachtin, *Rabelais und seine Welt*, op. cit., S. 431.
11. Vgl. *Il sogno*, op. cit., Bl. A III*r*. Die Ikonographie der Titelseite entspricht dem »Melancholischen«: Aber es scheint zweifelhaft, ob sie abhängig war von Dürers Stich, der in venezianischen Kreisen bekannt war. Vgl. R. Klibansky, F. Saxl und E. Panofsky, *Saturn and Melancholy, Studies in the History of Natural Philosophy, Religion and Art*, London 1964.
12. Vgl. *Il sogno*, op. cit., Bl. B II*v*.
13. Ebd., Bl. G*v*-G II*r*.
14. Ebd., Bl. G. III*r*.
15. Ebd., Bl. G. II*v*.
16. Ebd., Bl. F IV*r-v* (hier und im folgenden kursiv von mir).
17. Ebd., Bl. B*v*.
18. Ebd., Bl. B IV*r*.
19. Zanpolo beschreibt nicht das Fegefeuer; an einer gewissen Stelle verweist er in doppeldeutiger Weise auf die »Qualen der Hölle da unten oder das Fegefeuer« (ebd. Bl. IV*r*).
20. Ebd., Bl. C II*v*.
21. Ebd., Bl. E*r*. Auf diesen Punkt kommt Caravia immer wieder zurück, wobei er u.a. die Prunkentfaltung beim Bau der Schule von San Rocco mißbilligt.

22. Ebd., Bl. D. III*v*.
23. Ebd., Bl. E*r*.
24. Ebd., Bl. B IV*v*.
25. Über sein auf den *Sogno* folgendes Schaffen vgl. Rossi, *Un aneddoto*, op. cit. 1557 wurde Caravia einem Inquisitionsprozeß unterzogen, in dessen Verlauf ihm auch der *Sogno* zum Vorwurf gemacht wurde, insofern dieser »zur Verhöhnung der Religion« (vgl. ebd., S. 220; das charakteristische Testament, das vom 1. Mai 1563 datiert, ist teilweise S. 216-217 wiedergegeben) verfaßt worden sei.
26. Den Beginn von Menocchios heterodoxen Tendenzen zu datieren, ist, wie wir gesehen haben, unmöglich. Man beachte jedenfalls, daß er behauptete, er halte die Fastenzeit seit vierzig Jahren nicht ein (ACAU, Proz. Nr. 126, Bl. 27*r*) - ein Datum, das beinahe mit seiner Verbannung zusammenfällt, die ihn von Montereale fernhielt. Menocchio könnte Kontakte mit lutherischen Kreisen während der Zeit gehabt haben, die er im Krain verbrachte - einem Grenzgebiet, wo die Reformation besonders auffällig eingedrungen war.

11.

1. Vgl. ebd., Bl. 16*r-v*.
2. Vgl. ebd., Bl. 19*r*.
3. Vgl. ebd., Bl. 21*v*.
4. Vgl. Chabod, *Per la storia*, op. cit., S. 299ff.; D. Cantimori, *Italienische Häretiker*, op. cit., S. 9ff.; M. Reeves, *The Influence of Prophecy in the Later Middle Ages. A Study in Joachimism*, Oxford 1969; und jetzt G. Tognetti *Note sul profetismo nel Rinascimento e la letteratura relativa*, in: »Bullettino dell'Istituto storico italiano per il Medio Evo«, Nr. 82, 1970, S. 129-157. Über Giorgio Siculo vgl. Cantimori, *Italienische Häretiker*, op. cit., S. 51ff.; C. Ginzburg, *Due note sul profetismo cinquecentesco*, in: »Rivista storica italiana«, LXXVIII, 1966, S. 184ff.
5. Vgl. ACAU, Proz. Nr. 126, Bl. 16*r*.

12.

1. Vgl. ebd., Bl. 14*v*, 2. Februar 1584; »inveni [der Notar ist der Sprecher] quosdam libros qui non erant suspecti neque prohibiti, ideo R. p. inquisitor mandavit sibi restituit.«
2. Der von G. Spini besorgten Bibliographie nach zu urteilen dürfte es sich nicht um die Übersetzung Bruciolis handeln (vgl. »La Bibliofilia«, XLII, 1940, S. 138ff.).
3. Vgl. H. Suchier, *Denkmäler Provenzalischer Literatur und Sprache*, I, Halle 1883, S. 495ff.; P. Rohde, *Die Quellen der Romanischen Weltchronik*, ebd. S. 598-638; F. Zambrini, *Le opere volgari a stampa dei secoli XIII e XIV*, Bologna 1884^4, col. 408. Wie angemerkt wurde, haben die Drucke unterschiedlichen Umfang: Einige reichen bis zur Geburt, andere bis zur Kindheit oder bis zur Passion Christi. Diejenigen, die ich aufgefunden habe (ohne jedoch eine systematische Untersuchung anzustellen), reichen von 1473 bis 1552; beinahe alle sind aus Venedig. Wir wissen nicht, wann genau Menocchio den *Fioretto* erwarb. Das Werk kursierte weiterhin lange Zeit: Der Index von 1569 enthielt die »Flores Bibliorum et doctorum« (vgl. F.H. Reusch, *Die Indices librorum prohibitorum des sechzehnten Jahrhunderts*, Tübingen 1886, S. 333). 1576 beantwortete der Kommissar des Vatikan, Fra Damiano Rubeo, die Zweifel des Inquisitors von Bologna, indem er ihn ersuchte, die *Fioretti della Bibbia* aus dem Umlauf zu ziehen (vgl. A. Rotondò, *Nuovi documenti per la storia dell' »Indice dei libri proibiti« (1572-1638)*, in: »Rinascimento«, XIV, 1963, S. 157).
4. Menocchio sprach zuerst von *Lucidario della Madonna*; in der Folge verbesserte er sich: »Ich erinnere mich nicht wohl, ob jenes Buch *Rosario* oder *Lucidario* hieß, aber es war gedruckt.« (vgl. ACAU, Proz. Nr. 126, Bl. 18*r*, 20*r*) Vom *Rosario* Alberto da Castellos kenne ich etwa fünfzehn Druckausgaben, die von 1521 bis 1573 reichen. Auch hier habe ich

wie in den anderen Fällen keine systematische Untersuchung angestellt. Wenn das Buch, das von Menocchio gelesen wurde, eben der *Rosario* wäre (wie weiter unten gesagt werden wird, ist die Identifizierung nicht sicher), bliebe der »Lucidario« zu erklären: Handelt es sich um die unbewußte Erinnerung an irgendeinen *Lucidario*, der sich mehr oder weniger von dem Onoré de Autuns herleitet? (Über diese Literatur vgl. Y. Lefèvre, L'Elucidarium *et les lucidaires*, Paris 1954).

5. Auch in diesem *Lapsus* zeigt sich vielleicht der Einfluß der Lektüre irgendeiner Ausgabe des *Lucidario* (vgl. oben). Die Druckausgaben der Fassung der *Legenda aure* (dt. Übersetzung von R. Benz) sind unzählig. Menocchio könnte ein Exemplar derjenigen, die 1565 in Venedig erschienen sind, gelesen haben.

6. Vgl. *La poesia religiosa. I cantari agiografici e le rime di argomento sacro*, hrsg. von A. Cioni, Florenz 1963 (Biblioteca bibliografica italica, 30) S. 253ff. Der von Menocchio gelesene Text war Teil der Dichtung über die Geschichte des Gerichts, dem eine andere kürzere über das Kommen des Antichrist (*Incipit:* »Zu dir kehrt der ewige Schöpfer zurück«) vorangeht. Ich kenne davon vier Exemplare. Drei sind bei der Biblioteca Trivulziana in Mailand (vgl. M. Sander, *Le livre à figures italien depuis 1467 jusqu'à 1530*, II, Mailand 1942, Nr. 3178, 3180, 3181); das vierte bei der Biblioteca Universitaria in Bologna (*Opera nuova del giudicio generale, qual tratta della fine del mondo*, stampato in Parma, et ristampato in Bologna, per Alexandro Benacci, con licentia della Santissima Inquisitione, 1575; über dieses Exemplar vgl. weiter unten S. 195. In diesen vier Druckausgaben kommt der nach dem Matthäusevangelium paraphrasierte Abschnitt vor, der von Menocchio erwähnt wird (vgl. S. 67 und ff.); er fehlt dagegen in den kürzeren Fassungen, die in der Biblioteca Marciana in Venedig aufbewahrt sind (vgl. A. Segarizzi, *Bibliografia delle stampe popolari italiane della R. Biblioteca nazionale di S. Marco di Venezia*, I, Bergamo 1913, Nr. 134, 330).

7. Über dieses Werk existiert eine umfangreiche Literatur. Vgl. die jüngste mir bekannte Ausgabe (*Mandeville's Travels*, hrsg. von M.C. Seymour, Oxford 1967) sowie die dazu im Gegensatz stehenden Interpretationen von M.H.I. Letts (*Sir John Mandeville. The Man and His Book*, London 1949) und von J.W. Bennett (*The Rediscovery of Sir John Mandeville*, New York 1954, wo mit wenig überzeugenden Argumenten zu zeigen versucht wird, daß Mandeville als historische Person existierte). Die Reisen, die in Latein geschrieben und dann in allen europäischen Sprachen übersetzt wurden, hatten eine riesige Verbreitung in Handschriften und Druckausgaben. Allein von der italienischen Fassung existieren im Britischen Museum zusammen zwanzig Drucke aus der Zeit von 1480 bis 1567.

8. Über den *Sogno dil Caravia* vgl. die oben, Kap. 10, Anm. 25, zitierten Untersuchungen von V. Rossi.

9. Von der Übersetzung der Chronik des Foresti in Volgare kenne ich etwa fünfzehn Druckausgaben, die zwischen 1488 und 1581 erschienen. Über den Autor vgl. E. Pianetti, *Fra' Iacopo Filippo Foresti e la sua opera nel quadro della cultura bergamasca*, in: »Bergomum«, XXXIII, 1939, S. 100-109, 147-174; A. Azzoni, *I libri del Foresti e la biblioteca conventuale di S. Agostino*, ebd., LIII, 1959, S. 37-44; P. Lachat, *Une ambassade éthiopienne auprès de Clement V, à Avignon, en 1310*, in: »Annali del pontificio museo missionario etnologico già lateranensi«, XXXI, 1967, S. 9, Anm. 2.

10. Sander (*Le livre à figures*, op. cit., II, Nr. 3936-3943) verzeichnet davon acht Druckausgaben, die zwischen 1509 und 1533 erschienen.

11. Über die Tatsache, daß Menocchio davon einen von der Gegenreformation nicht zensierten Druck las, vgl. oben S. 81ff. Über jene Zensur vgl. F.H. Reusch, *Der Index der verbotenen Bücher*, I, Bonn 1883, S. 389-391; Rotondò, *Nuovi documenti*, op. cit., S. 152-153; C. de Frede, *Tipografi, editori, librai italiani del Cinquecento coinvolti in processi d'eresia*, in: »Rivista di storia della Chiesa in Italia«, XXIII, 1969, S. 41; P. Brown, *Aims and Methods of the Second »Rassettatura« of the Decameron*, in: »Studi secenteschi«, VIII, 1967, S. 3-40. Zur Frage im allgemeinen vgl. jetzt A. Rotondò, *La censura ecclesiastica e la cultura*, in: *Storia d'Italia*, Bd. V. Buch II, Turin 1973, S. 1399-1492.

12. C. de Frede, *La prima traduzione italiana del Corano sullo sfondo dei rapporti tra Christianità e Islam nel Cinquecento*, Neapel 1967.

13.

1. Vgl. ACAU, Proz. Nr. 126, Bl. 20*r*.
2. Vgl. ebd., Proz. Nr. 285, nicht numerierte Blätter (Vernehmung vom 12. Juli 1599).
3. Vgl. ebd., Proz. Nr. 126, Bl. 18*r*, 20*r*.
4. Vgl. ebd., nicht numerierte Blätter (28. April 1584).
5. Vgl. ebd., Bl. 21*v*.
6. Vgl. ebd., Bl. 22*r*, 25*v*.
7. Vgl. ebd., Bl. 23*v*.
8. Vgl. ebd., Proz. Nr. 285, nicht numerierte Blätter (Vernehmung vom 5. August 1599).
9. Vgl. ebd., Proz. Nr. 126, nicht numerierte Blätter (28. April 1584).
10. Vgl. A. Battistella, op. cit., in: Tagliaferri, *Struttura*, op. cit., S. 89.
11. Vgl. Chiuppani, *Storia di una scuola*, op. cit. Über diese Probleme ist bei dem Mangel an neueren Forschungen immer noch die alte Arbeit von G. Manacorda, *Storia della scuola in Italia, I: Il Medioevo*, Mailand/Palermo/Neapel 1914 nützlich.
12. Es sei jedenfalls hervorgehoben, daß die Geschichtsschreibung der Alphabetisierung noch in den Anfängen ist. Der flüchtige Gesamtüberblick, den C. Cipolla (*Literacy and Development in the West*, London 1969) dargeboten hat, ist schon veraltet. Unter den neueren Forschungen vgl. L. Stone, *The Educational Revolution in England, 1560-1640*, in: »Past and Present«, Nr. 28, Juli 1964, S. 41-80; ders., *Literacy and Education in England, 1640-1900*, ebd. Nr. 42, Februar 1969, S. 69-139; A. Wyczanski, *Alphabétisation et structure sociale en Pologne au XVIe* siècle, in: »Annales ESC«, XXIX, 1974, S. 705-713; F. Furet und W. Sachs, *La croissance de l'alphabétisation en France - XVIIIe* - XIXe siècle, ebd., S. 714-737. Besonders interessant für einen Vergleich mit dem vorliegenden Fall ist der Aufsatz von Wyczanski. Aus der Analyse einer Reihe von Steuerakten im Gebiet von Krakau, die aus der Zeit von 1564-1565 datieren, geht hervor, daß 22% der Bauern, die darin erwähnt werden, mit der eigenen Unterschrift zeichnen konnten. Der Autor bemerkt, daß die Zahl mit Vorsicht zu bewerten ist, denn sie bezieht sich auf eine sehr kleine Stichprobe (achtzehn Personen; außerdem erfaßt sie wohlhabende Bauern, die oft Ämter im Dorf innehatten; gerade dies war bei Menocchio der Fall); dennoch schloß er, daß »der Unterricht auf Grundschulniveau bei den Bauern nicht völlig fehlte« (*Alphabétisation*, op. cit., S. 710). Man darf gespannt sein auf die Ergebnisse der laufenden Untersuchungen von B. Bonnin (*Le livre et les paysans en Dauphiné au XVIIe* siécle) und von J. Meyer (*Alphabétisation, lecture et écriture: essai sur l'instruction populaire en Bretagne du XVIe* siècle au XIXe siècle).

14.

1. Vgl. ACAU, Proz. Nr. 126, Bl. 16*r*: »Antwort: ›Ich kann das *Credo* sagen, und auch das *Credo*, das man in der Messe spricht, habe ich gehört und habe Singen geholfen in der Kirche zu Monte Reale.‹ Frage: ›Wenn Ihr das *Credo* kennt, wie Ihr sagt, über den Artikel ‚et in Jesum Christum filium eius unicum dominum nostrum qui conceptus est de Spiritu santo, natus ex Maria virgine', was habt Ihr in der Vergangenheit geredet und geglaubt, und was glaubt Ihr gegenwärtig?‹ Frage: ›Ihr versteht doch die Worte ‚qui conceptus est de Spiritu santo, natus ex Maria virgine'?‹ Antwort: ›Jawohl, Herr, ich versteh.‹« Der Verlauf des vom Notar der Inquisition festgehaltenen Dialogs scheint anzuzeigen, daß Menocchio nur verstand, nachdem ihm die Worte des *Credo* vielleicht langsam wiederholt wurden. Die Tatsache, daß er auch das *Paternoster* kannte (ebd., Proz. Nr. 285, nicht numerierte Blätter, 12. Juli 1599), widerspricht nicht der Annahme, die wir formuliert haben. Anders aber die Worte Christi zum Dieb, die Menocchio zitiert (»hodie mecum eris in paradiso«: vgl. Proz. Nr. 126, Bl. 33*r*): Es wäre jedoch gewagt, allein auf dieser Grundlage den Schluß zu ziehen, er habe vertiefte Kenntnisse des Latein gehabt.
2. Leider haben wir keine systematischen Untersuchungen über die Bücher, die in den Unterschichten im Italien des 16. Jhs. verbreitet waren - genauer: bei der Minderheit von Mitgliedern dieser Schichten, die lesen konnten. Eine Untersuchung auf Grundlage

der Testamente, der Bestandsaufnahmen *post mortem* (wie sie vor allem von Bec für die Kreise der Kaufleute unternommen wurde) und der Prozesse der Inquisition wäre sehr nützlich. Vgl. auch die Quellen, die von H.-J. Martin, *Livre, pouvoirs et société à Paris au XVIIe siècle* (1598-1701), I, Genf 1969, S. 516-518 und für einen späteren Zeitabschnitt J. Solé, *Lecture et classes populaires à Grenoble au dix-huitième siècle: le témoignage des inventaires après décès*, in: *Images du peuple au XVIIIe siècle - Colloque d'Aix-en-Provence, 25 et 26 octobre 1969*, Paris 1973, S. 95-102, zusammengestellt worden sind.

3. Für ersteren vgl. Leonardo da Vinci, *Scritti letterari*, hrsg. von A. Marinoni, neue Ausg., Mailand 1974, S. 254 (es handelt sich hier um eine Vermutung, die die Wahrscheinlichkeit für sich hat). Für letzteren vgl. E. Solmi, *Le fonti dei manoscritti di Leonardo da Vinci*, Turin 1908, Suppl. Nr. 10-11 des »Giornale storico della letteratura italiana«, S. 205 (über die Reaktion Leonardos auf Mandeville vgl. oben S. 78). Vgl. allgemein außer der zitierten Ausgabe von Marinoni, S. 239ff., E. Garin, *Il problema delle fonti del pensiero di Leonardo*, in: *La cultura filosofica del Rinascimento italiano*, Florenz 1961, S. 388ff. und C. Dionisotto, *Leonardo uomo di lettere*, in: »Italia medioevale e umanistica«, V, 1962, S. 183ff. (der versucht hat, auch auf methodischer Ebene aktuell zu bleiben).

4. Es handelt sich um das Exemplar der *Opera nuova del giudicio generale*, das bei der Universitätsbibliothek in Bologna aufbewahrt ist (Signatur: Aula V, Tab. I, J. I., vol. 51.2). Auf dem Titelblatt die Aufschrift »Ulissis Aldrovandi et amicorum«. Andere Aufschriften, die ebenfalls auf dem Titelblatt und auf der letzten Seite stehen, scheinen nicht von Aldrovandis Hand zu sein. Über die ihn betreffenden Vorgänge bei der Inquisition vgl. A. Rotondò, *Per la storia dell eresia a Bologna ne secolo XVI*, in: »Rinascimento«, XIII, 1962, S. 150f., mit Bibliographie.

5. Vgl. ACAU, Proz. Nr. 126, Bl. 12*v*.

15.

1. Zur Frage der Lektüre - die überraschenderweise beinahe immer von den Forschern über diese Probleme vernachlässigt wird - vgl. die richtigen Beobachtungen U. Ecos (*Il problema della ricezione*, in: *La critica tra Marx e Freud*, hrsg. von A. Ceccaroni und G. Pagliono Ungari, Rimini 1973, S. 19-27), die zum großen Teil mit dem hier Gesagten übereinstimmen. Viel interessantes Material taucht in der Untersuchung von A. Rossi und S. Piccone Stella, *La fatica di leggere*, Rom 1963, auf. Über den »Irrtum« als methodisch entscheidende Erfahrung (was auch im Fall der Lektüre Menocchios gezeigt worden ist) vgl. C. Ginzburg, *A proposito della raccolta dei saggi storici di Marc Bloch*, in: »Studi medievali«, 3. Reihe, VI, 1965, S. 340ff.

2. Vgl. ACAU, Proz. Nr. 126, Bl. 21*v*.

16.

1. Vgl. ebd., Bl. 17*v*-18*r*.

2. Ich zitiere aus der venezianischen Ausgabe von 1575 (appresso Dominico de' Franceschi, in Frezzaria al segno della Regina), Bl. 42*r*.

3. Vgl. J. Furlan, *Il Calderari nel quarto centenario della morte*, in: »Il Noncello«, Nr. 21, 1963, S. 3-30. Der wirkliche Name des Malers war Giovanni Maria Zaffoni. Ich weiß nicht, ob bemerkt worden ist, daß die Gruppe von Frauen auf der rechten Seite in der Szene mit Josef und den Freiern einer analogen Gruppe nachgeahmt ist, die von Lotto in Trescore auf dem Fresco, das die Einkleidung der heiligen Chiara darstellt, gemalt wurde.

17.

1. Vgl. ACAU, Proz. Nr. 126, Bl. 29*v*.
2. Vgl. ebd.
3. Ich zitiere aus der venezianischen Ausgabe von 1566 (appresso Girolamo Scotto), S. 262. Nebenbei kann bemerkt werden, daß sich bei den Freskenszenen, die von Calderari in San Rocco gemalt wurden, auch die über den Tod Marias befindet.

18.

1. Vgl. ACAU, Proz. Nr. 126, Bl. 16*r*.
2. Ich zitiere aus dem venezianischen Druck von 1517 (per Zorzi di Rusconi milanese ad instantia de Nicolò dicto Zopino et Vincentio compagni), Bl. O V*v*.
3. Vgl. ACAU, Proz. Nr. 126, Bl. 9*r*.
4. Vgl. ebd., Bl. 16*v*.

19.

1. Vgl. ebd., Bl. 11*v*.
2. Vgl. ebd., Bl. 22*v*-23*r*.
3. Ich zitiere aus *Iudizio universal overo finale*, in Firenze, appresso alle scale di Badia, o. J. (ca. 1570-1580) und korrigiere ein paar grobe Fehler; das Exemplar wird bei der Bibliothek Trivulziana aufbewahrt. Der Druck aus Bologna von 1575 (vgl. oben S. 195) bietet Varianten von geringem Gewicht.
4. Vgl. Stella, *Anabattismo*, op. cit., S. 75.
5. Vgl. ACAU, Proz. Nr. 126, Bl. 21*v*.
6. Vgl. ebd., Bl. 9*r*.
7. Vgl. ebd., Bl. 33*v*-34r.
8. In Vinegia per Stephano da Sabbio, 1537. Über Crispoldi vgl. A. Prosperi, *Tra evangelismo e Controriforma: G.M. Giberti (1495-1543)*, Rom 1969, Index. Über das zit. Werk vgl. jetzt C. Ginzburg und A. Prosperi, *Giochi di pazienza. Un seminario sul »Beneficio di Cristo«*, Turin 1975.
9. [Crispoldi], *Alcune ragioni*, op. cit., Bl. 34*r-v*.
10. Vgl. ebd., Bl. 29ff., besonders Bl. 30*v*-31*r*: »Und gewiß verdienen sie [Söldner und Herren] und jeder persönliche Stand und jede Stellung und jede Republik und jedes Königreich dauernden Krieg und daß sie niemals Ruhe haben, wo es viele gibt, die das Vergeben hassen oder Schlechtes sagen oder halten von denen, die vergeben. Sie verdienen, daß jeder sich selbst Rache und Recht zuspricht und daß es weder Richter noch Beamte gibt, damit man an ihren ziemlich vielen Übeltaten sähe, wie groß das Übel ist, wenn jeder sich selbst Recht spricht; und wie die Rachen zu Nutz und Frommen des öffentlichen Lebens von den Staatsbeamten nach den Gesetzen auch der Adligen ausgeführt werden und daß auch bei ihnen das Vergeben eine gute Sache war, besonders wenn es zum Wohl der Republik oder einer anderen Privatperson getan wurde: wie wenn einer einem Vater vergibt, damit die kleinen Kinder nicht dessen Beistands beraubt würden. Und ich denke, eine wie viel größere Sache es sei, dies zu tun, weil Gott es so will. Diese Begründung für das gute öffentliche Leben wird an anderer Stelle und von vielen ausführlich gegeben.« Und vgl. die Kapitel XI-XV des ersten Buches der *Discorsi* (die zum ersten Mal 1531 gedruckt wurden).
11. Vgl. die Einleitung von G. Procacci zu N. Macchiavelli, *Il principe e Discorsi sopra la prima deca die Tito Livio*, Mailand 1960, S. LIX-LX.

20.

1. Vgl. ACAU, Proz. Nr. 126, Bl. 27*r*.
2. Vgl. S. 129.
3. Vgl. die oben (Kap. 12, Anm. 7) erwähnte Bibliographie.
4. Vgl. G. Atkinson, *Les nouveaux horizons de la Renaissance française*, Paris 1935, S. 10-12.
5. Ich zitiere aus der venezianischen Ausgabe von 1534 (Joanne de Mandavilla, *Qual tratta delle piú maravegliose cose*), Bl. 45*v*.
6. Vgl. ebd., Bl. 46*r-v*.
7. Vgl. ACAU, Proz. Nr. 126, Bl. 38*r*.
8. Vgl. Mandavilla, *Qual tratta*, op. cit., Bl. 51*v*.
9. Vgl. ACAU, Proz. Nr. 126, Bl. 16*v*.
10. Vgl. Mandavilla, *Qual tratta*, op. cit. Bl. 52*r*.
11. Vgl. ACAU, Proz. Nr. 126, Bl. 13*r*.
12. Vgl. ebd., Bl. 16*v*.
13. Vgl. Mandavilla, *Qual tratta*, op. cit., Bl. 53*r-v*.

21.

1. Vgl. ebd., Bl. 63*r*. »Channe« ist Thana, ein Ort, der auf der Insel Salsette, nordöstlich von Bombay, liegt (zur Feststellung der von Mandeville genannten Orte bediene ich mich des Kommentars von M.C. Seymour zu der zitierten Ausgabe).
2. Vgl. ebd., Bl. 79*v*. Zu diesem Abschnitt als möglicher Quelle für Swift vgl. Bennett, *The Rediscovery*, op. cit., S. 255-256.
3. Vgl. ACAU, Proz. Nr. 126, nicht numerierte Blätter; ebd., Bl. 22*r*.
4. Über die Grenzen des Relativismus Montaignes vgl. S. Landucci, *I filosofi e i selvaggi, 1580-1780*, Bari 1972, S. 363-364 und *passim*.
5. Vgl. Mandavilla, *Qual tratta*, op. cit., Bl. 76*v*-77*r*. Dondina (Dondun): vielleicht eine der Andamanen-Inseln.
6. Vgl. Solmi, *Le fonti*, op. cit., S. 205.
7. Vgl. ACAU, Proz. Nr. 126, Bl. 21*v*-22*r*.

22.

1. Vgl. Mandavilla, *Qual Tratta*, op. cit. Bl. 63*v*.
2. Ebd., Bl. 63*v*-64*r*.
3. Ebd., Bl. 75*r*. Die Beschreibung der Cenofali ist dem *Speculum historiale* von Vinzenz von Beauvais entnommen.
4. Vgl. Mandavilla, *Qual tratta*, op. cit., Bl. 118*v*-119*r*. *»Et metuent«: Psalm 67, 8. »Omnes gentes«: Psalm 72, 11.*
5. Es sind dies zwei Orte, die in der klassischen Überlieferung als Oxydraces und Gymnosophistae erwähnt werden. - Diesen Abschnitten bei Mandeville können die Gestalten vom Menschen mit großen Ohren und riesigen Füßen zur Seite gestellt werden, die auf dem Portal der Kirche Ste. Madelaine von Vézeley (vgl. E. Mâle, *L'art religieux du XIIe siècle en France*, Paris 1947[5], S. 330; siehe auch die Ikonographie des hundsköpfigen Christophorus in: L. Réau, *L'iconographie de l'art chrétien*, Bd. III, Buch I, Paris 1958, S. 307-308; auf beide Quellen wurde ich freundlicherweise von Chiara Settis Frugoni hingewiesen) in der Menge der Erlösten sich befinden; hier jedoch liegt der Akzent eher auf der Ausbreitung des Wortes Christi auch bei weit entfernten und ungeheuerlichen Völkern.
6. Vgl. Mandavilla, *Qual tratta*, op. cit., Bl. 110*r-v*. Zu den Bibelzitaten vgl. *Hosea* 8, 12; *Weisheit* 8,14; *Johannes* 10, 16.

7. Vgl. z.B. C. Vivanti, *Lotta politica e pace religiosa in Francia fra Cinque e Seicento*, Turin 1963, S. 42.
8. Vgl. außer M. Penna, *La parabola dei tre anelli e la tolleranza nel Medio Evo*, Turin 1953 (von geringer Qualität); U. Fischer, *La storia dei tre anelli: dal mito all'utopia*, in: »Annali della Scuola Normale superiore di Pisa - Classe di Lettere e Filosofia«, 3. Reihe, 1973, S. 955-998.

23.

1. Vgl. Ginzburg, *Die Benandanti*, op. cit., Index.
2. Vgl. ACAU, Proz. Nr. 285, Vernehmungen vom 12. Juli, 19. Juli, 5. August 1599.
3. Vgl. oben Kap. 12, Anm. 11. Die Geschichte (*Der Jude Melchisedec entgeht durch eine Geschichte von drei Ringen einer großen Gefahr, die ihm Saladin bereitet hat:* es ist die dritte des ersten Tages) ist in der Ausgabe im Juntendruck, die von Salviati korrigiert wurde (Florenz 1573, S. 28-30; Venedig 1582 etc.). In der »von Luigi Groto cieco d'Adria neugestalteten« Ausgabe (Venedig 1590, S. 30-32) ist nicht nur der heikelste Abschnitt verschwunden (»Und so sage ich Euch, Herr, auch von den drei Gesetzen, die Gott, der Vater, den drei Völkern gegeben hat und derentwegen Ihr die Frage aufgeworfen habt: jedes Volk glaubt seine Erbschaft, nämlich sein wahres Gesetz zu haben und seine Gebote befolgen zu müssen; wer sie aber hat, diese Frage ist so gut wie bei den drei Ringen noch immer in Schwebe«: vgl. G. di Boccaccio, *Das Dekameron*, Frankfurt/M. 1978 (Insel), S. 56), sondern die ganze Geschichte ist, angefangen beim Titel (*Der Jüngling Polifilo entgeht durch eine Geschichte von drei Ringen einem schweren Tadel, den ihm drei Frauen bereitet haben)*, neu geschrieben.
4. Vgl. D. Cantimori, *Castellioniana (et Servetiana)*, in: »Rivista storica italiana«, LXVII, 1955, S. 82.

24.

1. Vgl. allgemein die methodologischen Hinweise zu den Ausdrücken »Kontakte« und »Einflüsse« von L. Febvre, *Une question mal posée: les origines de la Réforme française et le problème des causes de la Réforme*, in: »Revue historique«, CLXI, 1929.

25.

1. Vgl. ACAU, Proz. Nr. 126, Bl. 17*r*
2. Vgl. ebd., Bl. 22*r*.
3. Vgl. *Fioretto*, op. cit., Bl. A IIII*r*.
4. Vgl. Foresti, *Supplementum*, op. cit., Bl. I*v* (ich zitiere aus der venezianischen Ausgabe von 1553).
5. Vgl. ACAU, Proz. Nr. 126, Bl. 6*r*.
6. Vgl. ebd., Bl. 17*r*. Hier und im folgenden kursiv von mir.
7. Vgl. ebd., Bl. 20*r*.
8. Vgl. ebd., Bl. 23*r*.
9. Vgl. ebd., Bl. 30*r-v*.
10. Vgl. ebd., Bl. 31*v*.

26.

1. Vgl. ebd., Bl. 36*v*-37*v*. Es ist die vollständige Abschrift. Ich habe mich darauf beschränkt, die Formeln »Interrogatus ... respondit« durch die Namen der beiden Gesprächspartner zu ersetzen.

27.

1. Vgl. *Dante con l'espositioni di Christoforo Landino et d'Alessandro Vellutello*, Venedig 1578, Bl. 20 I*r*. Auf die These, daß der Mensch geschaffen wurde, um den Fall der Engel zu beheben, wird auch im *Paradies* XXX 134ff. angespielt: vgl. dazu B. Nardi, *Dante e la cultura medievale. Nuovi saggi di filosofia dantesca*, Bari 1949, S. 316-319.
2. Vgl. ACAU, Proz. Nr. 126, Bl. 17*v*.
3. Um ein Beispiel zu geben, wie Dante in Kreisen des Volks (freilich in der Stadt und zudem in Florenz) gelesen wurde, vgl. V. Rossi, *Le lettere di un matto*, in: *Scritti di critica letteraria*, II: *Studi sul Petrarca e sul Rinascimento*, Florenz 1930, S. 401ff., vor allem S. 406 ff. Näher am Fall Menocchios ist jener des Mannes aus dem Volk in der Nähe von Lucca, der sich Scolio nennen ließ: zu den Anklängen an Dante, die in seiner Dichtung vorhanden sind, vgl. weiter unten Kap. 58, Anm. 3.
4. Wir haben keine Beweise, daß Menocchio eine der üblichen Übertragungen der *Biblioteca storica* von Diodoro Siculo in Volgare gelesen hat. Im Kapitel, das dieses Werk einleitet, wird jedenfalls nicht vom Käse geredet, auch wenn auf die Entstehung der Lebewesen aus der Fäulnis hingewiesen wird. Auf das Schicksal dieses Abschnitts werden wir in Kürze zurückkommen. Mit Sicherheit wissen wir dagegen, daß Menocchio das *Supplementum* von Foresti in Händen hatte. Hier konnte er in einer kurzen Zusammenfassung auf einige kosmologische Lehren stoßen, die bis in die Antike oder ins Mittelalter reichten: »... Kurz, darum sind alle diese Dinge aus dem ersten Buch Mosis genommen, auf daß jeder Gläubige fassen könne, daß die Theologie der Leute gänzlich eitel ist: sie sei dagegen im Vergleich dazu eher Unsinn denn Theologie. Von denen sagen einige, es gebe keinen Gott. Einige andere glaubten und sagten, die am Himmel festgemachten Sterne seien Feuer oder Feuer, das geschickt gedreht und herumgetragen wird, und beteten es anstatt Gott an. Einige sagten, daß die Welt durch keinerlei Vorsehung, sondern durch eine vernünftige Natur regiert werde. Einige sagen, die Welt hätte keinen Anfang, sondern war seit ewig und sei in keiner Weise von Gott ausgegangen, sondern durch Zufall und Schicksal bestellt. Schließlich sagen einige, sie bestehe aus winzigen Teilen und Funken und kleinen beseelten Körpern ...« (*Supplementum*, op. cit., Bl. II*r*). Dieser Hinweis auf die »zufällig geschaffene Welt« (wenn es sich nicht, was wenig wahrscheinlich ist, um einen Nachklang des *Inferno* IV 136 handelt) kehrt in einem Zwiegespräch wieder, das der Pfarrer von Polcenigo, Giovan Daniele Melchiori, berichtete, als er sich für seine Aussage zum Inquisitionsgericht von Concordia (16. März) begab. Fünfzehn Jahre früher hatte ein Freund - wahrscheinlich der Pfarrer selbst - ausgerufen, als er über Land ging: »Groß ist die Güte Gottes, der diese Berge und Ebenen schuf und dies so schöne Werk der Welt.« Und Menocchio, der mit ihm war: »Wer glaubt Ihr, hat diese Welt geschaffen?« »Gott.« »Ihr täuscht Euch, dieweil diese Welt durch Zufall geschaffen ist, und wenn ich reden könnte, würde ich reden, aber ich will nicht reden.« (ACAU, Proz. Nr. 126, Bl. 24*v*-25*r*).
5. Ebd., Bl. 37*r*.
6. 1688 zeigte Redi, daß in den organischen Substanzen, die man nicht mit Luft in Kontakt kommen ließ, kein Fäulnisprozeß und also keine »Selbsterzeugung« stattfand.
7. Zit. in: H. Haydn. *The Counter-Renaissance*, New York 1960, S. 209.
8. Vgl. U. Harva: *Les représentations religieuses des peuple altaïques*, fr. Ü., Paris 1959, S. 63ff. (dt.: *Die religiösen Vorstellungen der altaischen Völker*, Helsinki 1938).
9. Vgl. ACAU, Proz. Nr. 126, Bl. 6*r* (und vgl. S. 85f.).
10. Vgl. G. de Santillana und H. von Dechend, *Hamlet's Mill*, London 1970, S. 382-383, die behaupten, die erschöpfende Erforschung dieser kosmogonischen Tradition würde

ein Buch für sich erfordern. Nachdem sie ein faszinierendes Buch über das Mühlrad als Abbild des Himmelsgewölbes geschrieben haben, würden sie es vielleicht nicht als Zufall betrachten, daß diese sehr alte Kosmogonie von einem Müller wieder vorgebracht wurde. Leider fehlt mir die Kompetenz, um eine Studie wie *Hamlet's Mill* zu beurteilen. Natürlich erwecken ihre Annahmen sowie die Gewagtheit gewisser Abschnitte Mißtrauen. Aber es geht darum, die Gewißheiten, die man aus Trägheit übernommen hat, in Frage zu stellen, damit es möglich ist die Erforschung so konstanter kultureller Zusammenhänge in Angriff zu nehmen. Vor kurzem hat sich Paola Zambelli gegen die Annahme einer vollkommen unabhängigen Bauernkultur ausgesprochen, wie ich sie angeblich in *Der Käse und die Würmer* vertreten habe. (Vgl. *Uno, due, tre, mille Menocchio?*, in: »Archivio storico italiano« 137 (1979): 59, S. 51-90 passim.) Mir scheint, daß die Hypothese, um die herum das Buch aufgebaut ist und die darüber hinaus öfters explizit bestätigt wurde, eine Hypothese, die den Kreislauf zwischen herrschenden und untergeordneten Kulturen behauptet, genau das Gegenteil bedeutet. Aber ich stimme mit Zambelli darin überein, daß der Begriff des Kreislaufs den Thesen des Buches (S. 61, Nr. 19) nicht entspricht. Der Ausdruck »vielfältige Beziehung, die durch *reziproke Wechselwirkungen* (Zambellis Kursivschrift) entsteht im Zusammenhang mit der Unterdrückung, die nur in eine Richtung läuft«, den ich irgendwo geschrieben habe, scheint ihr »offenkundig unterschiedliche Nuancen« auszudrücken, die eher akzeptiert werden können (wenn diese auch zu meiner Untersuchung im Widerspruch stehen). Dabei bemerkte sie nicht, daß ich in einem Abschnitt der Einleitung zu diesem Buch, den sie selbst zitiert hat (S. 63), bereits von *einem reziproken Einfluß* (meine Kursivschrift) zwischen den Kulturen der untergeordneten und der herrschenden Klassen gesprochen hatte. Unzweifelhaft sorgfältiger und nutzbringender sind Zambellis Bemerkungen zur Verbreitung des Begriffs der spontan entstandenen philosophischen Zirkel im Italien des 15. und 16. Jahrhunderts (Neuplatoniker und Aristoteliker). Dennoch glaube ich nicht, daß die von Zambelli angeführten Zeugnisse ein überzeugender Anhaltspunkt sind, um die Ursprünge von Menocchios Gedanken zu erklären. Es sollte zunächst einmal hervorgehoben werden, daß diese Zeugnisse einerseits von der Gerinnung des Käses sprechen, ohne diese mit dem Ursprung des Kosmos zu verbinden; daß sie andererseits vom Ursprung der Engel und der Menschen als von einem Chaos sprechen, aber ohne die Gerinnung des Käses oder Gerinnung überhaupt zu erwähnen. (Tiberius Russillianus Sestus und die Einheimische Übersetzung von *Pimander*, S. 78-79).
In einer Kultur, die sich wie diejenige des Menocchio an der täglichen Erfahrung orientiert, wurde eine Trennung vom »Bild« (besser: von der »Erfahrung«) und von der »Idee« der Gerinnung (S. 74) weder geistig noch sinnlich vollzogen. Die in Menocchios kosmologischer Rede wiederholt auftauchende Anspielung auf den geronnenen Käse als einen analog-erklärenden Schlüssel führt uns schließlich dazu, die von Zambelli behauptete (aber nicht bewiesene) gelehrte Vermittlung auszuschließen. In der Tat ist die Voraussetzung eines der Lieblingsargumente ihrer These eine intensive Durchdringung von der Kultur der Oberschicht und der bäuerlichen Kultur, welche hätte nachgewiesen werden müssen. (Um Mißverständnisse zu vermeiden, möchte ich betonen, daß ich hier auch nicht die »These einer vollkommenen Autonomie der bäuerlichen Kultur« vertrete.) Es ist absurd, anzunehmen, daß für einen mit häretischen Zirkeln in Verbindung stehenden Müller die »direkte Kenntnis« von Ficinos Schriften »unendlich leichter« war als die von Servetians Texten, »denn sie [Ficinos Texte] waren ungeheuer weit verbreitet«. Wie bereits angeführt, konnte ein Goldschmied aus Mantua versuchen, Servetus zu lesen (ohne irgend etwas zu verstehen); aber die These, daß Menocchio Ficinos Schriften besaß, ruft einem C. Dionisottis Witz ins Gedächtnis über die von Garin widerlegte, »wahrhaft wunderbare Übereinstimmung« von *De immortalità d'anima*, die in Leonardos Bücherliste erwähnt wurde, (wer war im Grunde Leonardo) und der *Theologica platonica* des Ficino: »Wenn ich darüber nachdenke, habe ich immer den Eindruck von einer Giraffe im Hühnerstall.« (C. Dionisotti, *Leonardo uomo di lettere*, in: »Italia mediovale e umanistica« 5 (1962), S. 185) Wirklich überraschend ist Zambellis Bemerkung zu dem von Ficino verwendeten Begriff *terrigenae*, der später bei Pomponazzis Schüler, Tiberius Russillianus Sestus, vorkommt: »Wenn ein Zusammenhang in der Tat so geläufig ist, daß er eine spezielle Begriffsprägung in ihrer lateinischen Sprache

verursacht, dann ist es nicht nötig, eine direkte und rein mündliche Überlieferung von Indien annehmen zu müssen.« Jenes Latein wäre unverständlich für Menocchio gewesen unter der höchst unwahrscheinlichen Voraussetzung, daß jene Texte wirklich in seine Hände gefallen sind. Kurz gesagt, wir haben es hier mit zwei Kulturen zu tun, die - und darauf kommt es an - durch kreisförmige (reziproke) Beziehungen miteinander verbunden sind, die im einzelnen analytisch aufgedeckt werden müssen. Wenn wir die These eines Kreislaufs akzeptieren, müssen wir einräumen, daß das dem Historiker Beweisführungen auferlegt, die sich von den üblichen unterscheiden. Das entspricht der Tatsache, daß sich die herrschende Kultur und die untergeordnete Kultur in einem ungleichen Kampf befinden, in dem die Würfel falsch gefallen sind. Angenommen die Quellen würde die Machtverhältnisse zwischen den Schichten einer gegebenen Gesellschaft widerspiegeln, so ist die Wahrscheinlichkeit, daß die Kultur der untergeordneten Schichten in einer Zeit, in der das Analphabetentum so verbreitet war, eine Spur, selbst eine verzerrte, hinterlassen würde, in der Tat gering. Um die gewöhnliche Beweisführung zu akzeptieren, muß man hier die Bedeutung der vorherrschenden Kultur übertreiben.
Im gegenwärtigen Augenblick zum Beispiel anzunehmen, daß jeder Schnipsel eines geschriebenen Zeugnisses, sogar ein noch unveröffentlichter Vortrag von Pomponazzi oder ein Text von Tiberius Russillianus Sestus, der heimlich veröffentlicht wurde und dazu bestimmt war, eigentlich unbekannt zu bleiben, für die Rekonstruktion von Menocchios Gedanken von größerem Wert ist als die »rein« mündliche Überlieferung (das in Anführungsstriche gesetzte Adverb stammt von Zambelli.), bedeutet, die Frage zum Vorteil eines der Streitenden (der Priviligierteren) zu entscheiden. So kommen wir unvermeidlich dazu, die traditionelle These zu unterstützen, daß nämlich Gedanken per definitionem *immer und einzig* in gebildeten Kreisen geboren werden (vielleicht im Zuge von radikalen Positionen, aber das interessiert uns hier nicht) - in den Köpfen von Mönchen und Universitätsprofessoren, gewiß nicht in denen von Müllern und Bauern. Ein absurdes Beispiel dieser Art von Verdrehung, das sogar von den meisten grundsätzlichen chronologischen Vorsichtsmaßnahmen übersehen wurde, hat G. Spini geliefert: *Novelle libertine*, in: »Rivista storica italiana 88« (1976), S. 792-802, vgl. Zambellis Bemerkungen S. 66-67. Legitim einzuwenden ist, daß die These, die Menocchios Gedanken über den Kosmos auf eine entfernte mündliche Überlieferung zurückführt, ebenfalls unbewiesen ist und dies vielleicht auch bleiben muß (vgl. G.C. Lepschy, *Oral Literature*, in: »The Cambridge Quarterly« 8 (1979), S. 186-87). Dies kann sogar so bleiben, wenn ich, wie oben angeführt, in Zukunft beabsichtige, mit weiterem Beweismaterial ihre Möglichkeiten aufzuzeigen. In jedem Fall ist es ratsam, neue Beweiskriterien zu entwikkeln, die zu einer Forschungsrichtung passen, welche sich auf eine durchaus heterogene, in der Tat unausgewogene Quellenlage gründet. Daß ein neues Forschungsfeld nicht nur die Methoden, sondern auch die Kriterien der Beweise verändert, zeigt zum Beispiel die Geschichte der Physik: Die Akzeptanz der Atomtheorie hat eine Veränderung der Beweisregeln erfordert, die innerhalb des Gebiets der klassischen Physik entwickelt worden waren.

11. »Tellurem genitam esse atque ortum olim traxisse ex Chao, ut testatur antiquitas tam sacra quam profana, supponamus: per Chaos autem nihil aliud intelligo quam massam materiae exolutam indiscretam et fluidam ... Et cum notissimum sit liquores pingues et macros commixtos, data occasione vel libero aëri expositos, secedere ab invicem et separari, pinguesque innatare tenuibus; uti videmus in mistione aquae et olei, et *in separatione floris lactis a lacte tenui*, aliisque plurimis exemplis: aequum erit credere, hanc massam liquidorum se partitam esse in duas massas, parte ipsius pinguore supernante reliquae ...« (T. Burnet, *Telluris theoria sacra, originem et mutationes generales orbis nostri, quas aut jam subiit, aut olim subiturus est, complectens*, Amsterdam 1699, S. 17, 22; ich danke herzlich Nicola Badaloni, der mich auf diesen Abschnitt hingewiesen hat.) Zu den Hinweisen auf die indische Kosmologie vgl. ebd. S. 344-347, 541-544.

12. Vgl. Ginzburg, *Die Benandanti*, op. cit., S. 15. Auf dieses Thema werde ich umfassender in einer baldigen Untersuchung zurückkommen.

28.

1. Über die Beziehung zwischen den beiden Phänomenen siehe zuletzt E. L. Eisenstein, *L'avènement de l'imprimerie et la Réforme*, in: »Annales ESC«, XXVI, 1971, S. 1355-1382.
2. Vgl. zum ganzen Komplex den grundlegenden Aufsatz von J. Goody und J. Watt, *Konsequenzen der Literalität*, in: J. Goody (Hrsg.), *Literalität in traditionalen Gesellschaften*, Frankfurt/M. 1981, S. 45-104, der freilich seltsamerweise den Einschnitt, den die Erfindung des Buchdrucks darstellt, nicht beachtet. Zu Recht besteht E. L. Eisenstein, *The Advent of Printing and the Problem of the Renaissance*, in: »Past and Present«, Nr. 45, November 1969, S. 66-68, auf der Möglichkeit des Autodidaktentums, die der Buchdruck eröffnet.
3. Vgl. ACAU, Proz. Nr. 126, Bl. 27*v*. Man beachte, daß 1610 der venezianische Statthalter A. Grimani die Vorschrift erließ, daß alle Prozesse in Friaul, in die Bauern verwickelt waren, in Volgare geschrieben werden mußten: vgl. *Leggi*, op. cit., S. 166.
4. Vgl. ebd., Proz. Nr. 285, nicht numerierte Blätter (6. Juli 1599).
5. Vgl. ebd., Proz. Nr. 126, Bl. 26*v*.

29.

1. Vgl. *Fioretto*, op. cit., Bl. A I I*v*-A IV*v*.
2. Vgl. *Fioretto*, op. cit., Bl. C*r-v*.
3. Ich gebrauche hier (wenn auch, wie im Vorwort S. 19 gesagt, in einer anderen Perspektive) den Begriff »outillage mental«, der von Febvre (vgl. *Le problème de l'incroyance*, op. cit., S. 328ff.) ausgearbeitet wurde.

30.

1. Vgl. z. B. S. 105f.

31.

1. Vgl. ACAU, Proz. Nr. 126, Bl. 17*v*.
2. Ebd., Bl. 28*r*.
3. Ebd., Bl. 37*v*.
4. Ebd., Bl. 21*v*.
5. Die beiden Bilder waren traditionell: vgl. K. Thomas, *Religion and the Decline of Magic*, London 1971, S. 152.
6. Z. B. ebd., Bl. 20*r* etc.
7. Ebd., Bl. 6*r*.
8. Ebd., Bl. 35*v*.
9. Ebd., Bl. 16*v*.
10. Ebd., Bl. 29*r*.
11. Ebd., Bl. 30*v*.
12. Ebd., Bl. 34*r*.
13. Ebd.
14. Ebd., Bl. 37*r*.
15. Ebd.
16. Ebd., Bl. 15*v*.
17. Ebd., Bl. 37*r*.
18. Ebd., Bl. 31*v*.
19. Ebd., Bl. 29*r*.

20. Es kann angemerkt werden, daß Menocchio, wenn er das Buch *Dante con l'espositioni di Cristoforo Landino et d'Alessandro Vellutello* in Händen gehabt hat, wie wir angenommen haben (vgl. oben S. 90f.), unter den Glossen Landinos zum IX. Gesang des *Inferno* hat lesen können: »Die Menandriani hatten ihren Namen vom Zauberer Menandro, dem Schüler des Simon. Sie sagen, die Welt sei nicht von Gott gemacht, sondern von den Engeln.« (Bl. 58*v*). Ein wirres und entstelltes Echo dieses Abschnitts scheint in folgenden Worten Menocchios zutage zu treten: »In diesem Buch scheint mir Mandavilla gelesen zu haben, daß es einen Zauberer Simon gab, der sich in einen Engel verwandelte.« In Wirklichkeit nennt Mandeville überhaupt keinen Zauberer Simon. Wahrscheinlich spiegelt dieses Versehen die Verwirrung Menocchios wider. Nachdem er gesagt hatte, seine eigenen Ideen gingen zurück auf die Lektüre der *Reisen* Mandevilles »vor fünf oder sechs Jahren«, hatte er vom Inquisitor den Einwurf gehört: »Es ist bekannt, daß es vielleicht dreißig Jahre her ist, daß Ihr diese Eure Meinungen habt.« (ACAU, Proz. Nr. 126, Bl. 26*v*) In die Enge getrieben hatte sich Menocchio damit herausgewunden, daß er Mandeville einen - wahrscheinlich lange Zeit vorher - anderswo gelesenen Satz zuschrieb und sofort von etwas anderem sprach. Es handelt sich freilich bloß um Vermutungen.
21. Ebd., Bl. 37*r*.
22. Vgl. *Fioretto,* op. cit. Bl. B VIII*r*.
23. Ebd., Bl. A III*v*.
24. Vgl. ACAU, Proz. Nr. 126, Bl. 17*r*.

32.

1. Ebd., Bl. II*v*.
2. Ebd., Bl. 8*r*.
3. Ebd., Bl. 12 *r*.
4. Ebd., Bl. 24*r*.
5. Ebd., Bl. 25*r*.
6. Ebd., Bl. 27*v*.
7. Vgl. Stella, *Anabattismo e antitrinitarismo,* op. cit., S. 7, 125-136.
8. Über Serveto vgl. Cantimori, *Häretiker,* op. cit., S. 31-44: *Autour de Michel Servet et de Sébastien Castellion,* hrsg. von B. Becker, Haarlem 1953; R. H. Bainton, *Michel Servet hérétique et martyr,* Genf 1953.
9. ACAU, Proz. Nr. 126, Bl. 16*v*.
10. Ebd., Bl. 32*r*.
11. Vgl. M. Serveto, *De trinitatis erroribus,* Haguenau 1531, Neudr.: Frankfurt/M. 1965, Bl. 22*r*.
12. ACAU, Proz. Nr. 126, Bl. 16*v*, 29*v*, 21*v*. *Zur Interpretation von »Geist« im letzten Zitat siehe das auf S. 108 Gesagte.*
13. Vgl. Serveto, *De Trinitatis,* op. cit., Bl. 28*v*.
14. Ebd., Bl. 60*r-v*.
15. ACAU, Proz. Nr. 126, Bl. 2*r*, 5*r*.
16. Vgl. Serveto, *De Trinitatis,* op. cit., Bl. 66*v*-67*r*, 85*v* (vgl. auch Cantimori, *Häretiker,* op. cit., S. 38, Anm. 3).
17. ACAU, Proz. Nr. 126, Bl. 8*r*, 3*r* (und 10*r*, 12*v* etc.), 2*r*, 16*v*, 12*r*.
18. Vgl. den fälschlicherweise Melanchthon zugeschriebenen Brief, der an den Senat von Venedig 1539 geschickt wurde; siehe dazu K. Benrath, *Notiz über Melanchthons angeblichen Brief an den venetianischen Senat (1539),* in: »Zeitschrift für Kirchengeschichte«, 1, 1877, S. 469-471; den Fall des Juweliers Ettore Donato aus Mantua, der behauptete, nachdem er *De Trinitatis erroribus* in Händen gehabt hatte: »Er war in einem Stil, den ich nicht verstand« (Stella, *Anabattismo e antitrinitarismo,* op. cit., S. 135); zur Verbreitung in der Gegend von Modena vgl. J. A. Tedeschi und J. von Henneberg, *Contra Petrum Antonium a Cervia relapsum et Bononiae concrematum,* in *Italian Reformation Studies in Honor of Laelius Socinus,* hrsg. von J. A. Tedeschi, Florenz 1965, S. 252, Anm. 2.

33.

1. ACAU, Proz. Nr. 126, Bl. II*v*.
2. Ebd., Bl. 34*r*.
3. Ebd., Bl. 38*r-v*.
4. »In der Welt der Bauern ist kein Platz für Vernunft, eben weil alles an der Gottheit teilhat, weil alles wirklich nicht nur im symbolischen Sinn göttlich ist, der Himmel ebenso wie die Tiere, Christus ebenso wie die Ziege. Alles ist natürliche Magie. Auch die katholischen Zeremonien werden zu heidnischen Riten, zu Feiern der unterschiedslosen Existenz der Dinge, der unendlichen, irdischen Götter des Dorfes.« (C. Levi, *Christus kam nur bis Eboli,* Zürich/Wien/New York, 1947, S. 116).

34.

1. ACAU, Proz. Nr. 126, Bl. 17*r*.
2. Vgl. *Fioretto,* op. cit., Bl. B VIII*r-v* (Kursiv von mir).
3. ACAU, Proz. Nr. 126, Bl. 10*v*.
4. Vgl. *Prediger,* 3, 18ff.: »Dixi in corde meo de filiis hominum, ut probaret eos Deus et ostenderet similes esse bestiis. Idcirco unus interitus est hominum et iumentorum, et aequa utrisque condito. Sicut moritur homo, sic et illa moriuntur ...« Es kann in dieser Hinsicht daran erinnert werden, daß es unter den Anklagen, die sich zehn Jahre früher gegen den Adligen Alessandro Mantica aus Pordenone richteten, der später vom Inquisitionsgericht als »stark« der Ketzerei »verdächtig« (jedoch ohne daß wesentliche Elemente zutage traten) verurteilt wurde, auch die gab, er habe aufgrund dieser Verse die These von der Sterblichkeit der Seele verfochten. »Und man beachtete«, las man im Urteil mit dem Datum vom 29. Mai 1573, »daß es sich nicht gebührte, ihn, Alessandro, einen Mann von Bildung, mit häufig törichten Leuten in Verbindung zu bringen, ›*quod iumentum et hominum par esse interitus*‹, als er die Behauptung vertrat, daß die vernünftige Seele sterblich sei ...« (ASVen, Sant'Uffizio, R. 34, H. *Alessandro Mantica,* Bl. 21*v*-22*r* und Urteil). Daß sich unter diesen »törichten Leuten« auch Menocchio befunden habe, ist eine verlockende, aber unbeweisbare Annahme - und jedenfalls keine notwendige. Zu jener Zeit waren die Mantica mit der Familie Montereale verschwägert: vgl. A. Benedetti, *Documenti inediti riguardanti due matrimoni fra membri dei signori castellani di Spilimbergo e la familia Mantica di Pordenone,* o. O., o. J. (Pordenone 1973).
5. ACAU, Proz. Nr. 126, Bl. 18*v*.

35.

1. Ebd., Bl. 20*r-v*. Die Abschrift ist wortgetreu; nur in den folgenden Fällen ist die direkte Rede wiederhergestellt: »Man sagte ihm, ob der Geist Gottes ... und ob der Geist Gottes ...«; »er wurde gefragt, ob er meine, daß der Geist Gottes ...«; »ihm wurde gesagt, er solle die Wahrheit sagen und zu Ende bringen ...« Außerdem wurde ein Schreibfehler verbessert.

36.

1. Der Ausdruck »Pantheismus« wurde 1705 von John Toland geprägt (vgl. P. O. Kristeller, *Humanismus und Renaissance,* Bd. I, München 1974, S. 70 Anm. 5).
2. Vgl. Ginzburg, *Die Benandanti,* op cit., S. 86-87.
3. ACAU, Proz. Nr. 126, Bl. 21*r*.
4. Ebd., Bl. 20*v*.

5. Ebd., Bl. 21*r-v*.
6. Ebd., Bl. 32*r-v*.
7. Ebd., Bl. 34*v*.
8. Vgl. hierzu allgemein die entscheidenden Überlegungen von Febvre, *Le problème de l'incroyance,* op. cit., S. 163-194.

37.

1. Vgl. *Fioretto,* op. cit., Bl. B II*v*-B III*r*.
2. Vgl. auch Febvre, *Le problème de l'incroyance,* op. cit., S. 178, zu dieser von Postel formulierten Unterscheidung zwischen unsterblichem *animus* (französisch *anime*) und *anima* (französich *âme*). Man beachte freilich, daß für Postel gerade letztere mit dem Hl. Geist verbunden ist, während der *anime* vom Verstand (*mente*) erleuchtet wird.
3. Vgl. darüber im ganzen G. H. Williams, *The Radical Reformation,* op. cit., Index unter dem Stichwort »psychopannychism«; ders., *Camillo Renato (ca. 1500?-1575),* in: *Italian Reformation Studies,* op. cit., S. 106ff., 169-170, *passim;* Stella, *Dall'anabattismo,* op. cit., S. 37-44.
4. Siehe die Vernehmungen eines Anhängers Renatos in Valtellina (er erklärte, er habe »den selbigen Glauben« wie er), Giovanbattista Tabacchinos, eines Freundes des Wiedertäufers aus Ficenza, Jacometto, »des Schnürsenklers«: vgl. Stella, *Anabattismo e antitrinitarismo,* op. cit., Index unter dem Stichwort »Tabbachino«. Der kürzlich hierzu von Rotondò formulierte Vorbehalt entfällt also (vgl. C. Renato, *Opere, documenti e testimonianze,* hrsg. von A. Rotondò, »Corpus Reformatorum Italicorum«, Florenz/Chicago 1968, S. 324). Man beachte jedoch, daß das Heftchen *La revelatione,* ein Manuskript, das bei den Akten der venezianischen Inquisition aufbewahrt wird und bis jetzt dem »Schnürsenkler« Jacometto zugeschrieben wird (vgl. Stella, *Dall'anabattismo,* op. cit., S. 67-71, der weite Abschnitte davon veröffentlicht; C. Ginzburg, *I costituti di don Pietro Manelfi,* »Biblioteca del Corpus Reformatorum Italicorum«, Florenz/Chicago 1970, S. 43, Nr. 22), in Wirklichkeit das Werk Tabacchinos ist: vgl. ASVen, Sant'Uffizio, R. 158, »viertes Buch«, Bl. 53*v*. Das Heftchen, das für die Sektenmitglieder, die in die Türkei geflüchtet waren, bestimmt war, verdient eine tiefere Analyse aufgrund der unmittelbaren Beziehung seines Autors mit Renato. Bei diesem konnten bislang keine antitrinitarischen Lehren nachgewiesen werden (vgl. Renato, *Opere,* op. cit., S. 328), während die Schrift *La revelatione* von Tabacchino explizit antitrinitarisch ausgerichtet ist.
5. Vgl. Stella, *Anabattismo e antitrinitarismo,* op. cit., S. 61 (Kursiv von mir).
6. Vgl. Ginzburg, *I costituti,* op. cit., S. 35.
7. Vgl. ASVen, Sant'Uffizio, R. 44 (*De Melchiori don Daniele*).
8. Ebd., Bl. 39*v*, Bl. 23*v* etc.
9. Ebd., Bl. 66*r-v*.
10. Ich zitiere aus dem venezianischen Druck von 1589, Bl. 46*r-v*. Die erste Ausgabe reicht bis 1562 zurück. Über Ammiani oder Amiani, der Sekretär des Ordens war und am Konzil von Trient teilnahm, vgl. das von G. Alberigo verfaßte Stichwort in: *Dizionario biografico degli italiani,* II, Rom 1960, S. 776-777. Darin wird die Einstellung Ammianis hervorgehoben, der gegen die antiprotestantische Auseinandersetzung und für die Aufnahme vor allem der patristischen Tradition war. Dies ist auch in den *Discorsi* ersichtlich (denen nach wenigen Jahren zwei weitere Teile folgten), wo die ausdrückliche Polemik gegen die Lutheraner sich auf die 40. Rede beschränkt (»Was der verruchte Luther mit seinen Anhängern gemacht hat«, Bl. 51*r-v*).
11. Vgl. ASVen, Sant'Uffizio, R. 44, Bl. 80*r*. Der Hinweis auf Wicliff in einem Urteil der Inquisition aus dieser Zeit erscheint ganz außergewöhnlich.

38.

1. Vgl. oben S. 107.
2. ACAU, Proz. Nr. 126, Bl. 31*v*-32*r*.
3. Ebd., Bl. 32*v*.
4. Ebd., Bl. 33*v*.

39.

1. Vgl. oben S. 105f.
2. ACAU, Proz. Nr. 126, Bl. 29*v*.
3. Ebd., Bl. 28*v*.
4. Ebd., Bl. 29*v*.
5. Ebd., Bl. 35*r*.
6. Ebd.
7. Ebd., Bl. 32*r-v*.
8. Ebd., Bl. 35*v*.
9. Vgl. Mandavilla, *Qual tratta*, op. cit., Bl. 51*r*.
10. ACAU, Proz. Nr. 126, Bl. 38*v*.

40.

1. Ebd., Bl. 30*r*.
2. Vgl. Goody/Watt, *Konsequenzen*, op. cit.; F. Graus, *Social Utopias in the Middle Ages*, in: »Past and Present«, Nr. 38. Dezember 1967, S. 3-19; E. J. Hobsbawm, *The Social Function of the Past: Some Questions*, ebd., Nr. 55, Mai 1972, S. 3-17. Immer noch nützlich M. Halbwachs, *Les cadres sociaux de la mémoire*, Paris 1952 (1. Ausg. 1925) (dt. *Das Gedächtnis und seine sozialen Bedingungen*, Frankfurt/M. 1985).
3. »When Adam delved and Eve span / Who was then a gentleman?« ist ein berühmtes Sprichwort, dessen Verbreitung bis auf die englische Bauernerhebung von 1381 zurückgeht (vgl. R. Hilton, *Bond Men made Free. Medieval Peasant Movement and the English Rising of 1381*, London 1973, S. 222-223).
4. Vgl. allgemein G. Miccoli, *Ecclesiae primitivae forma*, in: *Chiesa gregoriana*, Florenz 1966, S. 225ff.
5. ACAU, Proz. Nr. 126, Bl. 35*r*.
6. Vgl. Landucci, *I filosofi*, op. cit.; W. Kaegi, *Voltaire und der Zerfall des christlichen Geschichtsbildes*, in: *Historische Meditationen*, Zürich 1942, S. 221-248.
7. Vgl. Foresti, *Supplementum*, op. cit., Bl. CCCLV*r-v* (die Zählung ist allerdings falsch).

41.

1. ACAU, Proz. Nr. 132, Erklärung des Pfarrers Odorico Vorai, 15. Februar 1584.
2. Ebd., Proz. Nr. 126, Bl. 9*r*.
3. Ebd., und vgl. Bl. 7*v*, 11*r* etc.
4. Ebd., Proz. Nr. 132, nicht numerierte Blätter (Vernehmung vom 18. Februar 1584).
5. Ebd., Proz. Nr. 126, Bl. 13*v*.
6. Ebd., Bl. 10*v*.
7. Ebd., Bl. 12*v*.
8. Ebd., Proz. Nr. 132, nicht numerierte Blätter (Vernehmung vom 25. April 1584).
9. Ebd., Proz. Nr. 126, Bl. 27*v*.
10. Ebd., Bl. 23*v*-24*r*.

11. Vgl. E. J. Hobsbawm, *Die Banditen*, Frankfurt/M. 1972.
12. Vgl. oben S. 39.

42.

1. ACAU, Proz. Nr. 126, Bl. 34*v*.
2. *Mundus novus*, o. O., o. J. (1500?), nicht numerierte Blätter (Kursiv von mir).
3. Vgl. *Opus epistolarum Des. Erasmi ...*, hrsg. von P. S. Allen, VII, Oxonii 1928, S. 232-233.
4. Ist im Anhang zu *Begola contra la bizaria*, Modena o. J. (ich benutze das bei der Biblioteca Communale dell'Archiginnasio, Bologna, Signatur 8. Lett. it., *Poesie varie*, Caps. XVII, Nr. 43 aufbewahrte Exemplar) zu finden. Ich konnte den Drucker nicht identifizieren. Vgl. jedoch R. Rochetti Bassi, *Carattere popolare della stampa in Modena nei secoli XV-XVI-XVII, Modena 1950.*
5. Auf sie kommt z. B. der zit. Aufsatz von Cocchiara immer wieder zurück, jedoch ohne sie in Zusammenhang mit den Beschreibungen der Ureinwohner Amerikas zu bringen (über das Fehlen von Privateigentum vgl. R. Romeo, *Le scoperte americane nella coscienza italiana del Cinquecento*, Mailand/Neapel 1971², S. 12ff.). Flüchtig verweist Ackermann, *»Das Schlaraffenland«*, op. cit., S. 82 und vor allem S. 102 auf diese Verbindung.
6. Vgl. Graus, *Social Utopias*, op. cit., S. 7ff., der jedoch die Verbreitung dieses Themas und seiner Resonanzen in Kreisen des Volks maßlos unterschätzt. Allgemein vgl. Bachtin, *Rabelais und seine Welt*, op. cit. *passim*. (Beiläufig ist zu bemerken, daß in der »nouveau monde«, die der Autor in den Worten Pantagruels zu entdecken meint, das Schlaraffenland anklingt, wie es von E. Auerbach, *Mimesis, Dargestellte Wirklichkeit in der Abendländischen Literatur*, Bern/München 1971⁵, S. 250ff., besonders S. 255 genau herausgearbeitet worden ist). Für Italien ist immer noch V. Rossi, *Il paese di Cuccagna nella letteratura italiana* im Anhang zu *Le lettere di messer Andrea Calmo*, Turin 1888, S. 398-410 grundlegend. Einige brauchbare Hinweise im Aufsatz von G. Cocchiara, der in der gleichnamigen Sammlung *Il paese di Cuccagna*, Turin 1956, S. 159ff. enthalten ist. Für Frankreich vgl. A. Huon, *»Le Roy Sainct Panigon« dans l'imagerie populaire du XVI*ᵉ siècle, in: *François Rabelais. Ouvrage publié pour le quatrième centenaire de sa mort (1553-1953)*, Genf/Lille 1953, S. 210-225. Allgemein E. M. Ackermann, *»Das Schlaraffenland« in German Literature and Folksong ... with an Inquiry into its History in European Literature*, Chicago 1944.
7. Es kann an die Freudsche Kategorie der Witze erinnert werden, die sich gegen »Institutionen ..., Sätze der Moral oder der Religion, Vorstellungen vom Leben« richten, »die so viel Achtung genießen, daß ein Einwand gegen sie nur in einen Witz und überdies einen Witz, der durch eine Fassade beschönigt wird, verkleidet erhoben werden kann« (vgl. den Kommentar von F. Orlandi, *Per una teoria freudiana della letteratura*, Turin 1973, S. 46ff.). So wurde im Laufe des 17. Jhs. die *Utopia* von Thomas Morus in Erzählungen frivoler oder scherzhafter Paradoxien eingefügt.
8. Vgl. P. F. Grendler, *Critics of the Italian World (1530-1560). Anton Francesco Doni, Nicolò Franco, and Ortensio Lando*, Madison, Wisconsin 1969. Von den *Mondi* habe ich die Ausgabe von 1562 (*Mondi celesti, terrestri et infernali de gli academici pellegrini ...*): der Dialog über die *Neue Welt* befindet sich auf den S. 172-184.
9. Vgl. Graus, *Social Utopias*, op. cit., S. 7; er behauptet, daß das Schlaraffenland nie eine städtische Kulisse hatte. Eine Ausnahme scheint die *Historia della città di Cuccagna* zu sein, die in Siena gegen Ende des 15. Jhs. gedruckt wurde und von Rossi (*Le lettere*, op. cit., S. 399) zitiert wird; leider war es mir nicht möglich, diesen Text aufzufinden.
10. Vgl. Doni, *Mondi*, op. cit., S. 179.
11. Vgl. A. O. Lovejoy und G. Boas, *Primitivism and Related Ideas in Antiquity*, Baltimore 1935; H. Levin, *The myth of the Golden Age in the Renaissance*, London 1969; und jetzt H. Kamen, *Golden Age, Iron Age: a Conflict of Concepts in the Renaissance*, in: »The Journal of Medieval and Renaissance Studies«, Nr. 4, 1974, S. 135-155.
12. Vgl. Doni, *Mondi*, op. cit., S. 173.
13. Zu diesem Unterschied vgl. N. Frye, *Varieties of Literary Utopias*, in: *Utopias and Utopian Thougth*, hrsg. von F. E. Manuel, Cambridge (Mass.) 1966², S. 28.

14. Vgl. Doni, *Mondi,* op. cit., S. 176: »Alles war gemein, und die Bauern kleideten sich wie die aus der Stadt, weil jeder den Ertrag seiner Mühe einbrachte und das nahm, was er nötig hatte. Er achtete darauf, daß er zu verkaufen, wieder zu verkaufen, zu kaufen und wieder zu kaufen hatte.«

15. Vgl. Foresti, *Supplementum,* op. cit., Bl. CCCXXXIX*v*-CCCXL*r*.

16. Vgl. ACAU, Proz. Nr. 126, Bl. 34*r*

17. Über die Bedeutung der städtischen Utopie Donis siehe jetzt die oberflächlichen Seiten von G. Simoncini, *Città e società nel Rinascimento,* I, Turin 1974, S. 271-273 und *passim.*

18. Vgl. Grendler, *Critics,* op. cit., S. 176-176 (allgemeiner S. 127ff.). Die Bemerkungen Grendlers sind nicht immer überzeugend: z. B. von »Materialismus« zu sprechen, der mehr oder weniger ausdrücklich vorhanden sei, scheint eine Überinterpretation zu sein (vgl. im übrigen die bezeichnenden Unschlüssigkeiten auf S. 135 und 176). In jedem Fall sind die Unsicherheiten in religiösen Fragen bei Doni zweifellos vorhanden: das scheint A. Tenenti, *L'utopia nel Rinascimento (1450-1550),* in: »Studi storici«, VII, 1966, S. 689-707 nicht in Rechnung gestellt zu haben, der hinsichtlich des *Mondo nuovo* von einer »idealen Theokratie« spricht (S. 697).

19. Vgl. Doni, *Mondi,* op. cit., S. 184. Grendler (S. 176) spricht von »orthodox religious coda«: in Wirklichkeit unterstreichen diese Worte die vereinfachte Religion, die Doni teuer war. Vgl. auch ACAU, Proz. Nr. 126, Bl. 28*r*.

20. Ebd., Bl. 35*r*.

21. *Lamento de uno poveretto huomo sopra la carestia, con l'universale allegrezza dell'abondantia, dolcissimo intertenimento de spiriti galanti,* o. O., o. J. (ich habe das bei der Biblioteca dell'Archiginnasio, Bologna, unter der Signatur 8. Lett. it., *Poesie varie,* Caps. XVII, Nr. 40 aufbewahrte Exemplar eingesehen).

22. Auf das zyklische Weltbild, das in volkstümlichen Utopien enthalten ist, kommt Bachtin zu Recht immer wieder zurück (vgl. *Rabelais und seine Welt,* op. cit., S. 252 und *passim*). Gleichzeitig mißt er freilich im Widerspruch dazu dem karnevalesken Weltbild der Renaissance eine Bedeutung bei, die den unwiderruflichen Bruch mit der »alten« feudalen Welt umfaßt: vgl. ebd. S. 215, 256, 273-274, 392. Diese Gegenüberstellung einer geradlinigen, progressiven Zeit und einer zyklischen und in sich selbst ruhenden Zeit deutete auf eine Überbewertung der umwälzenden Momente der Volkskultur hin; diese Überbewertung stellt den fragwürdigsten Aspekt eines Buches dar, das dennoch grundlegend bleibt. Vgl. auch P. Camporesi, *Carnevale, cuccagna e giuochi di Villa (Analisi e documenti),* in: »Studi e problemi di critica testuale«, Nr. 10, April 1975, S. 57ff.

23. Vgl. ebd., S. 17, 20-21, 98-103 und *passim* (vgl. aber die vorangehende Anmerkung). Das Problem wurde für Campanella von L. Firpo, *La cité idéale de Campanella et le culte du Soleil,* in: *Le soleil à la Renaissance. Science et mythes,* Brüssel 1965, S. 331 behandelt.

24. Vgl. Bachtin, *Rabelais und seine Welt,* op. cit., S. 131.

25. Vgl. ebd., S. 218, 462 und vor allem G. B. Ladner, *Vegetation Symbolism and the Concept of Renaissance,* in: *De artibus opuscula XL. Essays in Honor of Erwin Panofsky,* hrsg. von M. Meiss, I, New York 1961, S. 303-322. Vgl. auch ders., *The Idea of Reform: Its Impact on Christian Thought and Action in the Age of the Fathers,* Cambridge (Mass.) 1959. Immer noch wichtig K. Burdach, *Reformation, Renaissance, Humanismus,* Berlin und Leipzig 1926^2, S. 1-84.

26. Vgl. *Daniel,* 7, 13ff. Dies ist einer der grundlegenden Texte der chiliastischen Literatur.

43.

1. ACAU, Proz. Nr. 126, nicht numerierte Blätter.

2. Vgl. oben S. 32.

44.

1. Schreibfehler wurden in der Umschrift beseitigt.

45.

1. Vgl. M. Scalzini, *Il secretario*, Venedig 1587, Bl. 39.
2. Vgl. das Heft mit den notariellen Schriftstücken, die von ihm niedergelegt wurden (ASP, Notariatsschriftstücke, R. 488, Nr. 3785).
3. Vgl. P. Valesio, *Strutture dell'allitterazione. Grammatica, retorica e folklore verbale*, Bologna 1967, besonders S. 186 (über den Stabreim im religiösen Sprachgebrauch).
4. ACAU, Proz. Nr. 126, Bl. 34*v*.

46.

1. Ebd., *Sententiarum contra reos S. Officii liber II*, Bl. I*r*-II*v*. Die Abschwörung befindet sich auf den Bl. 23*r*-34*r*.
2. Vgl. Bl. CLIII*v*-CLIV*r*, CLVII*r*.

47.

1. ACAU, *Sententiarum contra reos S. Officii liber II*, Bl. 12*r*.
2. Ebd., Bl. 15*r-v*.
3. Ebd., Bl. 16*r-v*.
4. Ebd., Bl. 16*v*-17*r*.

48.

1. ACVP, *Visitationum Personalium anni 1593 usque ad annum 1597*, S. 156-157.
2. ASP, Notariatsschriftstücke, R. 488, Nr. 3785, Bl. 1*r*-2*v*.
3. Ebd., Bl. 3*r-v*.
4. Ebd., Bl. 6*v*, 17*v*.
5. ACAU, Proz. Nr. 285, nicht numerierte Blätter.

49.

1. Ebd. Die Blätter dieses Prozesses sind nicht numeriert.
2. Johannes 20, 29.
3. Vgl. ACAU, Proz. Nr. 285, nicht numerierte Blätter (11. November 1598, Aussage Don Ottavios dei conti di Montereale).
4. Ebd. (17. Dezember 1598).
5. Ebd.

50.

1. Ebd. (3. August 1599).
2. Vgl. Stella, *Anabattismo e antitrinitarismo,* op. cit., S. 29 und ders.: *Guido da Fano eretico del secolo XVI al servizio dei re d'Inghilterra,* in: »Rivista di storia della Chiesa in Italia«, XIII, 1959, S. 226.

51.

1. Vgl. ACAU, Proz. Nr. 285, nicht numerierte Blätter (6. Mai 1599).
2. Dies ist ein geläufiges Fluchwort, wie es z. B. aus einer Zeugenaussage von 1599 gegen Antonio Scudellario, genannt Fornasier, hervorgeht, der nahe Valvasone wohnte (ACAU, »anno integro 1599, a. n. 341 usque ad 404 incl.«, Proz. Nr. 361).
3. Vgl. A. Bocchi, *Symbolicarum quaestionum ... libri quinque,* Bononiae 1555, Bl. LXXX-LXXXI. Auf dieses Sinnbild werde ich in einem anderen Zusammenhang zurückkommen.
4. ACAU, Proz. Nr. 285, nicht numerierte Blätter (6. Juli 1599).

52.

1. Ebd. (12. Juli 1599).
2. Es entsprach der untersten Schulstufe. Über diesen Lebensabschnitt Menocchios haben wir leider keine weiteren Nachrichten.
3. Ich kann die genaue Seite nicht wiederfinden; vgl. jedoch Foresti, *Supplementum,* op. cit., Bl. 180*r-v.*

53.

1. Vgl. C. Ginzburg, *Il nicodemismo. Simulazione e dissimulazione religiosa nell'Europa del '500,* Turin 1970.
2. Vgl. M. de Montaigne, *Essais,* hrsg. von A. Thibaudet, Paris 1950, S. 489 (Buch II, Kap. XII, *Apologie de Raimond Sebond*).
3. Vgl. ACAU, Proz. Nr. 285, nicht numerierte Blätter (19. Juli 1599).
4. Vgl. *L'Alcorano di Maometto, nel qual si contiene la dottrina, la vita, i costumi et le leggi sue, tradotto nuovamente dall'arabo in lingua italiana,* Venedig 1547, Bl. 19*r.*
5. Vgl. ACAU, Proz. Nr. 285 (12. Juli 1599).
6. Ebd. (19. Juli 1599).
7. Ebd. (12. Juli 1599).

54.

1. Ebd., nicht numerierte Blätter. Ich habe zwei Schreibfehler verbessert.

55.

1. Diese Personalisierung gestattet einen Blick auf die Einstellung der Volksschichten in dieser Zeit gegenüber dem Tod, über die wir noch sehr wenig wissen. Die spärlichen

Quellen hierzu erscheinen in der Tat beinahe immer gefiltert durch ein verzerrendes stereotypes Muster: vgl. z. B. die in *Mourir autrefois,* hrsg. v. M. Vovelle, Paris 1974, S. 100-102 zitierte Quelle.

56.

1. ACAU, Proz. Nr. 285 (19. Juli 1599).

57.

1. Vgl. allgemein P. Fiorelli, *La tortura giudiziaria nel diritto commune,* Mailand 1953-1954, 2 Bde.
2. Vgl. Stella, *Chiesa e Stato,* op. cit., S. 290-291. Der Bericht Bolognettis ist von 1581.

58.

1. Vgl. Ginzburg, *Folklore,* op. cit., S. 658. Für analoge Fälle in England vgl. Thomas, *Religion,* op. cit., S. 159ff.
2. Ebd., S. 163 und die Bemerkung von Thompson, *Anthropology,* op. cit., S. 43, die hier beinahe wörtlich aufgenommen ist. Auf der aktiven oder sogar Neuerungen gegenüber aufgeschlossenen Haltung der Schichten des Volkes in Sachen der Religion hat N. Z. Davis gegenüber denen bestanden, die bei der Erforschung der Volksreligion den Standpunkt der oberen Klassen (oder sogar des Klerus) einnehmen und daher in ihr bloß eine Simplifizierung oder Umlenkung der offiziellen Religion hin zur Magie sehen: vgl. N. Z. Davis, *Some Tasks and Themes in the Study of Popular Religion,* in: *The Pursuit of Holiness in Late Medieval and Renaissance Religion,* hrsg. von Ch. Trinkaus und H. A. Oberman, Leiden 1974, S. 307ff. Auf einer allgemeineren Ebene siehe das im Vorwort zu den Diskussionen über den Begriff von »Volkskultur« Gesagte.
3. Vgl. den schönen Aufsatz von E. Donadoni, *Di uno sconosciuto poema eretico della seconda metà del Cinquecento di autore lucchese,* in: »Studi di letteratura italiana«, II, 1900, S. 1-142. Freilich leidet er daran, daß er genaue - sichtlich überinterpretierte - Verbindungen zwischen der Dichtung Scolios und den Lehren der Wiedertäufer herzustellen versucht. Berengo hat, als er diesen Aufsatz wieder aufgriff (vgl. *Nobili e mercanti,* op. cit., S. 450ff.), dessen Schlußfolgerungen abgeschwächt, ohne ihn gänzlich abzulehnen: Daher hat er einerseits behauptet, daß »die Bemühung, diesen Text im Umfeld einer wohldefinierten religiösen Strömung anzusiedeln, unfruchtbar sei«, andererseits hat er Scolio in Verbindung mit »dem volkstümlichen Rationalismus« gebracht. Abgesehen von den Vorbehalten gegenüber diesem Ausdruck (vgl. oben Kap. 9, Anm. 17) tritt die Verbindung einwandfrei zutage. - Über den Autor siehe die anregende Hypothese Donadonis, der vorschlägt, »Scolio« mit dem Käsehändler Giovan Piero di Dezza gleichzusetzen, der 1599 abzuschwören hatte (*Di uno sconosciuto,* op. cit., S. 13-14). Die Niederschrift der Dichtung dauerte, wie der Autor auf der letzten Seite bemerkt, sieben Jahre (daher *Settennario*), der letzte Schliff weitere drei Jahre.
4. Abgesehen von dem ausdrücklichen Rückgriff auf Dante (BGL, ms. 1271, Bl. 9*r*) siehe Verse wie »Es steht auf der Treppe die hehre Beatrice« (ebd.) oder »die noch in der Erde waren in Hitze und Frost« (vgl. *Paradies* XXI, 116). Und siehe Donadoni, *Di uno sconosciuto,* op. cit., S. 4.
5. BGL, ms. 1271, Bl. 10*r*.
6. Ebd., Bl. 4*v* (und Donadoni, *Di uno sconosciuto,* cit., S. 21). Auf der letzten Seite macht Scolio einen zweideutigen Rückzieher: »weil ich außer mir selbst war, als ich es schrieb und zu schreiben gezwungen war und blind, stumm und taub war, und auf welche Weise

es gut ging, daran erinnere ich mich nicht ...« (ebd. S. 2). Ergebnis dieses Rückziehers sind Verbesserungen und Randbemerkungen bei der Mehrzahl der hier zitierten Abschnitte.
7. BGL, ms. 1271, Bl. 14*r* (und Donadoni, *Di uno sconosciuto,* op. cit., S. 93).
8. BGL, ms. 1271, Bl. 10*r* (und Donadoni, *Di uno sconosciuto,* op. cit., S. 28).
9. BGL, ms. 1271, Bl. 10*r*.
10. Ebd., Bl. 19*r* (und Donadoni, *Di uno sconosciuto,* op. cit., S. 130ff.).
11. BGL, ms. 1271, S. 15*r* (und Donadoni, *Di uno sconosciuto,* op. cit., S. 90).
12. BGL, ms. 1271, Bl. 2*r* (und Donadoni, *Di uno sconosciuto,* op. cit., S. 120).
13. BGL, ms. 1271, Bl. 2*r*.
14. BGL, ms. 1271, Bl. 10*r*.
15. Ebd., Bl. 15*r* (im Text: *sondern Orgeln ... sondern Kirchtürme:* ich folge der Verbesserung von Donadoni, *Di uno sconosciuto,* op. cit., S. 94-95.
16. BGL, ms. 1271, Bl. I*r*.
17. Ebd., Bl. 16*r*.
18. Ebd., Bl. 13*r* (Donadoni, *Di uno sconosciuto,* op. cit., S. 99).
19. BGL, ms. 1271, Bl. 13*r* (und teilweise Donadoni, *Di uno sconosciuto,* op. cit., S. 97).
20. Vgl. Donadoni, *Di uno sconosciuto,* op. cit., S. 34.
21. BGL, ms. 1271, Bl. 14*r*.
22. Vgl. Donadoni, *Di uno sconosciuto,* op. cit., S. 102, 97.
23. BGL, ms. 1271, Bl. 19*r*.
24. Ebd., Bl. 4*r*.
25. Ebd., (und teilweise Donadoni, *Di uno sconosciuto,* op. cit., S. 125).
26. Vgl. Donadoni, *Di uno sconosciuto* op. cit., S. 128-130. Die Bewußtheit Scolios scheint durch eine Glosse hindurch, die nachträglich am Rande einer dieser Beschreibungen des Paradieses hinzugefügt wurde: »Da ich Prophet und König der Wahnsinnigen war, wurde ich in das größte Paradies der Verrückten, Törichten, Albernen und Blödsinnigen, ins Paradies der Wonnen oder der Esel, geführt, und mir schien, daß ich alle diese Dinge sah: aber ich ziehe alles zurück.« Noch einmal liegt hier ein zweideutiger und wenig überzeugender Rückzug vor, der in Wirklichkeit bestätigt, welchen Einfluß auf die bäuerliche Vorstellungskraft der Mythos vom Schlaraffenland hatte. Das »Paradies der Wonnen« oder »wonnevolle Paradies« war gleichbedeutend mit dem irdischen. Zu den möglichen Verbindungen zwischen mohammedanischem Paradies und Schlaraffenland vgl. Ackermann, »Das Schlaraffenland«, op. cit., S. 106 (Es handelt sich jedenfalls um Esel und nicht um »Auerochsen«, wie Donadoni, *Di uno sconosciuto,* op. cit., S. 128 irrtümlich liest).

59.

1. Vgl. Donadoni, *Di uno sconosciuto,* op. cit., S. 8.
2. Vgl. oben S. 150; BGL, ms. 1271, Bl. 30*r* (und Donadoni, *Di uno sconosciuto,* op. cit., S. 40).
3. BGL, ms. 1271, Bl. 12*r*.
4. Ich übergehe hier Elemente, die schwierig zu interpretieren sind, wie die wiederholte überraschende Legitimation der Menschenfresserei auf Erden wie im Himmel: »Dem König aus Lust, den anderen aus Notwendigkeit, frommt, menschliches Fleisch zu essen; der Wurm speist es, und das Feuer verschlingt es; irdisch ist das eine, das andere nicht wenig himmlisch« (ebd., Bl. 13*r*); »Wenn einen anderen die Lust ankommt, zu schmekken menschliches Fleisch, wie er es hatte auf Erden, oder irgend andere Speise zu kosten, so oft hier einer Lust verspürt, sobald er es dargereicht sieht, und speisen kann ohne Rechnung oder Krieg: alles ist im Himmel erlaubt, alles ist wohlgemacht, denn zu Ende ist's mit dem Gesetz und zerbrochen der Bund.« (Bl. 17*r*) Donadoni interpretiert diesen letzten Abschnitt wenig überzeugend als sprachliche Anspielung auf die Sodomie (*Di uno sconosciuto,* op. cit., S. 127).
5. Für weitere Informationen über diese Person beziehe ich mich auf die bevorstehende Veröffentlichung eines Aufsatzes von A. Rotondó.

6. Vgl. ASM, Inquisition, R. 5*b*, H. *Pighino Baroni,* nur teilweise numerierte Blätter. Das Heft enthält die Abschriften zweier Zeugenaussagen bezüglich des Prozesses in Ferrara (1561).
7. Vgl. *Mandrou Hérésies et sociétés dans l'Europe préindustrielle (11e-18e siècles)*, Paris/La Haye 1968, S. 185-186, 278-280; C.-P. Clasen, *Anabaptism,* op. cit., S. 319-320, 432-435.
8. Vgl. Andrea da Bergamo [Piero Nelli], *Delle satire alla carlona libro secondo,* in Venetia 1566, Bl. 36*v*.
9. Vgl. vor allem R. Bennett und J. Elton, *History of Corn Milling,* III: *Feudal Laws and Customs,* London 1900 (Neudruck New York o. J.), S. 107ff. und *passim;* aber siehe auch G. Fenwick Jones, *Chaucer and the Medieval Miller,* in: »Modern Language Quarterly«, XVI, 1955, S. 3-15.
10. Vgl. A. d'Ancona, *La poesia popolare italiana,* Livorno 1878, S. 264.
11. Vgl. Andrea da Bergamo [Piero Nelli], *Delle satire,* op. cit., Bl. 35*v*.
12. Vgl. ASM, Inquisition, R. 5*b*, H. *Pighino Baroni,* nicht numerierte Blätter (1. Februar 1571). Schon im Prozeß von 1561 hatte ein Zeuge behauptet, er habe Pighino in seiner Mühle »viel Schlechtes über die Messe sagen« gehört.
13. Auf diesen Punkt kommt R. Mandrou, in: *Hérésies et sociétés,* op. cit., S. 279-280 immer wieder zurück.
14. Vgl. C. Violante, ebd., S. 186.
15. Vgl. M. Bloch, *Antritt und Siegeszug der Wassermühle,* in: ders., u.a., *Schrift und Materie der Geschichte,* hrsg. von C. Honegger, Frankfurt/M. 1977, S. 171-197.

60.

1. Vgl. ASVat, Concilio Tridentino, R. 94, H. *Visita della diocesi di Modena, 1565,* Bl. 90*r* (und vgl. auch Bl. 162*v* zu einer Visitation vier Jahre danach und Bl. *260v*).
2. Vgl. ASM, Inquisition, R. 5*b, H. Pighino Baroni,* Bl. 18*v-19r*.
3. Ebd., Bl. 24*r*.
4. Ebd., Bl. 25*r*.
5. Vgl. A. Rotondò, *Per la storia dell'eresia a Bologna nel secolo XVI,* in: »Rinascimento«, XIII, 1962, S. 109ff.
6. Vgl. Renato, *Opere,* op. cit., S. 53.
7. Zuerst hat Rotondò diese Person mit Francesco Bolognetti (vgl. *Per la storia,* op. cit., S. 109, Anm. 3) gleichgesetzt: aber der wurde erst viele Jahre später, 1555, Senator (vgl. G. Fantuzzi, *Notizie degli scrittori bolognesi,* II, Bologna 1782, S. 244). In der Ausgabe der *Werke* Renatos freilich hat Rotondò zu Recht diese Gleichsetzung fallen gelassen (vgl. Index der Namen). Die Annahme, daß es sich dagegen um Vincenzo Bolognetti handelte, machte keine Schwierigkeit, denn er taucht bis 1534 bei den Ältesten und Gonfalonieri auf: vgl. G. N. Pasquali Alidosi, *I signori anziani, consoli e gonfalonieri di guistizia della città di Bologna,* Bologna 1670, S. 79.
8. Vgl. ASM, Inquisition, R. 5*b*, H. *Pighino Baroni,* Bl. 12*v*, 30*r*.
9. Vgl. Renato, *Opere,* op. cit., S. 170.
10. Ebd., S. 172. Ihn mit Fra Tommaso Paluio d'Apri detto il Grechetto gleichzusetzen, wie es von A. Rotondò vorgeschlagen wurde, erscheint wenig überzeugend. Daß es sich dagegen um Giorgio Filaletto detto Turca o Turchetto handele, wurde mir von Silvana Seidel Menchi nahegelegt, der ich herzlich danke.
11. Vgl. ASM, Inquisition, R. 5*b*, H. *Pighino Baroni,* Bl. 12*v*, 30*r*.
12. Vgl. Renato, *Opere,* op. cit., S. 64-65 und Rotondò, *Per la storia,* op. cit., S. 129ff.
13. Vgl. oben S. 110.
14. *1. Thessalonicher* 4, 13ff.: »Nolumus autem vos ignorare, fratres, de dormientibus, ut non contristemini sicut et ceteri qui spem non habent. Si enim credimus quod Iesus mortuus est et resurrexit, ita et Deus eos qui dormierunt per Iesum adducet cum eo etc.« Vgl. Williams, *Camillo Renato,* op. cit., S. 107.
15. Vgl. ASM, Inquisition, R. 5*b*, H. *Pighino Baroni,* Bl. 2*v*, vgl. aber Bl. 29*v*. Der *Fioretto* wurde auf den Index gesetzt: vgl. oben Kap. 12, Anm. 3.

16. Vgl. *Fioretto,* op. cit., Bl. A VI*v.*
17. Ebd., Bl. B II*r.*
18. Ebd., Bl. C*r-v.*
19. Vgl. ASM, Inquisition, R. 5*b*, H. *Pighino Baroni,* Bl. 30*r.*
20. Vgl. oben S. 38.
21. Vgl. ASM, Inquisition, R. 5*b*, H. *Pighino Baroni,* Bl. 20*v.*
22. Vgl. ACAU, Proz. Nr. 285, nicht numerierte Blätter (19. Juli 1599).
23. Vgl. ASM, Inquisition, R. 5*b*, H. *Pighino Baroni,* nicht numerierte Blätter (1. Februar 1571) und Bl. 27*r.*
24. Vgl. oben S. 114.

61.

1. Vgl. Bachtin, *Rabelais und seine Welt,* op. cit.
2. Für eine allgemeine Übersicht vgl. J. Delumeau, *Le catholicisme entre Luther et Voltaire,* Paris 1971, vor allem S. 256ff. Interessante Forschungsperspektiven schlägt J. Bossy, *The Counter-Reformation and the People of Catholic Europe* vor, in: »Past and Present«, Nr. 47, Mai 1970, S. 51-70. Ich sehe jetzt, daß eine analoge Periodisierung von G. Hennigsen, *The European Witch-Persecution,* Kopenhagen 1973, S. 19, vorgeschlagen wurde, der sich vornimmt, auf das Thema wieder zurückzukommen.
3. Eine umfassende Untersuchung über die durch ihn ausgelösten Erschütterungen, inklusive der indirekten und weit entfernten, wäre überaus wünschenswert.
4. Zu diesem Zugang vgl. Bossy, *The Counter-Reformation,* op. cit.
5. Zu den Vagabunden vgl. die oben S. 181 zitierte Bibliographie; zu den Zigeunern vgl. H. Asséo, *Marginalité et exclusion: le traitement administratif des Bohémiens dans la société française du XVIIe siècle,* in: *Problème socioculturels en France au XVIIe siècle,* Paris 1974, S. 11-87.

62.

1. Vgl. ACAU, »Epistolę Sac. Cong. S. Officii ab anno 1588 usque ad 1613 incl.«, nicht numerierte Blätter. Santoro, Kardinal von Santa Severina, stand in der Konklave, die mit der Wahl Klemens VIII. zu Ende ging, kurz davor, Papst zu werden. Gegen ihn sprach vor allem sein Ruf, unnachgiebig zu sein.
2. Also kein Leugner der Göttlichkeit Christi, als der er zuerst erschien, sondern etwas noch Schlimmeres. Über diese Terminologie siehe allgemein H. Busson, *Les noms des incredules au XVIe siècle,* in: »Bibliotheque d'Humanisme et Renaissance«, XVI, 1954, S. 273-283.
3. Denn am 26. Januar 1600 wurde vor dem Notar die Mitgift Giovanna Scandellas (vgl. oben Kap. 1, Anm. 10) eingetragen; der Vollzug fand »domi heredum quondam ser Dominici Scandelle« (ASP, Notariatsschriftstücke, R. 488, Nr. 3786, Bl. 27*v*) statt.
4. Vgl. ACAU, »Ab anno 1601 usque ad annum 1603 incl. a n. 449 usque ad 546 incl.«, Proz. Nr. 497. Auf jeden Fall sollte Paschini, *Eresia,* op. cit., S. 82, korrigiert werden, der auf der Grundlage der ihm bekannten Akten behauptet, die einzige Person, die vom friulanischen Inquisitionsgericht hingerichtet worden sei, sei ein deutscher Schmied im Jahre 1568 gewesen.

CARLO GINZBURG,
geboren 1939 in Turin, lehrt Neuere Geschichte an der Universität von Bologna, und 1989 erhielt er den Premio Tevere, einen der bedeutendsten Kulturpreise Italiens, für sein jüngstes Buch *Hexensabbat.*

Lesen Sie mal!

VITO FUMAGALLI *Wenn der Himmel sich verdunkelt*
Lebensgefühl im Mittelalter
»Fumagallis Buch läßt die Kämpfe ahnen, die die mittelalterlichen Menschen, wollten sie als Christen leben, gegen sich selbst zu führen hatten.«
Heiner Boehncke, Radio Bremen
Aus dem Italienischen von Renate Heimbucher-Bengs
Wagenbachs Taschenbücherei 156. 112 Seiten

ALAIN CORBIN *Meereslust*
Das Abendland und die Entdeckung der Küste
Die Entdeckung der Küste als Ort der Erholung und des Vergnügens: Eine Kulturgeschichte des Strandlebens, seiner Gefühle und Befreiungen.
»Alain Corbin ist nicht nur sensibel und kenntnisreich, sondern auch originell und verwegen. Dieses Buch wirkt wie eine frische Brise!« Arlette Farge, Libération
Allgemeines Programm. Englische Broschur. Etwa 416 Seiten *(April 1990)*

LUCIEN FEBVRE *Der neugierige Blick*
Leben in der französischen Renaissance
»Febvre ist ein Historiker, dem man stundenlang zuhören könnte.« Gustav Seibt, FAZ
Mit einem Vorwort von Peter Burke
Aus dem Französischen von Gabriele Ricke und Ronald Voullié
Wagenbachs Taschenbücherei 171. 112 Seiten

Mentalitäten-Geschichte
Herausgegeben von Ulrich Raulff
»Der Band eröffnet auch für Nicht-Historiker faszinierende Einblicke in eine der besten wissenschaftlichen Debatten der letzten Jahre.« Herfried Münkler, SZ
Wagenbachs Taschenbücherei 152. 192 Seiten